데모스테네스 2

나남
nanam

한국연구재단 학술명저번역총서
서양편 454

데모스테네스 2

2025년 2월 25일 발행
2025년 2월 25일 1쇄

지은이   데모스테네스
옮긴이   최자영
발행자   趙相浩
발행처   (주) 나남
주소   10881 경기도 파주시 회동길 193
전화   (031) 955-4601 (代)
FAX   (031) 955-4555
등록   제 1-71호 (1979. 5. 12)
홈페이지 http://www.nanam.net
전자우편 post@nanam.net

ISBN 978-89-300-4186-7
ISBN 978-89-300-8215-0 (세트)

책값은 뒤표지에 있습니다.

이 책은 2019년 대한민국 교육부와 한국연구재단이 우리 시대 기초학문의 부흥을
위해 펼치는 학술명저번역사업의 지원을 받은 책입니다(2019S1A5A7069146).

한국연구재단
학술명저번역총서
454

데모스테네스 2

데모스테네스 지음

최자영 옮김

Demosthenes

데모스테네스 ②

차 례

일러두기 9

변론
18. 화관 관련하여 크테시폰을 위하여 11
19. 사신의 배임에 대하여 155

지은이·옮긴이 소개 305

데모스테네스 ①

옮긴이 머리말

변론

1. 올린토스 변(辯) 1
2. 올린토스 변(辯) 2
3. 올린토스 변(辯) 3
4. 필리포스를 비난하여 1
5. 평화에 대하여
6. 필리포스를 비난하여 2
7. 할론네소스에 대하여
8. 케르소네소스 사태에 대하여
9. 필리포스를 비난하여 3
10. 필리포스를 비난하여 4
11. 필리포스의 서신에 대한 답신
12. 필리포스의 서신
13. 급여에 대하여
14. 납세분담조합에 대하여
15. 로도스인의 자유를 위하여
16. 메갈로폴리스인들을 위하여
17. 알렉산드로스와의 조약에 대하여

옮긴이 해제

데모스테네스 ③

변론

20. 면세특권 관련하여 렙티네스에 반대하여
21. 폭행 관련하여 메이디아스를 비난하여
22. 안드로티온을 비난하여
23. 아리스토크라테스를 비난하여

데모스테네스 ④

변론
24. 티모크라테스를 비난하여
25. 아리스토게이톤을 비난하여 1
26. 아리스토게이톤을 비난하여 2
27. 아포보스의 후견을 비난하여 1
28. 아포보스의 후견을 비난하여 2
29. 아포보스에 반대하고 위증 혐의에
    연루된 파노스를 위하여 3
30. 오네토르에 반대한 명도소송 1
31. 오네토르에 반대한 명도소송 2

데모스테네스 ⑤

변론
32. 제노테미스의 '위법의 소(訴)'에 대한 항변
33. 아파투리오스의 '위법의 소(訴)'에 대한 항변
34. 대부 관련하여 포르미온에 반대하여
35. 라크리토스의 '위법의 소(訴)'에 대한 항변
36. 포르미온을 위한 '위법의 소(訴)'에 대한 항변
37. 판타이네토스에 반대한 '위법의 소(訴)'에
    대한 항변
38. 나우시마코스와 크세노페이테스에
    반대하는 '위법의 소(訴)'에 대한 항변
39. 이름 관련하여 보이오토스에 반대하여 1
40. 모친의 지참금 관련하여 보이오토스에
    반대하여 2
41. 지참금 관련하여 스푸디아스에 반대하여
42. 재산교환 관련하여 파이니포스에 반대하여
43. 하그니아스의 재산 관련하여
    (소시테오스가) 마카르타토스에 반대하여
44. 아르키아데스의 재산 관련하여
    레오카레스에 반대하여

데모스테네스 ⑥

변론

45. 스테파노스의 위증을 비난하여 1
46. 스테파노스의 위증을 비난하여 2
47. 에우에르고스와 므네시불로스의
    위증을 비난하여
48. 재산 손해를 야기한
    올림피오도로스를 비난하여
49. 채무 관련하여 티모테오스에 반대하여
50. 삼단노선주 부담 관련하여
    폴리클레스에 반대하여
51. 삼단노선주직의 화관에 대하여
52. 칼리포스에 반대하여
53. 아레투시오스에 속한 예속인 목록
    관련하여 니코스트라토스에 반대하여
54. 코논의 학대 행위를 비난하여
55. 재산 손해와 관련하여 테이시아스의
    아들이 칼리클레스에 반대하여
56. 대부 관련하여 다레이오스가
    디오니소도로스를 비난하여
57. 에우불리데스에 반대한
    에욱시테오스의 항소
58. 테오크리네스를 비난하는
    에피카레스의 정보 고지
59. 테옴네스토스와 아폴로도로스가
    네아이라를 비난하여
60. 장례 추도사
61. 연정의 글

데모스테네스 ⑦

변론 서설
서신
부록
1. 고대 아테나이의 법원(法源)과
   법 실현의 주체
2. 〈드라콘법〉에 보이는 비고의 살인사건
   재판, 비자발적인 것과 계기조성
3. 고대 아테나이 정당방위·합법적
   살인사건 재판, 델피니온 재판소
4. 고대 아테나이 아레오파고스에서의
   살인사건 재판
5. 〈에우크라테스법〉과 아레오파고스
6. 아레오파고스 의회의 구성
7. 아레오파고스 의회의 여러 가지 명칭
8. 아티모이와 페우곤테스
9. 데모스테네스 변론 원제목의
   그리스어 표기

용어 해설
찾아보기

일러두기

1. 이 책은 그리스어 원문과 영문판, 프랑스어판, 일본어판을 함께 참고하여 번역했다. 미국 Loeb 총서의 *Demosthenes*〔C. A. Vince 외 편집 및 번역, 1962~1978〕를 기본으로, 그 외에 그리스어 Kaktos 판본, *Demosthenes*(1994), 프랑스 Belles Lettres 판본, *Démosthène plaidoyers politiques*(O. Navarre & P. Orsini 편집 및 번역, 1954), 일본 京都大學學術出版會의 西洋古典叢書《デモステネス 弁論集 1》(2006) 등을 참고했다.

2. 'demos(데모스)'는 민중, 민회(*ekklesia*), 행정구역으로서의 촌락 등 여러 가지 의미로 쓰인다. 행정구역을 지칭하는 경우, 구(區)로 번역했다.

3. 인명·지명 표기에 있어 외래어표기법보다 그리스어 발음을 우선시했다. (예: 아테네 → 아테나이, 테베 → 테바이, 다리우스 → 다레이오스)

4. 본문 중에 표기된 숫자는 고전 원문의 쪽수(절)이다.

5. 참고문헌 표기에 있어, 고대 문헌의 장과 절은 '12. 34.'와 같이 표기했는데 '12장 34절'을 뜻한다.

6. 고대 아테나이 화폐단위는 1탈란톤 = 60므나, 1므나 = 100드라크메, 1드라크메 = 6오볼로스이다. 탈란톤과 므나는 주조 화폐가 아니라 무게(*money*)로 측량하며, 드라크메와 오볼로스는 주조 화폐(*coin*)이다. 탈란톤은 소 한 마리 가격에 해당하며, 소의 팔과 다리를 사방으로 늘여 편 상태의 모양(머리는 제거)으로 만든다. 금속의 가치에 따라 1탈란톤의 은은 더 가볍고, 동은 더 무겁다.

18

화관 관련하여 크테시폰을 위하여

해제

〈화관 관련하여 크테시폰을 위하여〉는 기원전 330년 8월, 민중 법정에서 발표되었다. 공적 사안 관련하여 501명의 재판관으로 구성되는 법정으로 추정되며, '헬리아이아'[1] 법정이었던 것으로 보는 이도 있다. 카이로네이아 전투[2]에서 아테나이, 테바이, 그 외 보이오티아 도시들 간 동맹이 마케도니아에 치명적으로 패배했고, 테바이는 마케도니아에 종속되었다. 아테나이는 마케도니아 왕 필리포스의 공격에 대비하여 준비 작업에 들어갔고, 아테나이 민회에서는 60세까지 군역에 차출하고, 추방자에 대해 사면령을 내려 불러들였다. 또 데모스테네스가 카이로네이아에서 회군할 때까지 저항의 선봉에 섰던 히페레이데스

---

1   참조, Demosthenes, 43. 75; 최자영, 《고대 그리스 법제사》, 아카넷, 2007, p. 154, p. 426; 같은 책(전자책), 아카넷, 2023, 제3장, 2. 아테네 정부기관: 제6장, 2. 자(子), 3) 자(子)의 권한.

2   카이로네이아 전투(338 B. C. 9월)는 마케도니아의 필리포스가 스파르타를 제외한 모든 헬라스 도시들(아테나이 포함)을 복속하는 데 결정적 계기가 되었다. 이해는 흔히 헬라스 도시국가의 몰락을 상징하는 해로 간주된다.

의 제안에 의해, 자격박탈형에 처했던 이들의 권리를 회복하도록 함으로써, 온 도시가 한마음으로 자유를 위한 저항에 나서도록 했다.[3] 그 외에도 히페레이데스의 또 다른 제안에 의해 이방인에게 시민권을 부여하고, 시민들과 함께 싸우고자 하는 예속인을 해방했다.

도시의 성벽 가운데 파괴된 부분을 보수하고 요새를 보강하며, 다른 이들과 함께 데모스테네스가 이런 일들의 감독관으로 임명되었다. 데모스테네스의 친구였던 리쿠르고스가 재무행정을 맡아서 시민들이 자진하여 납부하는 금전과 무기를 관장했다. 또 가장 취약한 계층을 위해 관극기금을 마련하고 이것을 데모스테네스에게 위임하는 한편, 군자금은 칼리아스가 관할했다.

그러나 이 같은 조치들이 도시에 혼선을 빚었다. 예속인의 해방에 대해 자유인이 문제를 제기하고, 라우레이온 은광이 폐쇄되어 은과 납의 품귀 현상을 생겨났고 가격이 올랐다. 예속인과 이방인이 종군할 수 있도록 하자는 히페레이데스의 제안은 위법소송[4]에 휘말려 무효가 되었다.

한편 필리포스는, 아테나이 민중의 야유와 도발적 행위에 직면하여, 포로 가운데 있던 연사 데마데스의 의견을 수용하여, 전사한 아테나이인의 장례와 생존 포로의 교환에 착수했다. 이런 일로 아테나이는 포키온, 아이스키네스, 데마데스 등을 파견했고, 필리포스는 보석금 없이 포로를 석방하고, 죽은 자의 유골 송환을 약속했다.

또한 그는 아주 온건한 조건으로 평화조약 체결을 제안했다. 아테나이인이 동맹을 해체하고, 케르소네소스에서 철수하며, 필리포스와 함께 해적 퇴치에 협조한다는 것, 그 대가로 필리포스가 테바이로부터 받은 오로포스를 아테나이에 양도하며, 스키로스, 렘노스, 임브로스, 사모스에 있는 아테나이인의 토지는 침

---

3   참조, Demosthenes, 26. 11.
4   *graphe paranomon.* 참조, Demosthenes, 7. 43.

해하지 않는다는 것 등이었다. 실제로 포로가 송환되고, 죽은 자의 유골이 알렉산드로스, 안티파트로스, 알키마코스가 정중하게 동행하는 가운데 도시로 들어왔다. 평화조약이 체결되고 며칠 후, 기원전 338년 피아넵시온달,[5] 데모스테네스가 죽은 자를 위한 장례식에서 추도사를 발표하도록 선출되었다.

기원전 336년 크테시폰이 의회 의원으로서 민회에서 결정할 예비안건으로 데모스테네스에 대한 포상을 제안했다. 데모스테네스가 요새 구축을 위한 감독관 임무를 완수하면서 도시를 위해 금전을 공여했을 뿐 아니라, 그 언행에서 공히 아테나이 민중에게 큰 덕을 베풀었으므로, 그해 대(大)디오니시아 제전에서 금화관(華冠)을 수여하자는 것이었다. 크테시폰의 이런 제안에 대해 아이스키네스가 당장에 위법소송을 제기하고, 전통의 현행법을 위반하는 것이라 주장했다.

아이스키네스에 의하면, 위법인 이유는 세 가지이다. 첫째, 요새 건설의 감독관, 관극기금 실무자로서 공직을 수행한 이가 아직 회계보고 등 수행감사[6]도 거치지 않은 상황에서 명예 훈장을 수여하려고 한 점, 둘째, 명예 수여식은 의회 혹은 민회에서 해야 하는 것이며, 극장에서 하는 것을 금지하는 법을 위반한 점, 셋째, 만일 크테시폰의 제안이 통과된다면, 공문서고에 보관될 텐데, 그럴 경우 인물평과 행적 평가에서 허위사실이 개재하므로, 허위문서가 공문서고에 비치되어서는 안 된다는 법을 위반하는 점 등이다.

이 중 세 번째 이유는 다소 궤변이며, 형식으로서의 법 위반이라기보다, 아이스키네스 자신이 데모스테네스의 정치적 노선에 동조하지 않는다는 뜻으로 풀이할 수 있다. 이 사건에서 피고는 크테시폰이지만, 데모스테네스가 변호인으로 나서서, 자신의 공적·사적 행적에 대한 아이스키네스의 공격에 맞서고, 정치적 활동과 노선을 재조명함으로써 반론을 전개한다.

---

5   8월 중순~9월 중순.
6   *euthynai.*

플루타르코스7의 전언에 따르면, 크테시폰에 대한 고소건은 법정으로 이관되었다. 그 시기는 카이로네이아 전투(338 B.C. 9월)가 있고, 카이론이 수석장관으로 있던 해로, 전투가 있기 조금 전인 기원전 338년 여름 무렵으로 추정된다. 그러나 판결은 그로부터 10년이 지난 다음 아리스토폰이 수석장관으로 있던 해에 내려졌다. 왜 재판이 오래 걸렸는지 그 이유는 명확하지 않다.

다만 아이스키네스가 크테시폰을 고소한 다음 기원전 336년 8월 초, 펠라에서 마케도니아의 필리포스 왕이 파우사니아스에 의해 살해되었다. 유동적 상황과 후계자 알렉산드로스의 정치적 노선 등이 이 재판의 판결을 연기하도록 영향을 미쳤을 것으로 볼 수 있다.

알렉산드로스는 테바이를 유린한 다음, 아테나이에 10명8의 민주파 위정자를 양도하도록 요구했고, 거기에 데모스테네스도 포함되어 있었다. 그러나 데마데스의 중재로 이런 요구가 실행되지는 않았다. 이 사건 재판이 진행되는 사이, 친마케도니아파가 반대편 위정자들을 적극 공략할 상황이 아니었던 것으로 볼 수 있다. 당시 알렉산드로스는 아시아 땅 아르벨라에서 페르시아를 누르고 승리했고(331 B.C. 가을), 스파르타는 메갈로폴리스에서 기선을 제압했다(331 B.C. 10월).

이 위법소송의 재판에서 원고는 피고에 대해 50탈란톤의 벌금을 요구했다. 반면, 만일 원고가 5분의 1의 지지표도 얻지 못하는 경우, 1천 드라크메의 공탁금을 몰수당하게 된다. 마침내 원고인 아이스키네스는 5분의 1의 지지표를 얻지 못하여 1천 드라크메를 몰수당했다. 그 후 정치적 생명에 상처를 입은 그는 아테나이를 떠나 로도스와 이오니아(소아시아 서쪽 연안)에서 철학자로서의 삶을 살았다.

---

7 Plutarchos, *Demosthenes*, 24.
8 플루타르코스에 따르면 8명이다. Plutarchos, *Demosthenes*, 23.

1. 아테나이인 여러분, 무엇보다 먼저 이 소송에서 모든 여신과 남신들에게 빕니다. 제가 도시와 여러분 모두를 위해 가진 것만큼의 호의를 여러분이 제게 베풀어 주시기를. 그에 더하여 제가 여러분과 여러분의 경외심과 명예를 두고 기원하건대, 여러분을 혼동으로 몰아가게 될 상대소송인[9]의 말에 의해 호도되지 마시고, 제 말을 들으실 때, 법, 그리고 다른 의무에 더하여 양편의 말을 공평하게 듣겠다고 맹세한 법정의 선서에 따르도록 여러분에게 신들의 가호가 있기를. 2. 다시 말하면, 단순히 아무런 편견도 갖지 마시고, 양편에 똑같은 호의를 가지고 임하시며, 양편 소송당사자가 제각기 그 주장의 취지를 스스로의 판단과 선택에 따라서 개진할 수 있도록 하시라는 뜻입니다.

3. 이 소송에서 제 상대소송인 아이스키네스에 비해 제가 불리한 점을 많이 가지고 있는데, 아테나이인 여러분, 그 가운데서 중요한 것이 두 가지 있습니다. 하나는 상대보다 제게 걸려 있는 위험부담이 훨씬 더 크다는 점입니다. 제가 패소했을 때 입을 피해가 그가 패소했을 때에 당할 피해에 견줄 수 있는 것이 아니란 말이죠. 실로 제가 발언을 시작하는 마당에 구차한 말씀은 드리고 싶지 않으나, 그럼에도 그가 재산을 노려서 저를 고소했다는 사실만큼은 짚고 가야 할 것 같습니다. 둘째, 사람은 본성으로 비판이나 험담에 귀가 솔깃하고 자화자찬을 싫어한다는 점입니다. 4. 그런 점에서 고소인인 그가 더

---

9   화자(話者)가 이와 같이 상대소송인 아닌 자기주장에 편승해 달라고 호소하는 것은 참조, Aischines, 3. 202~205.

유리한 위치에 있는 것이고, 저의 역할은 더 불리한 것이죠. 이 같은 불리한 점을 상쇄하기 위해서 만일 제가 스스로 이룬 공적에 대한 언급을 자제한다면, 제게 주어지는 혐의를 반박할 수 없거나 공적 판결을 구하는 저의 주장을 증명하지 못하는 것으로 비칠 것 같습니다. 제가 만일 스스로 제가 해온 일과 공적으로 수행한 역할을 말씀드리자면, 부득이 제 자신에 대해 여러 번 언급할 수밖에 없게 될 텐데, 아무튼 가능한 한 공손하게 언급하도록 노력하겠습니다. 제가 부득이 이런 상황에 처하게 된 책임은 이 소송을 일으킨 그에게 돌아가야 할 것입니다.

5. 제 소견에, 아테나이인 여러분, 모든 이가 동의하는 것으로서, 이번 고소 현안은 저만 아니라 크테시폰과도 같이 연루된 것이고, 또 이 사안에 상응하는 신중함으로 제가 검토할 의무가 있습니다. 누군가가 모든 것을 잃는다는 것, 특히 개인적 원한에 의해 그런 일을 당한다는 것은 비참하고 가혹합니다. 다른 어떤 것보다 여러분의 호의와 배려를 잃는다는 것이 그러하고, 혹여 그 호의를 얻는다면, 모든 선 가운데서 가장 값질 겁니다. 6. 소송의 현안의 의미가 이와 같으므로, 여러분이 모두 같이 공정한 입장에서 주어진 혐의에 대한 저의 해명을 들어 주십사 하고 저는 간청합니다. 여러분의 친구이며 민중의 편에 섰던 솔론이 처음으로 제정한 법이 이렇게 규정되어 있고, 또 그는 법 제정뿐만 아니라 재판관의 선서를 통해 그 법이 실천되도록 조치했습니다. 7. 그것은, 제 소견으로, 솔론이 여러분을 믿지 못해서가 아니라, 원고가 먼저 발언하므로, 그가 제기하는 혐의와 험담에 대해 피고의 반론이 제대로 힘을 받기가 어렵다는 사실을 깨달았기

때문입니다. 재판관이 제각기, 신들에 대한 경건한 마음으로, 나중 순서로 발언하는 피고의 주장을 배려하여 경청하고, 또 공평하게 양쪽의 말을 다 들을 때까지 전모에 대한 판단을 유보하지 않는다면 말입니다.

8. 오늘 제 사생활과 공적 활동과 관련하여 죄다 말씀을 드려야 할 것 같습니다. 그래서 신들께 다시 호소하려 하고, 또 여러분께도 간청하는 것은, 첫째, 제가 도시와 여러분에게 베풀어왔던 만큼의 은공이 이 소송에서 여러분으로부터 제게 주어지기를, 둘째, 이 고소사건에 대한 판결이 공동의 명예와 고소사건의 판결에 임하는 여러분 각자의 경건함을 드높일 수 있도록 해 주십사 하는 것입니다.

9. 그런데 아이스키네스가, 원고로서 그의 혐의 제기를 이 고소사건 관련에만 한정한다면, 저는 바로 예비심사10 안건에 대해 해명할 수가 있겠습니다. 그러나 그가 현안과 무관한 말, 그것도 주로 조작해 낸 사실을 대부분 언급할 것이므로, 제 생각에는, 아테나이인 여러분, 이런 상황에 대해 제가 먼저 몇 마디 말씀드리는 것이 타당하고 또 불가피하다고 봅니다. 여러분 가운데 누구라도 왜곡된 주장에 의해 영향을 받아서, 혐의에 대한 제 해명을 들을 때 편견을 갖지 않도록 말입니다.

10. 제 사생활에 대한 그의 악의적 비방에 대해, 여러분이 알 수 있도록, 정직하고 솔직하게 해명하겠습니다. 저는 어디 다른 곳이 아니

---

10 *probouleuma*. 민회에서 토의할 안건을 의회가 미리 검토하여 준비하는 것으로서, 구체적으로 여기서는 크테시폰의 제안을 뜻하는 것이다.

라 여러분과 함께 살았습니다. 만일 저의 사람됨이 그가 주장하는 것 같다고 여러분이 생각하신다면, 제가 공적으로 기여한 바가 지대하다 해도, 저로 하여금 발언조차 하지 못하도록 하시고, 일어나서 바로 지금 저를 유죄 선고 하십시오. 그러나 여러분이 판단하고 또 알고 있듯이, 제가 더 나은 사람이고 또 출신 집안을 보더라도 아이스키네스보다 더 나으며, 저 자신은 물론 저의 집안이, 삼가 말씀드려서, 보통 품위를 갖춘 다른 어떤 이보다 더 못하지 않은 것이라면, 그가 하는 말을 믿지 마십시오. 그 말들은 분명히 모두 조작된 것이기 때문입니다. 그리고 이전 많은 소송에서 언제나 여러분이 제게 베풀었던 그 같은 호의로 저를 대해 주십시오. 11. 아이스키네스 씨, 어떻게 해서 내가 공적 현안의 맥락을 이탈하면서까지 당신이 하는 험담에 연연하고 있으리라는 알량한 기대를 영악한 당신이 하게 되었는지 이상할 따름이오. 나는 그 같은 일을 할 만큼 분별력이 없지는 않소. 내 공적 활동에 대해 당신이 한 거짓과 악의에 찬 비난에 대해 내가 해명할 것이오만, 당신이 범한 외설적 모독에 대해서는, 그다음에, 재판관들이 듣기를 원한다면, 언급할 것이오. 11

12. 그가 저에게 덮어씌운 혐의는 여러 가지이고, 그중 일부와 관련해서는 법에 따라 중형이 적용되고 심지어 처형도 가능한 것입니다. 그러나 당면 소송의 저의는 적의에 찬 비난, 무례, 폄훼, 조롱 및

---

11 *pompeia*. 사전 편찬인 수다(Souda)에 따르면, 이것은 디오니소스를 기리는 축제, 특히 디오니소스 레나이오스(Dionysos Lenaios)를 기리는 레나이아(Lenaia) 축제의 행진에서 서로 경쾌하게 우스개를 주고받으며 즐기는 것이다.

그 같은 모든 것을 포함하고 있습니다. 그런데, 이 같은 비난과 불평은, 그것이 사실이라 쳐도, 도시가 그 어떤 것을 상응하는 처벌 혹은 그에 준한 조치를 취할 수 없습니다. 13. 누가 민회에 나와서 발언하는 것을 방해하면 안 되며, 더욱이 악의나 질투에 의해 그렇게 하면 안 되지요. 신들의 이름으로, 그런 방해는 합법적인 것도 정당한 것도 아니지요, 그러나, 아테나이인 여러분. 그가 지금 자못 감동적으로 상술하는바, 만일 제가 도시에 그같이 부당행위 하는 것을 그가 보았다면, 법적으로 그에 맞는 처벌을 받도록 하고, 한편으로 제가 탄핵[12]을 받을 만한 행위를 한 것이라면, 탄핵에 합당한 절차를 통해 여러분 앞으로 재판에 회부해야 하는 것이죠. 또, 다른 한편으로, 제가 불법제안[13]한 죄가 있다면, 불법제안한 것으로 재판에 저를 회부해야 하는 거예요. 실로 아이스키네스가 저를 기소[14]하려고 생각했더라면 그때 했어야지, 그때는 가만히 있다가 지금에 와서, 그것도 저를 바로 기소한 것도 아니고, 저를 노려서 크테시폰을 고소하는 그런 일은 있을 수 없기 때문입니다.

14. 그가 지금 저를 비난하고 상술하는바 그런 어떤 행위, 혹은 제가 여러분에게 피해를 주는 어떤 부당행위를 한 것을 그가 목격했다면, 그 모든 행위에 대한 법률, 형량, 법적 절차, 엄한 처벌과 고액의 벌금을 부과하는 재판 심리 등이 있으니, 이 모든 것들을 그가 이용할

---

12 *eisangelia.*
13 *paranomon prphomenon.*
14 *egrapsato.* 개인이 기소했더라도 공적 사안이라서 '공소'라고 할 수 있을 때, 'grapho', 'graphe' 등의 표현을 쓴다.

수 있었을 것입니다. 그가 공론화하고 저에 대해 이런 절차를 원용했더라면, 그의 비난은 그 행동과 일치하게 되는 것이에요. 15. 그러나 실제로 그는 주효하고 합법적인 방법을 쓰지 않았고, 사건이 발생한 즉시 문제를 제기한 것도 아니었어요. 그래 놓고는 이렇듯 세월이 흐른 다음에야 불평, 조소, 모욕을 온통 동원하여 소를 제기한 겁니다. 실제로 저를 비난하면서, 고소는 여기 이 사람 크테시폰을 두고 했고요. 우선 쟁점으로 저에 대한 적의를 앞세우면서, 다른 누군가의 자격[15]을 박탈하려 하고 있네요. 16. 크테시폰을 위하여 다른 많은 것들이 거론될 수 있겠으나, 아테나이인 여러분, 제 소견으로, 가장 합리적 방안은 우리 사이의 불화는 우리끼리 풀어 가는 것이고, 그 적의를 돌려서 다른 이에게 피해가 가지 않도록 하는 것입니다. 그렇게 하는 것은 극도로 부당한 것이기 때문이지요.

17. 이 같은 사실에 비추어, 그가 하는 모든 비난이 부정직하고 거짓이라는 결론에 이르게 됩니다. 그럼에도 제가 한 가지씩, 특히 평화조약과 사절단[16] 관련하여 그 자신이 필로크라테스와 함께한 행위를 저에게 뒤집어씌우면서 하는 거짓말에 대해 해명해 드리겠습니다. 불가피하게, 아테나이인 여러분, 또 아마도 마땅히 그래야 하는 것으로서, 필요에 따라 각기 수행된 업무를 여러분이 가늠할 수 있도록 당시 상황에 대해 말씀드리도록 하겠습니다.

---

15 *epitimia*.
16 평화조약 체결을 위해 사신을 2차에 걸쳐 필리포스에게 파견했다. 1차는 조약의 내용, 2차는 필리포스의 맹세를 받기 위한 것이었다. 데모스테네스와 아이스키네스는 같이 두 차례 사신단에 포함되었다.

18. 포키스 전쟁17이 벌어졌을 때, 그때 저는 정치에 발을 들여놓기 전이었으므로 여기에 책임이 없다는 말씀을 참고로 드리면서, 여러분은 누구보다 먼저 포키스인을 구해야겠다고 생각했지요. 그들이 부당한 행위를 했다는 것을 알면서도 그랬어요. 반면, 테바이인에 대해서는 그들에게 거의 떨어질 뻔했던 불행에 환호했지요. 그들과는 레욱트라에서 과욕을 부리는 문제로 당연하게도 불화했던 것이에요. 그 후 펠로폰네소스도 온통 분열되었죠. 라케다이몬인의 적들도 그들을 타도할 만큼 강하지 못했고, 또 라케다이몬인18의 지지로 권력을 잡았던 기존의 지배자들도 마찬가지였어요. 이들은 물론 다른 이들에게서도 상황은 불확실했고 분쟁과 혼동에 휩싸였습니다. 19. 노골적으로 드러나는 이 같은 상황을 감지한 필리포스가 돈으로 각 지역마다 배반자들을 매수하고 내부 충돌과 혼란을 부추겼어요. 상대의 실수와 무분별을 기회로 하여 세력을 키우는데, 그 세력의 증가가 모든 이를 눌렀어요. 한때 위세를 떨쳤으나 이제 불운에 처한 테바이인이 긴 전쟁에 지쳐 부득이 우리 편으로 붙으려 한다는 것이 가시화되자, 필리포스는 이것을 방해하고 서로 연합하지 못하도록 하려고 여러분에게는 강화를, 테바이인들에게는 도움을 제안한 것이지요. 20. 여러분이 필리포스가 파 놓은 함정에 기꺼이 걸려들 태세에 있음

---

17 포키스 전쟁 (혹은 제 2차) 신성전쟁(355~346 B. C.)은 신성동맹국들이 포키스인에 대항하여 싸운 것이다. 그 이유는 포키스인이 델포이 신전기금을 유용한 죄로 물어야 하는 벌금을 변제하지 않았다는 것이다. 이 전쟁에서 포키스는 필리포스에게 패배했다.
18 라케다이몬인을 증오한 이들은 주로 메세네인, 아르카디아인, 아르고스인이었다.

을 그로 하여금 눈치채게 한 것이 무엇인 줄 아십니까? 그것은, 정작 말로 표현하자면, 다른 헬라스인의 비열함이거나 우둔함, 혹은 두 가지 모두였습니다. 여러분은, 당시의 상황이 증명하듯이, 모두의 이익을 위해 길고도 간단(間斷) 없는 전쟁을 치렀는데, 다른 헬라스인은 자금도 인력도, 다른 그 어떤 것으로도 여러분을 돕지 않았던 것이죠. 이들에게 여러분은 당연히 화가 나 있었고, 그래서 필리포스의 제안을 기꺼이 받아들인 것입니다. 그 당시 필리포스와의 양해 아래 체결한 평화조약은 이런 상황에서 이루어진 것일 뿐, 아이스키네스가 저에게 악의적으로 덮어씌우는 것처럼 저 때문에 체결된 것이 아닙니다. 오히려 평화조약 체결 과정에서 이루어진 아이스키네스와 그 일당의 부정과 수뢰행위가, 바르게 조사만 한다면, 우리가 현재 겪고 있는 질곡의 진짜 원인으로 드러날 것입니다.

21. 이 같은 모든 사실의 확인과 해명은 진실을 밝히기 위한 것입니다. 이 문제와 관련하여 부정이 있다면 그 책임은 제게 있는 것이 아닙니다. 처음으로 평화를 발설하고 공론화한 이는 배우였던 아리스토데모스[19]였고, 그 발상에 동조하여 서면으로 제안한 이는 돈으로 고용된 하그누스 출신 필로크라테스였는데, 그는 내가 아니라 당신

---

19 메타폰티스〔에게해 동남부 '도데카니사(12개 섬)'에 속하는 섬, 오늘날 '시미'라 불리며, 로도스에서 약 19킬로미터(12마일) 떨어져 있는 곳〕 출신 아리스토데모스는 고명한 비극시인이었는데, 아테나이에 오래 거주하여 시민권을 얻었다. 올린토스가 필리포스에게 함락된 후, 포로 해방을 요구하기 위해 필리포스로 파견되었고, 귀환해서는 필리포스가 아테나이에 우호적인 입장에 있는 것처럼 거짓 정보를 전해왔다.

의 동업자이잖소, 아이스키네스 씨, 거짓말하면서도 얼굴색도 안 변하는구려. 또 그 제안을 지지한 이들은 그 동기가 무엇이었든 간에 에우불로스와 케피소폰[20]이었고, 그 동기에 대해서는 현재로서 저는 언급하지 않겠습니다. 아무튼 저는 아무런 관련이 없어요.

22. 사실이 이러하고 그런 사실이 증명이 되는데도, 아이스키네스는 놀라우리만치 뻔뻔하게 평화조약 체결의 책임이 오히려 저에게 있다고 하고, 또 우리 도시가 헬라스인과 공동 의회를 가지지 못하도록 제가 방해했다고 여러분께 말하는 겁니다. 아, 아이스키네스, 도대체 당신을 어떤 말로 형용해야 어울릴 것인가요? 당신이 보는 데서 내가 우리 도시로부터 헬라스인과의 협상과 동맹의 기회를 없애 버리려 했고, 그것이 당신이 표현한 것처럼 그렇게 중요한 사안이었다면, 왜 당신은 바로 항의하거나, 아니면 지금 당신이 고소한 사건 경과와 관련한 정보를 그때 사람들에게 주지 않았지요? 23. 만일 필리포스에게 매수되어 범(凡)헬라스인 동맹 성립을 방해하려 했다면, 당신은 가만히 있을 것이 아니라 큰 소리로 떠들고 항의하며, 여기 있는 이들에게 알렸어야 했던 거요. 그러나 당신은 그러지 않았고, 아무도 당신이 그런 말 하는 것을 들은 사람이 없어요. 게다가 당시에는 헬라스인에게 사신을 파견하지도 않았고, 모두가 오래전부터 서로 싸우고 있었던 상태라서, 아이스키네스가 하는 말은 전혀 진실이 아닙니다.

---

20 파이아니아 출신 케피소폰은 기원전 346년 필로크라테스 평화 체결을 지지한 이들 가운데 한 사람이었고, 후에 하르팔로스로부터 뇌물을 받은 혐의로 기소되었다.

24. 더욱이 그의 거짓말은 아테나이에 대한 최악의 비방인 것이죠. 만일 당신이 동시에 전쟁을 벌이기 위해 헬라스인을 규합하고 또 강화를 위해 필리포스에게 보낸 것이라면, 당신은 위대한 도시 혹은 정직한 사람이 아니라 사기꾼 에우리바토스[21]의 역할을 맡은 것이었네요. 그러나 그런 일은 없었죠, 없었어요, 그 같은 상황에서 어떻게 여러분이 헬라스인을 소환하려 했겠습니까? 평화를 위해서인가요? 그들은 모두 평화를 누리고 있었습니다. 전쟁을 위해서요? 당시 여러분은 이미 평화조약을 체결하려고 가늠하고 있었어요. 그러니 제가 처음부터 평화조약을 추진한 것이 아니고, 또 어떤 식으로도 연루되지 않았으므로, 아이스키네스가 저에 관해 하는 온갖 비난이 다 진실이 아니라는 사실이 증명됩니다.

25. 이제 평화조약 체결 이후 우리가 자주 채택한 정책이 어떤 것이었는지 여러분이 생각해 보십시오. 그러면 누가 필리포스의 하수인으로 일했는지, 누가 여러분과 도시의 이익을 위해 봉사했는지를 깨닫게 될 것입니다. 당시 의원으로서 제가 제안한 것은 필리포스가 주둔하는 곳이라면 어디든지 지체 없이 사신들이 가서 그가 맹세[22]를 하도록 하자는 것이었어요. 그러나 아이스키네스 일당은 저의 공식 서면 제안을 거부했지요. 26. 왜 그런지 아십니까? 아테나이인 여러분, 제가 말씀드리죠. 필리포스에게 득이 되는 것은 비준의 맹세를

---

21 에우리바토스(혹은 에우리바테스)는 배반의 상징이다. 그는 에레소스인으로 페르시아에 항거하여 군대를 모은다는 구실로 당시 리디아 왕이었던 크로이소스에게서 받은 군자금을 적국인 키로스에게 넘겨준 것으로 오명을 남겼다.
22 헬라스인 사이의 반(反)필리포스 동맹의 맹세를 뜻한다.

하기까지 시간을 가능한 한 늦추는 것이지만, 여러분에게는 오히려 줄이는 것이니까요. 왜냐고요? 여러분은 모든 전쟁 준비를 중단한 상태였거든요. 평화조약 체결을 맹세한 날부터가 아니라, 그 평화를 희망한 날부터 그랬거든요, 이것이 바로 필리포스가 줄곧 노린 것이었어요. 조약을 비준하기 전에 그가 장악할 수 있는 아테나이인 영역을 안전하게 손에 넣어 버리면, 여러분이 그것을 되찾기 위해서 평화조약을 깨는 일은 없을 것이라 계산한 것이고, 그런 그 계획은 적중했어요.

27. 저는 이 같은 상황을 예견, 고민하여 조령 하나를 제안했습니다. 가능한 한 빠른 시일 내에 필리포스가 평화조약을 수용하여 맹세하도록 종용하자는 것이었어요. 여러분의 동맹 트라케인이 당시 세리온, 미르테논, 에르기스케 땅을 아직 보유하고 있을 때 말이죠. 이 지역들은 지금 아이스키네스가 하찮게 폄하하고 있는 곳이에요. 아무튼 저의 제안은 필리포스가 트라케를 손에 넣음으로써 그곳 이점을 이용하고, 풍성한 자금과 병력을 확보함으로써 다른 작전을 쉽게 구사하지 못하도록 하려는 것이었어요. 28. 그런데 이 조령에 대해서 아이스키네스는 그 존재 자체는 물론 그 내용을 아예 소개하지 않아요. 그가 막무가내로 저를 비방하는 근거는 제가 의회 의원으로서 마케도니아 사신이 우리 민회에 참석하도록 소개했다는 거예요. 그러면 제가 어떻게 처신해야 했겠습니까? 여러분과 소통하려는 목적으로 온 사신들을 여러분 앞에 소개하자는 제안을 하지 말았어야 하는 건가요?[23] 그들에게 자리를 내주지 말라고 그곳 지배인에게 명령했어야 하나요? 만일 그런 저의 제안이 없었더라면, 그들은 2오볼로스를

주고 참석할 수 있었을 겁니다. 아니면, 제가 도시의 작은 이익을 챙기려고, 아이스키네스와 그 일당처럼, 모든 것을 팔아넘겨야 합니까? 실로 그런 것은 아니지요. 자, 아이스키네스가 빤히 알고 있으면서도 묵살하는 이 조령을 들고 읽어 주십시오.

데모스테네스의 조령[24]

29. 므네시필로스가 장관(아르콘)으로 임직하던 해, 헤카톰바이온 달,[25] 판디오니스 부족이 행정부[26]에 임할 때, 파이아니아 부족 데모스테네스의 아들 데모스테네스가 다음과 같이 제안했다. 필리포스가 사신들을 파견하여 평화조약에 동의하고, 의회와 아테나이 민중의 결정에 의해, 제1민회[27]에서 통과된 평화조약의 비준을 위해, 아테나이 전체 민중으로부터 5명 사신을 바로 선출하도록 결정하도록 한다. 사신으로 선출된 이들은 지체 없이 필리포스가 있다고 알고 있는 곳으로 출발하여, 맹세 원안을 들고 가능한 한 신속하게 그에게 전달하되, 이것은 필

---

23 민회가 타국 사신들을 접견하는 것은 안건에 대한 의회의 특별 예비심사의 표결을 거친 후에 이루어진다.

24 이 조령은 확실하게 진본이 아닌 것으로 간주된다. 연대가 두 달 정도 차이가 나기 때문이다. 당시 명칭 아르콘(수석장관, 이들의 이름을 따서 그해를 표시함)은 므네시필로스가 아니라 테미스토클레스였다. 사신단은 5명이 아니라 10명이었고, 그 안에 데모스테네스도 포함되었다. 사신의 임무는 맹세를 교환하는 것이 아니라 필리포스의 맹세를 받아 내는 것이었다. 아테나이인은 이미 자신의 맹세를 필리포스의 사신들에게 건넸기 때문이다.

25 헤카톰바이온달은 아티카 달력으로 오늘날 7월 중순~8월 중순에 해당한다.

26 프리타네이아. 아테나이 10부족이 1년 동안 돌아가면서 각기 행정부를 구성한다.

27 한 달에 4번씩 정기 민회가 열리는데, 그중 첫 번째 민회를 말한다.

리포스와 아테나이 민중, 그리고 양편 각각의 동맹국이 동의한 조건에 따른 것이다. 선출된 사신은 아나플리스토스의 에우불로스, 코토키다이의 아이스케네스, 람누스의 케피소폰, 플리아의 데모크라테스, 코토키다이의 클레온이다.

30. 제가 이 조령을 제안한 것은 필리포스가 아니라 우리 도시를 구하기 위한 것이었습니다. 그럼에도 이 알량한 사절들은, 필리포스가 온 땅을 정복하고 트라케에서 돌아올 때까지, 마케도니아에서 석 달 내내 버텼어요. 마음만 있었다면, 열흘 아니면 삼사일 만에 헬레스폰토스에 도착하여, 필리포스가 그곳 땅을 정복하기 점령하기 전에 맹세에 대한 비준을 받아 낼 수 있었을 텐데 말이죠. 그랬다면, 그는 우리 눈앞에서 그 땅을 건드릴 수 없었을 것이고, 그렇지 않다면 우리가 그 맹세를 받아들이지 않을 것이기 때문에 그는 평화 체결의 기회를 놓치게 되었을 것이니까요. 필리포스가 평화와 땅, 그 두 가지를 다 가질 수는 없었을 것이란 말입니다.

31. 이렇듯 필리포스가 구사한 첫 번째 사기극은 매수에 걸려든 부정직한 사신들을 대상으로 한 것입니다. 이 사건 관련하여 저는 지금은 물론 영원히 그들에게 적대하고 반대할 것임을 밝힙니다. 그 후 일어난 것으로 이것보다 더 큰 비열한 다른 사건을 보십시오. 32. 필리포스가 평화조약에 맹세로서 비준한 후에 벌어진 일입니다. 이들 사신들이 제가 제안한 조령을 따르지 않은 바람에, 먼저 트라케를 손에 넣은 그(필리포스)는 다시, 포키스인에 대한 원정 준비를 충분히 마칠 때까지, 사신들을 마케도니아에서 떠나지 못하도록 매수했지요. 필

리포스가 원정을 기획하고 그 준비를 이미 진행하고 있다는 사실을 우리가 눈치채면, 여러분이 바다로 나가 삼단노전선을 거느리고 테르모필라이로 와서, 그전에 한 것처럼[28] (필리포스보다) 먼저 그곳을 폐쇄할까 봐 염려했던 것이지요. 그가 테르모필라이를 통과하기만 하면, 그때에는 우리가 알게 된다 해도 이미 우리가 아무런 대처할 수 있는 것이 없기 때문이었어요. 33. 자신이 포키스를 미처 점령하기도 전에 여러분이 미리 알고 그들을 돕기로 결정하게 된다면, 자신의 계획이 수포로 돌아갈까 봐 필리포스는 노심초사했어요. 그래서 그는 이 사악한 인간 아이스키네스와 거래했지요. 당시 아이스키네스는 주변 사람들도 모르게 혼자서 여기에 부응했어요. 이렇게 해서 담화문을 작성하여 그것을 여러분에게 전달하게 했고, 그 때문에 모든 것이 상실되었어요.

34. 제가 여러분에게 유념하시도록 부탁하고 또 간청하는 것은, 아테나이인 여러분, 이번 재판의 쟁송 과정에서, 소송상대인 아이스키네스의 변론이 주어진 혐의의 범위를 이탈하지 않았다면, 저도 주제에서 벗어나지 않았을 것이라는 점입니다. 실로, 그가 오만 가지 원망과 험담을 늘어놓기 때문에, 저도 부득이하게 각각의 비난에 대해 간략하게 답변을 드렸습니다. 35. 그때 아이스키네스가 어떤 말을 했기에, 그것이 모든 것을 잃는 원인이 되었을까요? 그가 한 말

---

28 기원전 353년, 필리포스는 파가세티코스만(에우보이아섬 북쪽) 부근에서 오노마르코스 휘하 포키스인을 격퇴한 다음, 다시 테르모필라이로 진격하려 했으나 단념했다. 아테나이 중무장보병 5천 명, 기병 400기가 그곳을 지키고 있었기 때문이다. 참조, Demosthenes, 19. 319.

이, 필리포스가 테르모필라이를 통과했으므로, 법석을 떨 이유가 없다고 한 것이었어요. 조용히 앉아 있으면, 여러분이 원하는 대로 갖게 될 것이고, 또 그(필리포스)가 짐짓 적이라고 일컫는 이들의 친구이며, 친구라고 일컫는 이들이 적이라는 사실을 이삼일 내에 여러분이 알게 될 것이라고요. 왜냐하면 친구 간 유대를 보장하는 것은, 아이스키네스의 감동적 언변에 따르면, 말로 하는 언약이 아니라 이익이기 때문이라는 겁니다. 필리포스, 포키스인, 여러분 모두의 공동 이익이 테바이인의 잔인하고 거만한 행동으로부터 해방되는 것이라고 했어요. 36. 아이스키네스의 말을 듣던 이들 중 일부가 이 말에 넘어갔죠. 당시 모든 이가 테바이인을 싫어했거든요. 그런데 먼 미래도 아니고 바로 코앞의 결과가 어떠했습니까? 포키스인이 패망하고 그들 도시가 무너져 내렸어요. 여러분은 아무런 대처도 하지 않고 가만히 있었고, 아이스키네스의 말에 넘어가, 곧장 여러분의 가재를 들판에서 성안으로 옮겨 들여왔죠. 아이스키네스는 그 대가를 챙겼고, 도시에는 테바이인과 테살리아인에 대한 증오가 일었으며, 진행되는 상황에 대해 필리포스에게 감사하게 되었어요. 37. 사실이 이러하다는 것을 증명하기 위해서, 칼리스테네스 조령과 필리포스의 서신을 읽어 주십시오. 그러면 모든 것이 분명해질 것입니다. 읽어 주시지요.

조령29

므네시필로스가 명칭 아르콘으로 있을 때, 마이막테리온달30 1일 의회의 승인하에 장군들과 행정부 임원(프리타네이스)31에 의해 소집된 민회에서, 팔레로스 출신 에테오니코스의 아들 칼리스테네스가 다음과 같이 제안했다. 어떤 아테나이인도 어떤 이유를 막론하고 야외에서 밤을 새우면 안 되고 반드시 도시(아테나이 도심)와 페이라이에우스에만 머물러야 한다. 다만 수비병으로 초소에 배치되어 근무하는 이는 예외로 한다. 후자는 각기 연속하여, 밤낮을 불문하고, 자리를 지켜야 한다. 38. 이 조령을 어기는 이는 반역죄로 법에 따라 처벌된다. 다만 이 법을 준수할 수 없는 무능력자는 예외로 한다. 무능력의 주장은 중무장보병 장군과 행정 장군, 의회의 서기에 의해 그 여부를 판정받는다. 또한 야외 반경 120스타디온 내에 있는 모든 가재는 지체 없이 도시(아테나이 도심)와 페이라이에우스로 옮겨와야 하고, 그 반경 밖에 있는 것은 엘레

---

29 이 조령은 위작이며, 연대 표기에서 오류를 범하고 있다. 포키스 양도는 아티카 달력 스키로포리온달(그레고리력 6월 중순~7월 중순) 23일에 일어났던 것으로 전하기 때문이다. 기원전 345/346년의 명칭 아르콘은 므네시필로스가 아니라 아르키아스이다. 중무장보병(호플리테스)과 행정의 장군직은 기원전 346년에는 아직 존재하지 않았다. 이 조령 끝부분에는 상당히 중요한 의미를 가진 것으로서 데모스테네스가 다른 조령(〈사신의 배임에 대하여〉, 86, 125)에서 인용한 내용, 즉 도시 성벽 안에서 헤라클레스(키노사르게스 지역이 아니라 마라톤과 관련된 것으로 보임)를 위해 제사를 지내는 것과 관련한 내용이 없다.

30 마이막테리온달은 아티카 달력 11월 중순~12월 중순이다.

31 프리타네이스(*prytaneis*)는 행정부(*prytaneia*: 1년의 10분의 1을 아테나이 10개 부족이 돌아가면서 맡는 행정부)에 근무하는 같은 부족 출신의 의회 의원 50명이다.

우시스, 필레, 아피드나, 람누스, 수니온으로 옮긴다. 팔레로스 출신 칼리스테네스가 제안함.

여러분이 평화조약을 체결한 대가가 이런 것입니까? 이것이 이 매수된 하수인이 약속한 것입니까?

39. 이제 필리포스가 그다음에 보내온 서신을 읽어 주십시오.

서신

마케도니아 왕 필리포스가 아테나이 의회와 민중에게 인사드립니다. 내가 여러분에게 통지하는바, 우리가 테르모필라이를 통과하여 포키스를 복속시켰습니다. 자진하여 항복한 모든 작은 도시에 수비대를 주둔시켰고, 항복하기를 거부한 도시들은 공격하여 힘으로 장악하여 주민을 예속하고 땅을 초토화했습니다. 여러분이 이들을 돕기 위해 원정을 준비한다는 소식을 듣고, 이 문제에 더 이상 신경을 쓰지 않도록 서신을 띄웁니다. 모든 사안에서 여러분이 하는 작태는 내가 보기에 아무것도 제대로 되는 것이 없는 것 같소. 평화조약을 체결해 놓고는, 동시에 적대행위를 하니 말이오. 더구나 포키스는 우리 평화조약에 포함되지 않소. 그래서 우리가 동의한 바를 지키고 싶지 않다면, 여러분은 먼저 부당행위를 한 사실밖에, 어떤 이익도 구하지 못할 것이오.

40. 여러분 들으셨지요. 필리포스가 여러분에게 보내온 서신에서 정작 자신의 동맹국인 우리에게 다음과 같은 의중을 분명하게 드러내고 전달하고 있는 것 말입니다. "내가 행한 작전은 아테나이인의 기대

와 정서에 반한 것이다. 그러니, 여러분 테바이인과 테살리아인도 유념하여 아테나이인을 여러분의 적으로 삼고 내게 의지하기 바란다. " 이렇게 말로 적혀 있는 것이 아니지만 필리포스는 그런 의중을 드러내고 있습니다. 이렇듯 그는 자신을 믿고 아무것도 예측하지도 또 알려고도 하지 말고, 모든 사안을 그가 하는 대로 따르라고 그들에게 종용한 겁니다. 질곡에 빠진 그들이 현재 겪는 불행의 원인은 바로 그런 것이에요. 41. 그리고 필리포스와 작당하여 그로 하여금 맹목적 신뢰를 얻도록 돕고 거짓 정보를 아테나이로 들여와서 자신의 동료 시민을 속인 이가 바로 이 인간, 아이스키네스입니다. 그가 지금 테바이인이 처한 상황에 마음 아파하고 얼마나 슬픈지를 토로합니다. 그 자신이 이 같은 질곡, 포키스인의 파멸, 헬라스인이 겪는 온갖 고통의 원인이면서 말이에요. 명백히, 아이스키네스 씨, 당신은 진심으로 이 같은 상황에 괴로워하고, 비운의 테바이인을 연민하고 있는 것이지요. 보이오티아에 토지를 소유하고 있고, 한때 테바이인의 것이었던 토지를 경작하는 당신 말이요. 그렇지만 나는 오히려 기쁘다오, 이 같은 만행을 저지른 침략자32가 자신의 손에 넘겨달라고 지목했던 나 말이요.

42. 더 뒤에 언급하는 것이 더 좋을 뻔했던 사안으로 제가 잠시 벗어났습니다만, 다시 이들 고소인 일당의 부정이 당면한 질곡의 원인

---

32 이 침략자는 필리포스의 아들 알렉산드로스를 말한다. 그는 기원전 335년 테바이를 함락하고 아테나이인에게 데모스테네스를 넘겨줄 것을 요구했다. 참조, Plutarchos, *Demosthenes*, 23; Arrianos, *Alexandrou Anabasis*(알렉산드로스 원정기), 9.

이라는 본론으로 돌아가서 그 증거를 소개하도록 하겠습니다. 사신으로 파견되었으나 필리포스에 의해 매수되어 여러분에게 거짓 보고한 이들 아이스키네스 일당을 통해, 여러분이 필리포스에 의해 기만당하고, 또 불운한 포키스인이 그같이 속아 넘어가서 그들의 모든 도시가 패망했으니, 어떻게 일이 이 지경이 된 것일까요? 43. 한편으로, 용렬한 테살리아인과 둔감한 테바이인은 필리포스가 자신들의 친구, 시혜자, 구원자인 것으로 보았죠. 필리포스는 그들에게 절대적 존재였어요. 누가 필리포스에 대해 뭔가 다른 말을 하려 해도, 그들은 곧이듣지 않았어요. 다른 한편으로, 아테나이인 여러분도, 의심이나 불만은 있었지만, 평화조약을 준수했지요. 아무런 불편한 일이 생기지 않도록 말이죠. 다른 헬라스인도, 여러분같이 기만당하고 실망하면서도, 평화조약을 준수했습니다. 일면 자신들에 대한 전쟁은 오래전에 이미 시작되었는데도 말이에요.

44. 필리포스가 여기저기 설치고 다니면서 일리리아인, 트리발로이인,[33] 나아가 헬라스인[34] 가운데 일부까지 정복하고, 많은 거대 병력을 수중에 확보하며, 도시들로부터 아이스키네스를 포함하여 몇몇 사람이 평화조약 체결 권한을 가지고 마케도니아를 방문하여 뇌물에 매수되는 것 등, 이 모든 작업이 필리포스가 치르려고 준비했던 상대 나라에 대한 전쟁 행위인 것입니다. 그런 점을 당사자들이 인식하지

---

33 필리포스의 일리리아(그리스 본토 서북부) 공략은 기원전 344년, 트리발로이인 (트라케 지역의 부족)에 대한 공략은 기원전 336년에 있었다.

34 여기서 언급되는 헬라스인은 카르디아(테살로니케 도시), 트라케 케르소네소스의 도시, 에우보이아의 주민을 지칭하는 것으로 추정된다.

못했다면, 그것은 별개의 문제이고, 제가 간여할 사안이 아닙니다.

45. 저로서는 끊임없이 경고하고 충고해왔습니다. 여러분에 대해서는 물론이고 제가 파견되는 곳은 어디든 가리지 않았어요. 그러나 모든 도시가 병들었고, 그 위정자들은 돈을 탐하여 타락하고 부패했습니다. 개인들도 다수가 앞날을 보지 못하고 태만과 일상의 쾌락에 탐닉했습니다. 그 가운데 모두 이 같은 상황을 좌시했고, 그저 그 해악이 자신을 제외한 다른 이에게 떨어지기만 기대했으며, 기꺼이 다른 이를 위험에 몰아넣음으로써 자신의 안전을 도모하려고까지 했어요.

46. 제 소견에, 그 결과로서 다수 민중의 지나치고 순발력 없는 무기력이 자유의 상실을 초래했고, 자신을 제외한 다른 모든 것을 팔아넘겼다고 믿었던 그 위정자들은 급기야 팔아넘긴 것이 바로 그들 자신이었음을 깨닫게 된 겁니다. 뇌물을 받을 때만 해도 친구, 우방이라 하던 것이, 이제는 기생충, 신들의 숙적, 그 밖에도 그와 유사한 이름으로 불리게 되었습니다.

47. 그런데, 아테나이인 여러분, 뇌물을 공여하는 자는 누구도 배반하는 이의 이익을 위해 주는 것이 아닙니다. 공여자가 일단 자신의 목적을 이루게 되면, 더는 배반자의 도움을 필요로 하지 않게 되는 것이죠. 그렇지만 않다면, 배반은 온갖 종류의 거래 가운데서 가장 유익한 것이 되었겠죠. 그러나 세상 이치가 그렇게 돌아가지 않습니다. 어떻게 그럴 수 있나요? 절대 그렇지 않죠. 권력을 추구하는 이가 일단 그 목적을 달성하게 되면, 바로 자신의 쓸개를 팔아온 사람들의 주인으로 군림하게 되는 것이지요. 그때가 오면, 그는 배반하는 이들의 비루함을 숙지하고 염증을 내며 불신하고 경멸하게 됩니다. 48. 유념

하십시오. 비록 알맞은 행동의 기회를 놓치긴 했으나, 그 같은 이치를 터득하는 현명한 이들에게는 언제나 기회가 있습니다. 라스테네스35는 올린토스를 배반하여 적에게 넘길 때까지, 티몰라오스36는 테바이가 함락될 때까지, 라리사의 에우디코스와 시모스37는 테살리아를 필리포스에게 넘길 때까지만, 그의 적들이 그들을 친구라고 불렀던 것이죠. 그 후 온 세상이 추방된 이, 능멸당한 이, 그 밖에 있을 수 있는 온갖 방법으로 험한 질곡에 처한 이들로 가득했어요. 시키온의 아리스트라토스38나 메가라의 페릴로스39는 어떻게 되었나요? 추방되지 않았던가요? 49. 이 같은 예를 통해 분명해지는 사실은 말이오, 자신의 나라를 아주 잘 지키고 또 배반하는 이들에게 단호하게 맞서는 이, 바로 그런 이가 도모하는 것으로 인해, 아이스키네스 씨, 당신이 뇌물을 받고 배반하는 공간이 확보되는 것이오. 그리고 당신네가 아직 안전하게, 여전히 뇌물을 받고 있는 상태라면, 그것은 여기 있는 다수 시민들, 당신네에게 반대하는 그런 이들의 덕분이지요. 모두 당

---

35 올린토스의 라스테네스는 에우티크라테스와 함께 배반하여 기병을 필리포스에게 넘겨주었고, 기원전 341년부터 질곡에 처한다.

36 티몰라오스는 이 변론 §295에도 언급되지만, 달리 알려진 정보가 없다.

37 사전편찬자 하르포크라티온에 따르면, 에우디코스와 시모스는 테살리아의 세력 있고 부유한 가문의 일원이었다. 이들이 속한 알레우아다이 가문은 정치와 군사 면에서 테살리아의 조직을 강화했다. 페라이의 참주들에 저항하여 필리포스 측에 가담했고, 기원전 344년에 테살리아의 체제를 재정비하면서 권력을 장악하게 된다.

38 아리스트라토스는 기원전 360년부터 시키온의 참주가 되었으며, 친마케도니아 선봉으로 기원전 344년부터 필리포스의 지지를 받았으나 후에 실각했다.

39 메가라의 페릴로스(혹은 페릴라오스)는 Demosthenes, 18. 295(Perilaos), 19. 295(Perillos)에서도 언급된다.

신네처럼만 했다면, 당신 자신들이 오래전에 이미 망해 버렸을 테니까요.

50. 당시 사건들과 관련하여 아직 많은 것을 말씀드릴 수 있지만, 이만큼만 해도 필요 이상으로 한 것 같습니다. 이 아이스키네스가 책임자로서, 그 비열함의 오물과 부정행위로 저에게까지 흙탕물을 뒤집어씌웠으므로, 저로서는 부득이 저 자신에게 주어지는 혐의에서 벗어날 수 있도록 노력해야 하겠습니다. 젊은이들이 사건을 더 잘 이해할 수 있도록 말이죠. 사실 제가 말씀드리지 않아도 아이스키네스의 뇌물수수 관련 사건을 다 아시는 여러분은 제 설명이 불편하실 수도 있겠습니다. 51. 그럼에도 아이스키네스가 그 뇌물수수 행위를 우정, 호의에 의한 것이라고 하고, 또 지금은 "제(아이스키네스)가 알렉산드로스와 우정을 가지고 있다"고 야유한 사람(데모스테네스)이 있다고 말하고 있거든요. 내가 당신을 보고 "알렉산드로스와 우정을 가지고 있다"고 했다고요! 어디서 주워들은 거요? 어떻게 얻어들었소? 내가 정신 나간 것이 아니라면, 나는 당신을 필리포스의 손님이거나 알렉산드로스의 친구라고 말하지 않았소. 하인이나 그같이 고용된 다른 이를 고용주의 친구이며 손님이라고 말하는 것이 아니라면 말이요. 52. 그렇게 부르지 않지요. 그런 법은 세상에 없어요. 절대로 없지요. 나는 당신을 그전에는 필리포스에게 매수된 이였고, 지금은 알렉산드로스의 수하 고용인이라고 봅니다. 이 민회에 있는 모든 이가 그같은 생각인 것이죠. 당신이 내 말을 못 믿겠다면, 물어보세요. 아니면 제가 직접 물어보지요. 어떻습니까? 아테나이인 여러분, 여러분 생각에 아이스키네스가 알렉산드로스의 수하 고용인입니까, 손님입

니까? 아이스키네스 당신이 그들 말을 들어 보세요.

53. 이제서야 저는 고소 내용 자체와 관련하여 해명하고 제가 공적으로 한 행위에 대해 상술함으로써, 아이스키네스가 들을 수 있도록 하겠습니다. 실로 아이스키네스가 아주 잘 알고 있는 사실로서, 어떤 근거로 제가 의회에서 추천하는 것보다 더 큰 상을 받을 자격을 갖추었느냐는 겁니다. 자, 저를 위해 고소장을 들고 읽어 주십시오.

고소장40

54. 카이론다스가 명칭 아르콘으로 있을 때, 엘라페볼리온달41 6일, 코토키데스 출신 아트로메토스의 아들 아이스키네스가 아나플리스토스 출신 레오스테네스의 아들 크테시폰을 불법제안42 혐의로 장관(아르콘) 앞으로 고발했다. 파이아니아 출신 데모스테네스의 아들 데모스테네스가 금관을 받고 대디오니시아 제전에서 새 비극이 상연될 때 그 사실을 공포하자고 하고, 금관으로 민중이 파이아니아 출신 데모스테네스의 아들 데모스테네스에게 화관을 수여하는데, 그것은 그 덕성, 언제나 모든 헬라스인과 아테나이 민중에게 베풀었던 호의, 용감함, 행동과 말에서 민중에게 최선을 도모한 점, 55. 그 능력이 미치는 한에서 이룬 선행 등을 기린다는 것이다. 이 제안의 내용은 모두 거짓이며 불법이다. 법에 따르면, 첫째, 법은 공적 기록에 거짓 진술을 금하고 있다. 둘째, 화관

40　이 고소장은 진본이 아닌 것으로 간주된다. 337/336년의 명칭 아르콘은 카이론다스가 아니라 프리니코스였다.

41　엘라페볼리온달은 아티카 달력 3월 중순~4월 중순이다.

42　*graphe paranomon.* 참조, Demosthenes, 7. 43.

을 받는 이는 회계감사를 받은 자이어야 하는데, 지금 데모스테네스는 성벽건설 위원이며 관극기금[43] 관리인이므로 받아야 하는 이에 해당한다. 셋째, (법에 따르면) 화관 수여의 선포는 디오니시아 제전 극장에서 새 비극이 상연되는 날이 아니라, 의회에 의해 화관이 수여되는 경우에, 그 선포는 의사당에서 이루어지고, 도시에 의한 것이면 프닉스에서 열리는 민회에서 이루어져야 한다. 벌금 50탈란톤. 소환 증인: 람누스 출신 케피소폰의 아들 케피소폰, 코토키다이 출신 클레온의 아들 클레온.

56. 아이스키네스가 고소한 것은, 아테나이인 여러분, 이 같은 조령의 문장 내용입니다. 그러나 바로 이 문장으로부터 저는 모든 것을 정당하게 해명할 수 있다는 점을 여러분에게 분명하게 보여드리겠습니다. 고소인이 열거한 순서대로 하나하나, 고의로 누락하는 것 없이, 혐의 내용을 다루도록 하겠습니다. 57. 저는 화관 수여의 조령에서 언급된 것, 즉 말과 행동으로 공히 민중을 위해 봉사했으며, 가능한 한의 최선을 다하려는 열성을 가졌습니다. 그 때문에 그가 저를 칭찬한 것이고 그 판단은 저의 정치적 실적에서 증명된다고 봅니다. 제가 행한 업적을 검토하다면, 저의 업적에 관한 크테시폰의 언급이 올바르고 진실한 것인지 아니면 허위인지가 밝혀질 것입니다. 58. 화관을 수여하는 데 "감사를 받은 후"라는 조건을 달지 않았다는 점, 그리고 관의 수여가 극장에서 이루어진다는 제안과 관련하여, 제 소견으로는, 제가 관을 수여받는다는 사실이 민중 앞에서 선포될 자격이 있는가 여부

---

43 *theorikon*. 참조, Demosthenes, 10. 36, 59. 4.

도 저의 공적 업적과 관련이 있다고 봅니다. 동시에 그 같은 제안을 정당화하는 법령을 또한 소개하겠습니다. 이렇게 해서, 아테나이인 여러분, 저는 정당하고 명백한 변론을 드리려고 하는바, 당장에 저의 활동 이력에 대한 것부터 말씀드리겠습니다. 59. 제가 헬라스인의 정책과 그 문제를 언급한다 해도 당면 혐의 내용에서 벗어난다고는 어느 분도 생각하지 말기 바랍니다. 말과 행동으로 제가 공동선을 위해 활동했다는 조령의 구절을 거짓말로 치부함으로써, 혐의와 관련하여 저의 공적 활동 전모에 관한 논의를 불가피하고도 타당한 것으로 만든 것은 바로 아이스키네스 자신이기 때문입니다. 더구나, 많은 분야의 공적 활동 가운데서 저는 헬라스의 현안과 관련된 활동을 언급하려 하며, 저는 이와 관련한 활동을 증거로 제시하는 것이 정당하다고 봅니다.

60. 제가 정치가로, 또 연사로 활동하기 전, 필리포스가 점령하여 보유하고 있던 것들에 대해서는 언급을 피하겠습니다. 저와 무관하다고 보기 때문입니다. 그러나 제가 공적 생활을 시작한 날 이후에 그의 시도가 저지당한 것들에 대해 여러분의 주의를 환기하려 하면서, 다음과 같은 점을 말씀드리려 합니다. 아테나이인 여러분, 필리포스에게는 엄청난 이점이 있었습니다. 61. 일부가 아니라 예외 없이 전체 헬라스인 가운데 그 같은 전례를 기억하는 이가 아무도 없을 정도로, 배반자, 매수된 이, 신들에게 적대적인 이들이 득실거리게 되었습니다. 필리포스가 이들을 자신의 보조자, 협조자로 끌어들인 것입니다. 그전에도 헬라스인들이 서로에 대해 가졌던 입장은 악의적이고 적대적이었는데, 필리포스가 이런 상황을 악화시켰던 거예요. 일부는 속이고 일부는 매수하고, 또 다른 이는 가능한 온갖 방법으로 부패하도

록 사주했으니까요. 헬라스인은 전체가 하나의 공동체였으나, 그 세력의 확장을 막기 위해, 필리포스는 이들을 여러 부분으로 분열시켰습니다. 62. 상황이 이런 지경에 이르렀는데도, 온 헬라스인이 해악이 발생하고 커져간다는 사실을 전적으로 깨닫지 못하고 있었으므로, 아테나이인 여러분, 우리 도시가 선택해야 했던 바른 정책은 어떤 것이었던가를 생각하시고, 그와 관련한 저의 의견을 들어 주셔야 합니다. 제가 바로 이 같은 정책을 추진했던 장본인이었기 때문입니다.

63. 아이스키네스 씨, 우리 도시가 어느 쪽을 선택해야 했겠습니까? 우리 도시의 긍지와 위상을 내팽개치고, 테살리아인, 돌로페스인에 편승하여 필리포스를 도움으로써 그가 헬라스의 패자(霸者)가 되고 또 우리 선조의 명성과 권리를 짓밟도록 내버려두어야 했던 것입니까? 아니면, 실로 터무니없는 그 같은 짓거리를 하지 않아도, 그 같은 상황이 발생할 것을 오래전에 이미 예견했고, 아무도 막지 않으면 공격이 성공할 것을 알면서도 가만히 지켜보고 묵인하는 것입니까? 64. 지금 저는 지난날 행적에 대해 비난하는 이에게 묻고 싶습니다. 우리 도시가 어느 편을 택했어야 했다고 생각하는지를 말이지요. 헬라스에 덮친 온갖 재앙과 수치를 초래한 원흉으로서 혹자가 거론할 수 있는 테살리아인과 그들 편에 편승한 이들 쪽입니까? 아니면, 아르카디아인, 메세네인, 아르고스인들이 그랬던 것이라 할 수 있는바, 사리(私利)를 도모하여 그 같은 재앙을 묵인한 쪽입니까? 65. 그런데, 이들 중 다수, 아니 거의 모두가, 우리보다 더한 불운을 맞았어요. 만일 필리포스가 승리한 다음,44 바로 물러나서 조신하게 자신의 동맹국이나 다른 헬라스인 누구를 아무도 괴롭히지 않았더라면, 필리포스

의 원정에 반대했던 이들에 대해 불평하고 비난할 수도 있는 일이죠. 그러나 필리포스가, 힘이 허용하는 데까지, 모든 이의 존엄, 패권, 자유는 물론 정치체제까지 모든 것에 걸쳐 같이 파괴한 것이라면, 여러분은 제 조언을 따름으로써 세상 어떤 것보다 가장 현명한 선택을 한 것 아니었겠습니까?

66. 다시 본론으로 돌아와서, 아이스키네스 씨, 당신에게 묻겠소. 필리포스가 헬라스인의 지배자, 참주가 되려고 준비하는 것을 보면서, 도시가 어떻게 대처해야 했겠소? 아테나이 민중의 조언자로서 내가 무엇을 말하고 공식 제안을 해야 했던 거요? 이것이 초미의 현안 아니겠소. 한편으로, 도시 역사의 여명기에서부터 내가 연단에 올라서게 된 날에 이르기까지 조국은 항시 패권, 명예와 영광을 위해 투쟁했고, 각기 제 몸 간수하는 데만 급급한 다른 헬라스인보다 더 넓게 명예와 공동의 이익을 위해 자금과 생명을 희생했다는 사실을 내가 알고 있고, 또 다른 한편으로는, 67. 우리가 싸워온 필리포스가 권력과 패권을 노리면서, 눈을 잃고 오른쪽 어깨도 다치고, 손과 다리도 다쳤으며,[45] 신체의 어떤 부분이라도 운명이 닿는 대로 희생할 각오

---

44 이때 승리는 포키스인에 대한 것인지 카이로네이아에 대한 것인지 의견이 갈린다. 기원전 340년에 전투가 데모스테네스 정치적 이력의 출발점이었던 사실에 근거하여, 후자의 견해가 더 우세하다. 특히 데모스테네스 자신이 이 변론 §19에서 밝힌 바에 따르면, 포키스 전쟁은 자신이 정계에 입문하기 전에 시작된 것이라고 한다.

45 필리포스는 기원전 353년 메토네에서 오른쪽 눈을 잃었고, 기원전 344년에는 일리리아에서 오른쪽 어깨를, 기원전 336년에는 트리발로이인에 대한 원정에서 손과 넓적다리를 다쳤다.

를 하고, 남은 신체 부분만을 가지고도 영광과 명예를 누리며 살려는 것을 보면서 말이오. 68. 실로 보잘것없고 당시만 해도 미미하던 펠라에서[46] 자란 한 인간이 온 헬라스를 지배하려는 욕심을 가슴에 품고 머리로 궁리하는 판에, 아테나이인으로서, 날이면 날마다 듣고 보는 모든 것에서, 여러분 선조의 용기를 기리는 기념비를 목도하면서도, 여러분이 이렇듯 쓸데없는 존재가 되어 자발적으로 기꺼이 여러분의 자유를 필리포스에게 갖다 바쳐야 하는 것이라고, 누구도 감히 그런 말을 할 사람은 없을 겁니다.

69. 아무도 그런 말은 할 수 없어요. 오직 하나 남은 부득이한 길은 필리포스의 부당한 행위에 대해 여러분이 정당하게 저항하는 것입니다. 그 길은 애초에 여러분 자신에게 타당하고 어울리는 것으로서 선택된 것이고, 저도 정치에 발을 들여놓으면서부터 줄곧 제안하고 조언했던 것입니다. 그 점을 저는 인정합니다. 달리 내가 어떻게 해야 했겠소? 아이스키네스 당신에게 물어봅시다. 암피폴리스, 피드나, 포테이다이아,[47] 할론네소스[48]는 당분간 다 제쳐놓고 말이오. 70. 세리온, 도리스코스,[49] 페파레토스[50] 관련은 물론 그 외 우리 도시가

---

46 크세노폰(*Hellenika*, 5. 2. 13)에 따르면, 펠라는 마케도니아에서 가장 큰 도시이지만, 헬라스의 다른 도시에 비하면 미미했으나 필리포스에 의해 거대 도시로 거듭났다고 한다.

47 기원전 357/6년에 걸쳐 필리포스가 장악한 암피폴리스, 피드나, 포테이다이아 문제는 기원전 346년 필로크라테스 평화조약에 의해 일단락되었으나, 아테나이는 수시로 이들 도시 문제를 표면화했다.

48 할론네소스는 지난날 아테나이가 관할했으나, 기원전 342년 필리포스의 수중으로 들어갔다.

입었던 온갖 해악도 나는 무관하오. 당신은 내가 이 도시들을 거론함
으로써 갈등을 야기했다고 말하지만, 이들과 관련한 모든 결정은 내
가 아니라 에우불로스, 아리스토폰, 디오페이테스의 제안에 의한 것
이었잖소. 당신은 아무렇게나 편한 대로 말을 지어내는구려. 지금도
나는 그곳들에 대해서는 문제 삼지 않을 거요. 71. 그러나 그 외에도
필리포스는 에우보이아를 병합하고 그곳을 기지로 삼고는 아티카로
전진하는 요새를 만들고 메가라를 공격하며, 오레오스를 점령하고,
포르트모스(해협)을 완전히 파괴했으며, 오레오스에 필리스티데스
를, 또 에레트리아에는 클레이타르코스를 참주로 세웠고, 헬레스폰
토스를 손에 넣고 비잔티온을 점령했으며, 헬라스인의 일부 도시들
을 파괴하고 거기에 추방된 이들을 불러들였소. 이 같은 일을 저지르
고 다니는 필리포스가 부당행위를 하고, 평화조약을 파기한 것이죠.
아닙니까? 헬라스인 가운데 누군가가 그를 저지하기 위해 앞장서야
하는가요, 아닌가요? 72. 만일 그를 저지하지 않는다면, 아테나이인
이 뻔히 살아서 아직은 숨을 쉬고 있는데도, 미시아인 약탈[51]이라 불

---

49 필리포스가 세리오스와 도리스코스를 장악한 것은 기원전 346년 필로크라테스 평
    화가 체결되기 조금 전이었다.

50 페파레토스섬(오늘날 스코펠로스로 추정)은 기원전 340년 여름 마케도니아의 해
    군지휘관 할키노스(Halkinos)가 장악했는데, 이것은 아테나이의 할론네소스 공
    격에 대한 보복조치로서 이루어진 것이다.

51 *Myson leia*. '미시아인의 약탈'이란 위험부담 없이 쉽게 남을 약탈하는 것을 뜻한
    다. 기원전 7세기 말 케오스(혹은 아모르고스, 후에 아모르고스에서 활동했음)의
    시모니데스, 4세기 아리스토텔레스의 수사학(Rhetorike, 1372b 33)에서 언급된
    다. 미시아인(Mysoi, Moisoi, 에게해에서 흑해로 들어가는 입구의 작은 바다 프

리는 그 같은 상황을 헬라스가 당하고 있어야 하는 것이라면, 내가 이런 문제를 거론하는 것이 괜한 일에 개입한 것이 되고, 또 내 말을 듣고 따르는 우리 도시도 괜한 일에 개입한 것이 되겠지요. 원한다면, 그 모든 잘못과 실수를 제 탓으로 돌리도록 하십시오. 그렇지 않고, 만일 누군가가 개입하여 이를 막아야 하는 것이라면, 민주정체의 아테나이인 아닌 다른 누구에게 그 책임이 돌아가야 하는 것이겠습니까? 내가 했던 행위는 바로 그러한 취지였습니다. 한 사람(필리포스)이 모든 이를 예속시키려는 것을 알고, 내가 그를 저지하려 했고, 여러분에게 경고하고 포기하지 말라고 끊임없이 조언했던 것입니다.

73. 필리포스가 배를 나포했을 때[52] 평화는 깨진 것입니다. 아이스키네스 씨, 그것은 우리 도시(아테나이) 때문이 아니란 말이지요. 관련 조령들과 필리포스의 편지를 가져와서 차례로 읽어 주십시오. 현 상황의 책임이 누구에게 있는지가 드러날 것입니다.

___

로폰티스(현재 마르마라해) 쪽에 거주, 원래 트라케에서 이주한 것으로 알려짐〕은 아시아의 서북쪽에 살았다. 생활방식과 관습은 조롱의 대상으로서 격언들에서 많이 언급된다. Platon, *Theaitetos*, 139 참조.
52 참조, 이 변론 §139. 기원전 340년 9월 필리포스는, 아테나이 해군 장군 카레스가 부재한 틈을 타서, 흑해로부터 곡물과 짐승 가죽을 싣고 나오는 아테나이 상선 180척을 나포했다. 마케도니아 측에서는 이것이 상선이 아니라 전선이며, 그 우두머리는 해군지휘관(*nauarchos*)이었다고 주장한다.

조령

네오클레스가 명칭 아르콘으로 있을 때, 보에드로미온달,53 장군들에 의해 소집된 임시 민회에서 코프로스 출신 므네시테오스의 아들 에우불로스가 제안했다. 해군 사령관54 레오다마스와 그 휘하에 곡물을 실어 오도록 헬레스폰토스로 파견된 배 20척이 필리포스 수하 장군 아민타스에 의해 마케도니아로 나포되어 억류되어 있다는 사실을 장군들이 보고하자, 행정부 임원55들과 장군들은 의회를 소집하여 사신들을 뽑아서 필리포스에게 보내고, 74. 나포된 장군, 배, 병사들에 대해 필리포스와 협상하도록 한다. 만일 아민타스가 잘 모르고 저지른 일이면, (아테나이) 민중은 그를 비난하지 않는다고 사신들이 말을 전하도록 한다. 만일 그 해군 사령관이 맡은 바 임무를 어긴 상황에서 나포된 것이라면, 그에 관해 아테나이인이 조사하고 그 태만의 정도에 따라서 처벌한다. 또, 이 두 경우에 다 해당하지 않고, 명령을 내리는 이 혹은 수행하는 쪽의 무례함에 의한 것이라면, 민중이 이해할 수 있도록 보고를 받고 어떻게 처리할 것인지를 논의한다.

75. 이 조령은 제가 아니라 에우불로스가 제안한 것입니다. 그다음에는 아리스토폰이 했고요. 그다음 헤게시포스가 하고, 그다음 아리스토폰이 다시 하고, 그다음 필로크라테스, 그다음 케피소폰, 그

---

53 9월 중순~10월 중순.
54 *nauarchos.*
55 *prytaneis.*

다음 관련된 모든 이가 한 것일 뿐, 저로서는 이 조령의 제안에 아무 관련이 없습니다. 조령을 읽어 주십시오.

조령

네오클레스가 명칭 아르콘으로 있을 해, 보에드로미온달 30일, 의회의 승인하에 행정부 임원56과 장군들이 민회에서 토의될 안건을 제시했고 민중이 결정했다. 배가 나포된 문제를 해결하기 위해 필리포스에게 파견될 사신들을 선출하고, 그들에게 민회의 조령에 근거한 지시가 하달되었다. 선출된 사신들은 다음과 같다. 아나플리스토스 출신 클레온의 케피소폰, 아나기로스 출신 데모폰의 아들 데모크리토스, 코토키다이 출신 아페만토스의 아들 폴리크리토스. 이 조령은 히포톤티스 부족이 구성한 행정부 하에서 행정부 의장인 콜리토스 출신 아리스토폰에 의해 제안되었다.

76. 내가 이런 조령들을 소개하듯이, 아이스키네스 당신도 내가 어떤 조령을 제안했으며, 어떤 전쟁을 시작하는 데 책임이 있는지를 적시해 보십시오. 당신은 아무 증거도 가진 것이 없을 거요. 있었다면, 지금 바로 당신이 먼저 언급했을 테니까요. 필리포스조차 개전과 관련하여 다른 이를 비난하지만, 나를 비난하지는 않소. 필리포스의 서신, 그 서신을 읽어 주십시오.

---

56 *prytaneis.*

77. 마케도니아 왕 필리포스가 아테나이의 의회와 민중에게 인사드립니다. 여러분이 파견한 사신들, 케피소폰, 데모크리토스, 폴리크리토스가 나를 방문하여, 레오다마스 휘하 함선을 억류에서 풀어 줄 것을 요구했습니다. 지금 전제 상황으로 보건대, 함대가 파견된 것이, 명분상 헬레스폰토스에서 렘노스로 곡물을 수송하려 한다는 것이지만, 실상 셀림브리아인을 돕기 위한 것이라는 사실을 내가 모를 것이라고 생각한다면, 여러분이 아주 어리석은 것이라 나는 보는 것이오. 내가 지금 포위 중에 있고, 우리가 서로 맺은 평화조약에도 포함되지 않은 셀림브리아인 말이오.

78. 이 같은 지시가 장군들에게 주어진 것은, 아테나이 민중의 인가도 없이, 수 명의 관리, 그리고 지금 공직에 있는 것은 아니지만 가능한 모든 방법을 동원하여 현재 내게 우호적인 민중으로 하여금 나를 적대하여 개전하도록 사주하는 사람들, 실로 셀림브리아인을 돕는 것보다 이 같은 목적을 훨씬 더 중요한 것으로 여기는 이들에 의한 것이오. 그들은 자신이 구사하는 작전이 스스로에게 득이 될 것이라고 기대했던 것 같지만, 내가 보기에 여러분과 나, 그 어느 쪽에도 이롭지 않소. 그래서 내가 내 항구에 붙들어 놓고 있는 배들을 지금 돌려보낼 테니, 앞으로 여러분 해군 사령관들이 노회한 술수를 부리지 않도록 단속하고 그들을 처벌한다면, 나도 평화를 유지하도록 하겠소이다. 여러분의 행운을 빕니다.

---

57 필리포스의 이 서신은 위작으로 필자의 글솜씨는 미숙한 데가 있다. 서신에는 배들이 풀려났다고 적혀 있지만, 이 사실은 데모스테네스의 주장 (이 변론 §72) 과 다르다. 또 데모스테네스(이 변론 §79) 에 따르면, 필리포스는 여러 연사 (정치가) 들의 이름을 들어 비난했다.

79. 이 서신 어디에도 데모스테네스란 이름이 없을 뿐만 아니라 저에 대한 어떤 비난도 하지 않고 있습니다. 필리포스가 다른 이들을 비난하면서, 왜 제가 한 행위는 누락하겠습니까? 필리포스가 저를 빼놓은 데는 이유가 있어요. 저를 언급하자면, 제가 초점을 맞추어 반대하는 자신의 부당행위도 같이 들추어내야 하거든요. 필리포스가 처음 펠로폰네소스에 발판을 구축하려 했을 때, 그곳으로 사신을 파견하자고 맨 먼저 제안한 이가 저예요. 그다음 그가 에우보이아에 개입하려 했을 때, 에우보이아로 사신을 파견하자고 했고요. 58 그런데 그가 이들 도시에 참주를 세우려 했을 때, 저는 오레오스로, 그다음 에레트리아로 사신 파견이 아니라 원정을 가자고 했습니다. 80. 그 후 모든 원군을 파견함으로써 케르소네소스59뿐 아니라 비잔티온과 모든 동맹국들이 안전을 확보했습니다. 이런 조치로 인해 여러분이 도움을 베풀었던 이들로부터 최선, 명성, 영광, 존경, 화관, 감사가 여러분에게로 돌아오게 되었어요. 부당하게 위험에 처했던 이들 가운데, 여러분을 따른 이들은 구원받았고, 여러분을 무시한 이들은 그 후로 번번이 여러분의 경고를 기억하게 되고, 여러분의 호의뿐 아니라 지혜와 통찰력을 인정하게 되었습니다. 모든 것이 여러분이 예측

---

58 사신 파견은 기원전 343년으로 추정된다. 에우보이아에 사신을 파견한 것도 그 무렵이었다. 기원전 341년 아테나이가 한 번 원정하여 오레오스(에우보이아 북쪽, 현재 이스티아이아)와 에레트리아(에우보이아 남부 연안)에서 필리포스에 의해 지지받던 참주들을 내쫓는 데 도움을 주었다.

59 케르소네소스 원정은 기원전 340년으로 추정된다. 이때 필리포스가 페린토스를 포위하러 가기 위해 케르소네소스에서 휘하 군대를 빼냈다.

한 대로 전개되었기 때문이지요.

81. 필리스티데스가 오레오스를 차지하기 위해서 막대한 희생을 치렀고, 클레이타르코스가 에레트리아를 갖기 위해서 그랬으며, 또 필리포스 자신도 여러분보다 유리한 입지를 확보하고, 다른 모든 사안에서 비난을 모면하는 것은 물론 곳곳에서 자행하는 부당한 행위를 은폐하기 위해 그러한바, 이런 사실을 모르는 이가 없는데, 세상 사람들 가운데 당신만큼 모르는 이가 없어요. 82. 당시 클레이타르코스와 필리스티데스가 이곳으로 보낸 사신들이 당신 집에 머물렀고, 당신은 그들을 대변60하는 이가 되었지요. 우리 도시가 그들을 적으로 간주하고 또 그들 제안이 부당하고 이롭지도 않은 것으로 보고 추방했을 때도, 당신에게만큼은 그들이 친구였던 거요. 그나저나, 전혀 사실무근인 것은, 고약한 이, 당신이 내게 한 험담, 내가 돈을 받으면 입을 다물고, 그 돈을 다 쓰고 나면 고함을 지른다고 한 것 말이요. 그러나 당신은 그런 것도 아니오. 가지고 있으면서 계속 고함을 지를 테니까요. 바로 오늘 자격박탈61을 통해 당신을 멈추게 하지 않는다면 말이오.

83. 당시 아이스키네스 씨 당신은 나의 공적을 기려서 내게 화관을 수여했어요. 아리스토니코스가 지금 크테시폰이 제안한 것과 똑같은 표현을 써서 제안한 조령을 통해서 말이지요. 또 그 화관의 수여가 극장에서 이루어졌으니, 내 이름으로 극장에서 이루어진 것이 지금으

---

60 *prouxeneis* (2인칭 동사).
61 *atimosantes*.

로 두 번째요. 그런데도, 아이스키네스 씨, 그곳에 임석했던 당신은 그 조령에 아무런 반대도 안 했고, 또 그 조령의 제안자를 고소하지도 않았소. 해당 조령을 들고 읽어 주십시오.

조령

84. 헤게몬의 아들 카이론다스가 명칭 아르콘으로 있던 해, 가멜리온달 25일, 레온티스 부족이 행정부를 맡고 있을 때, 프레아리오이 출신 아리스토니코스가 제안했다. 파이아니아 출신 데모스테네스의 아들 데모스테네스는 아테나이 민중에게 다수의 막중한 기여를 제공해왔고, 과거는 물론 지금 상황에서도 조령들을 통해 동맹국들 중 다수를 도왔으며, 에우보이아의 일부 도시들을 해방시켰고, 말과 행동으로 언제나 아테나이 민중에게 신실했으며, 최선으로 아테나이인 자신과 다른 헬라스인에게 이(利)를 도모하였으므로, 아테나이의 의회와 민중이 파이아니아 출신 데모스테네스의 아들 데모스테네스를 높이 기려서, 금관을 수여하도록 하고, 새 비극이 상연되는 디오니시아 제전에 즈음하여 극장에서 수여식을 갖도록 한다. 수여식은 행정부62와 제전 주관자63가 맡는다. 이 조령은 프레아리오이 출신 아리스토니코스가 제안했다.

85. 이 조령 때문에 우리 도시에 어떠한 수치, 경멸 또는 조롱이 발생한 적이 있다고 여러분 중 누구라도 알고 있는 분이 있습니까? 제가

---

62 *prytaneia.*
63 *agonothetes.*

화관을 수여받는 경우 그렇게 될 것이라고 그(아이스키네스)가 말하고 있으니 말입니다. 행한 바가 비교적 최근이고 잘 알려진 것이라면, 잘한 것은 상을 주고 잘못한 것은 벌하는 겁니다. 그런데 저는 말이 죠, 그때 비난이나 처벌이 아니라 오히려 감사의 정을 받았습니다.

86. 그러니 이런 문제가 발생하기까지, 저는 전적으로 우리 도시에 최선으로 기여한 바 있음을 인정받았습니다. 저의 발언과 제안들이 여러분의 동의를 얻어냈으며, 그 제안이 실천되었습니다. 그런 것들로 인해 도시에, 그리고 저는 물론 모든 이에게 화관이 주어졌고, 또 그에 따른 소득으로 신들에게는 제물과 제식으로 감사를 드렸던 것입니다.

87. 제가 주도한 것이라 심술로 속이 뒤집어지는 이도 있겠습니다만, 일련의 무력, 정책, 조령 등의 대책에 의해 필리포스가 에우보이아에서 쫓겨났을 때,[64] 그는 아테나이를 위협하는 또 다른 계획에 착수했지요. 우리가 세상 사람들 누구보다 더 많이 수입 곡물[65]에 의존하는 것을 알고 필리포스는 곡물 수송을 통제하기 위해, 트라케로 나아가서는 제일 먼저 한 일이, 여러분의 동맹국인 비잔티온으로 하여금 여러분에게 대적하여 싸우라고 사주한 것이었습니다. 비잔티온인들이 그의 요구를 거부하고, 필리포스와는 동맹을 체결한 적이 없다고 이실직고하자, 필리포스는 도시 주변으로 참호를 파고 공성기

---

64 기원전 341년 봄, 데모스테네스는 에우보이아 사태에 개입하도록 종용했고, 수주 후에 크테시폰 휘하, 그 후 포키온 휘하에 원병이 파견되었다.

65 참조, Demosthenes, 20. 341. 데모스테네스에 따르면, 매해 80만 메딤노스 곡물이 수입되며, 그중 절반은 킴메리오스 보스포로스에서 온다고 한다.

(攻城機)를 동원하여 포위를 시작했어요.

88. 이런 경우 여러분이 어떻게 대처해야 옳은 것인지는 묻지 않겠습니다. 대답이 명백하니까요. 다만, 누가 비잔티온인을 위해 원군을 파견하여 그들을 구했습니까? 당시 헬레스폰토스가 이방인의 손에 넘어가는 것을 누가 막아냈습니까? 여러분입니다. 아테나이인 여러분, 제가 '여러분'이라고 하는 것은 '전체 도시'란 뜻입니다. 누가 도시에 조언하고, 결의를 촉구하고, 행동에 나서고, 온 마음으로 주저하지 않고 그 일에 매진했습니까? 바로 접니다. 89. 제가 추진한 정책이 모든 이에게 가져다준 이득에 대해 저는 말로 설명할 필요가 없고, 여러분이 실제 경험으로 알고 있는 것이지요. 당시 우리가 부득이 치르게 된 전쟁은 지금 누리는 평화보다 여러분에게 영광을 가져왔을 뿐만 아니라, 생활에 필요한 것들을 더 풍성하고 더 값싸게 만들었어요. 이 유능한 이들(평화를 옹호하는 이들)이, 조국에 해가 되는데도, 허황하게 무산되어 버릴 미래에 대한 기대만으로, 여전히 지키려 하는 그 평화보다 말이지요. 최선을 도모하는 여러분이 신들에게 간구하는 축복에 이들도 동참하기를! 이들이 선택한 것에서 초래되는 어떤 것이 여러분에게 전가되는 일이 없도록! 이제, 도움을 받는 데 대한 보답으로 우리 도시에 화관을 수여한 비잔티온인과 페린토스인의 조령을 읽어 주십시오.

비잔티온의 조령[66]

90. 보스포리코스가 사제[67]로 있을 때, 예비 다마게토스가 의회의 예비 승인하에 집회[68]에서 제안했다. 아테나이 민중이 지난날 내내 비잔티온인과 함께 그 동맹국이며 동족인 페린토스인의 친구로서 여러 가지로 큰 도움을 주었으며, 최근 마케도니아의 필리포스가 비잔티온인과 페린토스인을 몰살시키려고 그 땅과 도시를 공격하여 방화하고 땅을 유린할 때, 아테나이인이 배 120척, 식량, 무기, 보병으로 그들을 도와 위기에서 구하고, 선조의 정치체제,[69] 법, 묘지를 보존하게 했으므로, 91. 비잔티온인과 페린토스인이 통혼권, 시민권, 토지와 집의 보유권, 제전에서의 특별석, 제사를 지낸 직후 의회와 민회에 우선 입장하는 것,[70] 우리 도시에 정착하려는 이들에게 모든 공적 부담[71]을 면제받는[72] 특권

---

66 이 조령과 아래 나오는 그다음 조령을 실제의 것으로 간주하는 이도 있으나, 후에 삽입된 위작으로 간주된다. 이 조령은 비잔티온과 페린토스의 것이라 언급되는데, 이 두 도시는 독립해 있어서 공동 조령이라고 하는 데도 문제가 있는 것으로 본다. 아테나이인은 기원전 340/339년 비잔티온으로 두 번에 걸쳐 원군을 파견했다. 첫 번째는 카레스를 선봉으로 하여 340척 삼단노전선을, 두 번째는 포키온과 크테시폰을 선봉으로 했다.

67 *hieromnemon*. '히에롬네몬'은 포세이돈 신의 사제로 비잔티온의 명칭 (*eponymos*) 장관을 뜻한다.

68 *halia*.

69 당시 비잔티온은 아직 필리포스에 의해 정복당한 상태가 아니었다. 이 변론 §65의 내용을 변조한 것이 아닌가 추정한다. 이 조령은 도리스 방언으로 적혀 있다.

70 아테나이인은 회의를 개최하기 전에 제사를 지냈고, 그다음 이방인보다 먼저 (*protoi*) 의회와 민회로 입장했다.

71 *leitourgia*.

72 *aleitourgetoi*.

을 부여한다. 또 보스포레이온73에 16페케스74 높이로 조각상 3개를 세움으로써, 비잔티온과 페린토스의 민중이 아테나이인 민중에게 화관을 수여한 사실을 상징한다. 또 판헬라스 제전, 이스트미아 제전, 네메이아 제전, 올림피아 제전, 피티아 제전에 대표를 보내고 그곳에서 아테나이 사람들이 우리에 의해 화관을 받은 사실을 공표하고, 아테나이인의 공로와 함께 비잔티온인과 페린토스인의 감사함을 헬라스인에게 알리도록 한다.

92. 케르소네소스인에 의해 수여된 화관에 대해 읽어 주십시오.

케르소네소스인들의 조령

케르소네소스인 가운데서 세스토스, 엘라이우스, 마디토스, 알로페콘네소스에 살고 있는 이들은 60탈란톤 가액의 금관을 아테나이 의회와 민중에게 수여하고, '감사'75의 제단와 '아테나이 민중'의 제단에 세운다. 아테나이인은 케르소네소스인에게 최대의 선을 베풀어서, 필리포스의 손아귀로부터 이들을 구하고 조국, 법, 자유, 신전을 보존하게 하였다. 또 이후 언제까지나 아테나이 민중에 대한 감사와 가능한 모든 선의 보답을 아끼지 않을 것이다. 이 조령은 연맹 의회에서 통과되었다.

---

73 보스포로스해협.
74 *peches* (복수형 *pecheis*). 페케스는 팔꿈치에서 가운데 손가락 끝까지의 길이로서, 약 46~56센티미터이다.
75 *charis*.

93. 이렇듯, 제가 구사한 정책은 케르네소스와 비잔티온을 구하고, 헬레스폰토스가 필리포스에게 종속되지 않도록 막았으며, 우리 도시의 위상을 드높였을 뿐만 아니라, 우리 도시의 미덕과 필리포스의 비열함을 모든 사람들 앞에 드러냈습니다. 필리포스는 비잔티온인의 동맹이었으나, 모든 이들의 눈앞에서 그들을 포위 공격했으니까요. 이보다 더 비열하고 포학한 것이 있습니까? 94. 지난날 그들이 여러분에게 많은 무례[76]를 범했으므로 마땅히 그들을 비난할 수도 있었겠으나, 여러분은 앙갚음은 고사하고 역경에 처한 그들을 외면하지 않았을 뿐아니라 그들을 구해냈습니다. 그 덕에 세상 모든 이로부터 여러분은 명예와 동정을 얻게 되었지요. 더구나, 여러분이 많은 정치가들에게 화관을 수여했다는 사실을 모든 이가 알고 있어요. 그러나 도시 자체에 화관이 수여되도록 노력한 사람, 말하자면, 다른 제안자나 연사의 이름을 아무도 대지 못할 거예요. 저를 제외하고는 말입니다.

95. 제가 증명하려는 것은, 지난날 에우보이아인과 비잔티온인이 여러분에게 무례를 범했다는 사실을 빌미로 그(아이스키네스)가 그들을 비난하는 것은 중상모략이라는 점입니다. 제 소견에 여러분 모두 주지하듯이, 그가 하는 이야기는 거짓이기 때문입니다. 그뿐 아니라, 만일 그 이야기가 모두 진실이라 하더라도, 제가 조언하는 정책이 득이 되기 때문인데, 그 점과 관련하여, 여러분이 도시를 위해 이룬 고

---

76 데모스테네스는 비잔티온인이 아테나이에 대해 한 적대행위를 가능한 한 무마하려 한다. 비잔티온은 기원전 357/356년 키오스, 로도스와 합세하여 아테나이에 반기를 들었다.

귀한 업적에 대해 두세 가지를, 그것도 간략하게, 말씀드리고자 합니다. 사적인 사안과 마찬가지로 도시 공동의 현안도 기존의 것 가운데서 언제나 최선을 도모하여 앞일을 꾸려가야 하기 때문입니다. 아테나이인 여러분, 96. 라케다이몬인이 육지와 바다의 패권을 장악하고, 아티카를 둘러싼 주변 지역들, 에우보이아, 타나그라, 보이오티아 전 지역, 메가라, 아이기나, 케오스 및 그 외 섬들에 온통 총독과 수비대를 배치했는데, 당시 우리 도시에서는 배도 성벽도 없었으므로, 여러분은 할리아르토스77로, 그 후 며칠 뒤에 코린토스로 진격했어요. 그때 아테나이인은, 코린토스인과 테바이인이 데켈레이아 전쟁78에서 한 행위에 대해 당연히 괘씸하다고 여길 만한 입장이었지만, 그들에게 어떤 적의도 내색하지 않았습니다. 97. 더구나 이 두 가지 원정을 감행한 것은, 아이스키네스 씨, 우리가 받은 무슨 은혜에 보답한 것이 아니었고 또 위험하지 않다고 여겼기 때문도 아니었지요. 그러나 그들(아테나이인)은 그 같은 지난날 앙금을 핑계로 도움을 청하는 이들을 외면하지 않았고, 오히려 명예와 영광을 위해 기꺼이 위험을 감내했습니다. 주효하고 관대한 결단이었지요! 모든 이에게 삶의 끝에는 죽음이 옵니다. 방 안에 틀어박혀 있어도 어김이 없어요, 그러나 고귀한 이는 온갖 가치 있는 일에 참여하면서, 희망을 방패 삼아 인내하고

---

77 기원전 395년 아테나이인은 테바이, 아르고스, 펠로폰네소스인을 돕기 위해 보이오티아의 할리아르토스로 군대를 보냈다.

78 데켈레이아 전쟁은 펠로폰네소스 전쟁 후기(413~404 B. C.) 스파르타인이 아티카 북부 데켈레이아(현재는 타토이) 요새를 점령한 가운데 약 1년에 걸쳐 벌인 전쟁을 말한다.

신이 부여하는 것은 무엇이나 용감하게 견디는 것이죠. 98. 여러분 선조들은 물론 여러분 가운데 장로 어른들이 이러했습니다. 라케다이몬인은 우리에게 친구도 시혜자도 아니었습니다. 오히려 그들은 우리 도시에 많은 치명적 해악을 끼쳤습니다. 그렇지만 레욱트라에서 승리한 후 테바이인이 라케다이몬인을 파멸시키려고 했을 때, 79 여러분은 그들의 보복 행위를 저지했습니다. 테바이인의 용맹과 명성 앞에 겁을 먹지도 않았고, 여러분 자신을 위협했던 이들(라케다이몬인)의 지난날의 행적에도 개의치 않았던 것이죠. 99. 이렇듯 여러분은 온 그리스에 모범을 보였습니다. 누군가가 여러분에게 아무리 막대한 피해를 끼쳐도 여러분은 그 분노를 유보하고 적절한 대응의 기회를 기다리지만, 그들의 생명이나 자유가 위험에 처하게 되면 여러분은 그로 인한 앙금에 연연하거나 타산을 따지지 않습니다.

라케다이몬인들에게만 그런 것이 아니었어요. 테바이인이 에우보이아를 합병하려고 했을 때, 여러분은 가만히 보고 있지 않았으니까요. 80 여러분은 오로포스 사태에서 테미손과 테오도로스로 인해 당한 피해에도 개의치 않았고, 오히려 그들에게까지 원조를 제공했지

---

79 레욱트라 전투(371 B. C.)에서 승리한 다음, 기원전 369년 테바이인은 펠로폰네소스와 스파르타로 쳐들어갔을 때, 아테나이는 이피크라테스를 장군으로 삼고 기병을 총동원하여 원군을 파견했다. 참조, Diodoros Sikeliotes, 15. 63; Xenophon, *Hellenika*, 6. 5. 49.

80 기원전 358년 에우보이아에 내란이 발생했고, 테바이는 과두파를 지원하면서 개입했다. 아테나이는 민주파를 돕기 위해 디오클레스를 지휘관으로 하여 육군과 해군을 파견했다.

요. 81 그것이 일찍이 자원(自願)에 의해 부담하는 초기의 삼단노선주제도였고, 저도 그 일원이었습니다만, 그에 관한 언급은 생략하겠습니다. 100. 여러분이 섬(에우보이아)을 구해낸 것 자체가 훌륭한 처사였지만, 더욱 훌륭했던 것은 그들의 생명과 도시들에 대해 재량권을 갖게 되었을 때 여러분은, 여러분이 믿었던 이들로부터 피해당한 사실에도 연연하지 않고, 여러분에게 피해를 끼친 그들에게 그 생명과 도시들을 보란 듯이 돌려주었던 것이에요. 저는 이 같은 사례를 만 가지라도 소개할 수 있겠으나 생략하도록 하겠습니다. 우리 도시가 온 그리스인의 자유와 안전을 도모하기 위해, 지난날은 물론 지금 여러분이 수행하는 해전, 육전 및 원정 등 관련한 모든 것들 말이지요. 101. 한 도시가 그렇게 많이 또 그 같은 정도로 다른 이들을 위해 투쟁해온 사례들을 제가 직접 목도하고 있는 마당에, 우리 도시 자체의 안위가 걸린 경우라면, 제가 어떤 조언을 하며 어떤 정책을 촉구해야 하겠습니까? 제우스의 이름으로, 제게 구원을 청하는 이를 저주하고, 대의를 저버리는 핑계를 찾으라고요? 제가 말로라도 도시의 빛나는 전통에 먹칠을 한다면, 누군가가 마땅히 저를 죽이지 않았을까요? 여러분이 결코 하지 않을 그런 행위를 한 데 대해서 말이죠. 그래서 제가 확신하는 것은, 여러분이 원한다면 무엇이 여러분을 막겠습니까? 여러분이 마음먹기에 달린 것 아니었습니까? 이들(아이스키네스 일당)이 이런 것들을 조언하지 않았던 건가요?

---

81 기원전 366년 에레트리아(보이오티아 남부)의 테미손은 아티카의 오로포스를 장악하여 테바이인에게 넘겼다. 아테나이 원군이 파견된 것은 기원전 357년이다.

102. 이제 그다음 제가 추진한 정책으로 돌아와 말씀드리도록 하겠습니다. 어떤 것이 도시에 최선이 되는 것인지와 관련하여 여러분이 다시 한번 생각해 보십시오. 아테나이인 여러분, 해군이 궤멸하고 부자들은 소액의 부담도 납부하지 않고, 중소 시민들은 가진 모든 것을 잃었으며, 그로 인해 정부는 호기를 놓치는 상황에 당면하여, 저는 부자들이 그들 몫을 지불하도록 강제하고, 빈자의 부당한 처지를 개선하고, 도시가 가장 필요로 하는 것들을 적시에 마련할 수 있도록 하는 법[82]을 제안했습니다. 103. 이 때문에 그가 저를 여러분 앞으로 공소[83]했으나, 저는 무죄로 풀려났습니다. 그때 고소인은 무고죄 면책에 필요한 최소 지지표[84]도 얻지 못했어요. 여러분은 아십니까? '납세 분담조합(심모리아)'[85]에 속하는 제 1, 제 2, 제 3 계층의 기부자들이 제가 이 법안을 제안하지 못하도록 얼마나 많은 돈을 제안했는지를, 그리고 제가 그들 말을 듣지 않으면 '불법 의혹 제기의 맹세'[86] 절차를

---

82 이 법은 필로크라테스 평화조약이 파기되기 직전인 기원전 340년에 통과된 것으로 간주된다. 데모스테네스는 이 법을 '해군의 보호자'로 평가했으나, 그의 정적들은 적용 불가능 혹은 해악을 끼치는 것이라고 폄훼했다.

83 *grapheis*. 여기서 공소란 개인이 고소하고 기소된 사건이나, 사건이 공적 성격을 갖는다는 뜻이다. 이 경우 고소인은 일반 기소와 달리 공탁금을 걸고, 재판관의 5분의 1 지지표도 못 얻을 경우, 공탁금은 몰수된다.

84 5분의 1 지지표를 말한다. 특별고소절차인 위법제안 기소(*graphe paranomon*)의 경우 고소인이 5분의 1도 얻지 못할 때는 무고죄를 물어서 벌금을 무는 등 제재가 가해진다.

85 *symmoria*. 주로 해군 경비를 마련하기 위해서 여러 명이 모여 구성한 단체로서 단어 자체에는 '해사(海事)'라는 뜻이 들어 있지 않으나, 그 주요 기능은 삼단노선의 건조와 운영과 관련한 것이다.

밟을 것이라고 한 사실을 말입니다. 아테나이인 여러분, 그 제안한 액수가 너무 커서 제가 여러분에게 고하기조차 민망합니다. 104. 그들이 이 같은 수작을 하는 것은 당연한 것이었지요. 그 전 조령하에서라면, 그들은 16명씩 한 조가 되므로, 그들 자신은 거의 아니면 아무것도 공적 부담을 지지 않고 빈자들만 착취하게 되는 것이에요. 반면, 제가 제안한 조령에 의하면, 이들은 각자 가진 재산에 비례하여 부담을 지고 삼단노선주[87]가 되어 두 척의 배를 제공해야 했으니까요. 그 전에는 삼단노선주라고도 하지 않고 그냥 '기부자'[88]라고만 불렸고, 그 16명 기부자들 중 일원으로 삼단노전선 한 척만 제공하면 되었던 것이어요. 그러니 새 조령을 폐기하고 부담에서 벗어나기 위해서는 얼마라도 지불할 수가 있는 것이었죠. 105. 제가 기소되어 재판을 받기에 이른 그 조령을 먼저 읽어 주시고, 그다음에 구(舊) 조령과 제가 제안한 조령에 기재된 항목들을 각기 읽어 주십시오.

---

86 '불법 의혹 제기의 맹세'(*hypomosia*)는 민회의 의결을 위해 제안된 조령 등이 불법 의혹이 있을 때 아테나이 시민이 누구나 이의를 제기하면서 하는 맹세이다. 불법 의혹 조령의 경우, 조령이 가결되기 전에 맹세하면 의결 절차가 취소되며, 가결된 후에 제기하면, 그 불법 여부에 대한 재판 결과가 나올 때까지 조령의 적용이 중지된다. 다만, 이 절차는 이 글에서 보듯이, 간혹 본안 중재나 재판 일정을 방해하기 위해 악용되기도 했다. 참조, Demosthenes, 21. 84.

87 *trierarchos.*

88 *synteleis.*

조령89

폴리클레스가 명칭 아르콘이었을 때, 보에드로미온달 16일, 히포톤티스 부족이 행정부90를 관장하고 있을 때, 파이아니아 출신 데모스테네스의 아들 데모스테네스가 구(舊) 조령 대신 삼단노선주 관련 법을 제안하여 삼단노선주 기부자를 구성하는 제도를 정초했다. 이 법안은 의회와 민회에서 가결되었다. 플리아 출신 파트로클레스가 위법91 혐의로 데모스테네스를 기소했으며, 무고죄 면책에 필요한 최소 지지표도 얻지 못하여 500드라크메의 벌금을 지불했다.

106. 이제 기존 조령 항목을 읽어 주십시오.

[기존 조령] 항목92

기부자 조합 구성원93들로부터 각 삼단노선당 16명 삼단노선주가 소집된다. 25세에서 40세 사이의 사람들로 동일 액수로 공적 부담94을 진다. 이제 제가 제안한 법의 항목을 읽어 주십시오.

---

89 이 조령은 진본이 아닌 것으로 추정된다. 조령의 형식을 갖추지 않고 있기 때문이다. 데모스테네스의 법, 파트로클레스의 반대, 재판의 결과가 동시에 적혀 있기 때문이다. 또 명칭 아르콘의 이름이 부정확하다. 벌금액도 정확하지 못한데, 이런 경우는 500드라크메가 아니라 1천 드라크메이다.

90 *prytneia*.

91 *paranomon*.

92 이 문서의 내용은 위작으로 본다. '*lochoi*(*en tois lochois* · 기부자 조합 구성원)'란 표현은 납세분담조합이 존재하던 당시 흔히 쓰는 단어가 아니다. 또 공적 부담을 지칭하는 용어로 '*leitourgia*'가 아니라 '*choregia*(공적 부담)'를 쓴 것도 이례적이다.

93 *en tois lochois*.

94 *choregia*.

[신(新)조령] 항목[95]

삼단노선주는 재산 정도에 띠라 선출되어 각 삼단노선당 10탈란톤을 지불한다. 재산이 그 이상 상회할 때는 재산 정도에 비례하여 3척의 삼단노선과 부속선(거룻배)을 부담하는 것으로 확대한다. 같은 맥락에서, 재산이 10탈란톤에 미치지 못하는 이들의 경우에는 기부자들이 합동하여 조를 구성하여 10탈란톤을 조달한다.

107. 실로 여러분 가운데 빈한한 이를 위해 제가 주선한 도움이 하찮다거나, 혹은 부자가 의무를 회피하고 돈을 적게 써야 한다고 생각하는 이가 있습니까? 제가 자긍심을 갖는 것은, 거래에 굴하지 않았고 또 기소를 당했으나 무죄로 풀려났을 뿐만 아니라, 이(利)를 도모하는 법을 도입하고 실제로 그 효과를 증명한 것이에요. 전쟁 전 기간에 걸쳐서, 제가 제안한 법에 따라 함대가 마련되었을 때, 삼단노선주 중 어느 누구도 여러분에게 불평을 한 이가 없었어요. 부당하다고 토로한 이도 없었고, 또 탄원자가 되어 무니키아 신전[96]에 앉은 이나 책임자에 의해 체포된 이도 없었으며, 배가 바깥 바다에 방기됨으로써 도시에 손실을 초래한 적도 없고, 항해가 불가능하여 항구에 버려

---

95 이 문서의 내용도 위작인 것으로 간주된다. 삼단노선주가 "3척의 삼단노선과 부속선(거룻배)"를 부담해야 하는 것으로 나오는데, 당시, 데모스테네스(이 변론 §104)에 따르면, 삼단노선주는 2척의 삼단노선을 부담해야 한다고 하기 때문이다.
96 의무 부담에 성실하지 못한 삼단노선주는 체포 감금될 수도 있었다. 다만 무니키아(현재 피레우스의 소항구)의 아르테미스 신전으로 도피하여 올리브 나뭇가지를 그 제단에 놓거나, 자신의 경제적 능력을 재조사받도록 민중으로부터 허락을 얻어내는 경우는 예외로 한다.

진 배도 없었습니다. 108. 실로 그런 열악한 상황은 모두 구법(舊法) 하에서 벌어졌던 것이지요. 그러나 저는 공적 부담을 빈자에게서 부자에게로 돌리고, 만사를 순리에 따라 조치했어요. 더구나 제가 도시에 영광, 명예, 힘을 부여하는 온갖 정책을 구사한 점에서 여러분의 칭찬을 받아야 한다고 봅니다. 제가 추진한 어떤 정책도 시기를 받거나 가혹하거나 타락한 것은 없었고, 또 비열하거나 우리 도시의 격조에 맞지 않는 것도 아니었어요. 109. 저는 도시 내부 정책에서나 헬라스 차원에서나 같은 노선에 있었지요. 도시 내에서는 다수 대의보다 부자의 호의를 선호한 적이 없었고, 헬라스 차원에서는 온 헬라스인의 공동 이익보다 필리포스로부터의 선물과 우정을 선망한 적이 없습니다.

110. 제 생각에, 이제 제가 더 말씀드려야 할 것은 (화관 수여 사실의) 공표 형식과 수행감사에 관한 건입니다. 앞에서 말씀드린 것으로부터 제가 최선을 실천했고, 언제나 호의를 가지고서 열심히 여러분의 이(利)를 도모했던 사실이 충분히 증명되었다고 저는 봅니다. 그러나 저의 공적 활동의 가장 중요한 부분을 생략하도록 하겠습니다. 그 이유는 첫째, 제가 이어서 제게 주어진 불법 혐의에 대한 해명을 드려야 하고, 둘째, 저의 나머지 정치 이력에 대해 더 말씀드리지 않아도 여러분 각자가 저와 같은 정도로 알고 있다고 제가 생각하기 때문입니다.

111. 옆에 나란히 적혀 있는 (불법제안 혐의의) 법97에 대해 이 사람(아이스키네스)이 늘어놓는 뒤죽박죽 논리와 관련하여, 저는 신들의

---

97 *paragegrammenoi*. 이것은 법이 구체적 조령의 제안과 충돌하는 경우이다.

이름으로 맹세하건대, 여러분도 그의 주장을 알아듣지 못할 듯 보이고, 저도 전혀 이해되지 않습니다. 저로서는 정도를 좇아 제가 처한 입지의 정당함에 대해 솔직히 말씀드리겠습니다. 저는 절대로, 지금 이자가 저를 모함하기 위해 꾸며댄 것처럼 회계감사에 대한 책임을 회피한 것이 아니고, 오히려 제 생애를 통틀어 저는 제가 추진한 공적 현안은 물론 제안한 정책에 대해 감사에 임할 책임이 있음을 전적으로 수긍합니다. 112. 그러나 제가 약속한 바의 사비로 민중을 위해 지출한 기부금에 대해서라면 저는 하루라도 회계감사를 받을 일이 없다는 점을 밝힙니다. 아이스키네스 씨, 듣고 있습니까? 다른 이 누구도, 9명 장관(아르콘)에 속한 누구라 해도 마찬가지이죠. 순수한 아량으로 사비를 제공하고는 그 대가로 얻은 것이 베푼 호의에 대한 배반이며, 또 그런 이를 모함하는 이들 앞으로 끌려 나오게 하고, 후자가 자발적 기부금에 대해 회계감사 하는 권한을 갖도록 하는 그런 부당하고 비인도적인 법이 어디 있습니까? 없습니다. 그(아이스키네스)가 제 말에 반박하려 한다면, 그 근거가 되는 법을 대라고 하십시오. 그러면 제가 수긍하고 입 다물겠습니다.

113. 그런데, 아테나이인 여러분, 그런 법은 없어요. 이 사람이 모함하면서 말하기를, 제가 관극기금(테오리콘)98을 관장할 때 저의 사비를 기금으로 제공했기 때문에, "그(데모스테네스)가 (그 기금에 대

---

98 관람수당은 공적 기금으로, 연극을 관람할 수 있도록 궁핍한 시민에게 2오볼로스를 지급한다. 이 기금을 관리하는 이는 각 부족당 1명씩, 추첨으로 선출된 10명의 시민들이며, 대(大)〔혹은 '도시'〕디오니시아 제전 때 선출한다.

한) 회계감사를 받기도 전에 그에게 명예를 수여하자고 (크테시폰이) 제안했다"고 합니다. 그러나 그 명예는 제가 회계감사 받아야 할 의무와는 전적으로 무관한 것이고, 제가 제공한 기부금과 관련한 것이란 말이오. 이 모함꾼 같으니! "그러나 당신은 또 성벽건설 위원으로도 있었잖소"라고 해요. 그러니 그런 것을 통해 제가 당당하게 명예를 수여받게 된 것이지요. 제가 사비로 기부했고, 공금을 쓰지 않았으니까요. 공금은 회계보고와 감사관이 필요하지만, 기부는 마땅히 감사와 칭찬을 받는 것입니다. 크테시폰의 제안은 바로 그런 이유에 근거한 것입니다. 114. 이 같은 차이는 법령에도 규정되어 있고 또 여러분의 상식에도 그러한 것으로, 저는 그에 관한 많은 사례를 제시할 수 있습니다. 예를 들면, 나우시클레스[99]는 군대 장군으로 복무할 때, 그가 사비로 쓴 돈에 대해 여러 번 여러분에 의해 화관을 수여받았어요. 디오티모스[100]는 물론 카리데모스[101]도 방패를 기부하여 화관을 수여받았습니다. 그같이 네옵톨레모스[102]는 여러 공공사업의 책임자로서

---

[99] 나우시클레스는 기원전 353/2년과 334/3년에 장군으로 봉직했고, 마지막 봉직을 통해 화관을 수여받았다.

[100] 디오티모스는 메이디아스의 친구로서 기원전 338/7년과 335/4년에 장군으로 복무했고, 334/3년 리쿠르고스의 제안으로 명예 수여의 조령이 통과되었다. 참조, Ploutarchos, *Bioi ron deka rhetoron*, 844a.

[101] 카리데모스는 아테나이 시민권을 획득하 이방인이며, 장군으로 괄목할 만한 공로를 남겼으며, Demosthenes, 23에 언급된다. 반마케도니아파였으며, 기원전 355년 이후에는 페르시아 왕에게로 가서 복무했고, 기원전 333년에 죽었다.

[102] 네옵톨레모스는 부유한 아테나이인으로(Demosthenes, 21. 215), 곡물을 무상으로 도시에 제공했다.

기부해서 명예를 수여받았지요. 공직에 있는 이가 도시에 기부하는 것이 불법이라거나, 아니면 기부했는데 칭찬이 아니라 회계감사를 받아야 한다는 것은 터무니없는 것이죠. 115. 제가 사실을 고하고 있음을 증명하기 위해, 제가 든 사례들과 관련한 조령을 들고 읽어 주십시오. 자, 읽어 주십시오.

조령

플리아 출신 데모니코스가 명칭 아르콘으로 있던 해, 보에드로미온달 26일, 의회와 민회가 가결했다. 프레아리오이 출신 칼리아스가 제안하기를, 의회와 민회는 보병 사령관 나우시클레스에게 화관을 수여하기로 결정한다. 재무행정관 필론이 임브로스섬에 주둔하면서 그곳 아테나이인 주민을 돕던 아테나이 보병 2천 명이, 악천후로 항해가 불가능하고 중무장보병에게 수당을 지불하지 못하게 되었을 때, 사재(私財)를 털어 충당하면서 민중에게 부담을 지우지 않았다. 그래서 디오니시아 제전에서 새 비극의 상연에 즈음하여 화관을 수여한다.

다른 조령

116. 프레아리오이 출신 칼리아스가 제안하고, 행정부 임직원[103]이 지지하고 의회가 예비의결했다. 살라미스로 파견된 중무장보병 대장 카리데모스와 기병대장 디오티모스가, 강 가까운 곳에서 일부 병사들이 적들에 의해 약탈당했을 때, 사비로 젊은이들에게 800개 방패로 무장을

---

103 *prytaneis.*

시켰으므로, 카리데모스와 디오티모스에게 금관을 수여하도록 하고, 그 사실은 대(大) 판아테나이아 제전에서 체전이 진행되는 동안, 그리고 디오니시아 제전에서 새 비극이 상연되는 가운데 공표하도록 한다. 공표는 법무부 장관(테스모테테스), 행정부 임직원, 경기주관자104에게 일임한다. 105

117. 여기 언급된 이들은 하나같이, 아이스키네스 씨, 각자 수행한 직책에 대해 수행감사를 받는 것이지, 기여한 바에 대해서 수행감사를 받고 명예를 수여받는 것이 아니에요. 그러니 나도 수행감사를 받아야 하는 것이 아니지요. 그런 점에서 나도 정작 다른 이들과 같은 권리를 갖는 것이니까요. 내가 기부를 했단 말이오. 그 때문에 명예를 받는 것이지, 내가 제공한 기부금에 대해 회계보고를 했기 때문이 아니란 말이오. 내가 공직에 있었으니, 그 때문에 그 직책과 관련하여 수행감사를 받았을 뿐, 그것은 내가 낸 기부금과는 무관한 것이니까요. 진실로 제우스의 이름을 걸고, 내가 공직을 잘못 수행한 것인가요? 그렇다면 감사관들이 나를 조사할 때, 당신(아이스키네스)은 현장에 있으면서도 왜 나를 고소하지 않았던가요?106

---

104 *agonothetes*.
105 위 두 개 조령도 후대에 삽입된 것이다. 아르콘의 이름과 몇 가지 공식적 표현에서 실수가 있다. 또 카리데모스와 디오티모스 둘이 동시에 명예를 수여받은 것이라고 하나, 데모스테네스(이 변론 §114)는 두 사건을 구분한다.
106 공직자는 퇴임 후 30일 이내 회계보고서를 회계감사관 앞으로 제출해야 한다. 회계감사관은 해마다 각 부에서 1명씩 총 10명이 의회(*boule*)에 의해 추첨으로 선출

118. 실로 제가 명예를 수여받은 사안 관련하여 저에게 회계보고 책임이 없다는 사실을 이 사람(아이스키네스)이 스스로 밝히고 있음을 증명하기 위해서 저에게 명예를 수여한 조령을 들고 내용 전체를 읽어 주십시오. 그의 기소 행위가 모함이라는 사실은 그 자신이 문제 삼지 않았던 의회의 예비의결서 내용에서 증명됩니다.

조령107

에우티클레스가 명칭 아르콘으로 있던 해, 피아넵시온달108 22일, 오이네이스 부족이 행정부에 임직할 때, 아나플리스토스 출신 레오스테네스의 아들 크테시폰이 제안했다. 파이아니아 출신 데모스테네스의 아들 데모스테네스가 성벽 건조 책임자로 임명되었고, 사재를 털어 3탈란톤을 공사에 투입함으로써 민중을 위해 기여했고, 또 관극기금 관리자로 임명되어, 모든 부족의 감독자109들에게 제식에 쓰도록 100므나씩을 나누어 주었으므로, 아테나이 의회와 민중이 다음과 같이 의결하도록 한다. 파이아니아 출신 데모스테네스의 아들 데모스테네스가 언제나 아테나이

된다(Aristoteles, *Athenaion Politeia*, 48. 3). 회계보고를 하지 않는 이는 자격박달(*atimia*)을 당한다. 회계감사관은 회계보고서를 검토한 후, 책임자가 임석한 가운데 재판관에게로 넘긴다. 시민 가운데 누구라도 의혹이 있는 이는 회계보고와 관련한 문제를 제기할 수 있다.

107 이 조령도 진본이 아니다. 당시 아르콘(장관)은 프리니코스였고, 내용상으로도 데모스테네스(18. 53, 110)와 아이스키네스(1. 49: 236)가 조령에 대해 말하는 내용과 비교해 볼 때 누락된 것이 있다.

108 아티카 달력으로 오늘날 10월 중순~11월 중순이다.

109 *theoros*(단수), *theoroi*(복수).

민중을 위해 기여한 그 덕성과 아량을 찬양하고, 금관을 수여하며, 디오니시아 제전에서 새 비극이 상연될 때 극장에서 수여 사실을 공표하도록 한다. 그 공표는 경기주관자에게 일임한다.

119. 이 조령에 제가 3탈란톤을 기부한 사실이 나오지만, 당신(아이스키네스)의 고발장에는 없어요. 당신의 기소는 내가 받을 자격이 있다고 의회가 규정하는 바로 그 상(賞)을 문제 삼고 있소. 기부를 받는 것은 합법적이라고 인정하고, 그 기부에 대해 감사의 상을 수여하는 것은 불법이라고 고소하는 것이오. 신들의 이름을 걸고, 이런 이가 교활하고 신들에게 적대적이며 악랄한 인간이 아니라면, 달리 어떤 이를 두고 그렇다고 할 수 있겠습니까?

120. 〔화관 수여 사실의〕공표가 극장에서 이루어진 사실과 관련해서는, 저는 수천의 이름들이 수천 번 그런 식으로 공표되었고, 또 저 자신이 이전에 여러 번 화관을 수여받았던 사실 등과 관련하여 더 언급하지 않도록 하겠습니다. 다만, 신들의 이름을 빌려, 아이스키네스 씨, 화관은 어디서 수여되든 수여받는 이에게는 똑같이 명예로운 것이고, 극장에서 공표되는 것은 그 관을 수여하는 이들에게도 득이 된다는 사실을 깨닫지 못할 정도로 당신이 멍청하고 안목이 없는 거요? 후자의 경우 득이 된다는 것은 듣는 모든 이들이 도시를 위해 봉사하도록 부추기고 또 관을 받는 이보다 오히려 감사의 정을 표하는 사실이 더 가상하다는 점을 배우게 되기 때문인 것이오. 바로 그런 이유로 우리 도시가 다음과 같은 법을 제정했던 것이라오. 그 법을 들고 읽어 주시지요.

법령

촌락(데모스) 중 어느 곳에서 화관이 수여될 때는, 수여 사실의 공표가 촌락마다 각기 이루어지도록 한다. 아테나이 민중 혹은 의회에 의해 화관이 수여되는 경우가 아닌 경우에 그러하다. 민중 혹은 의회가 의결하는 경우에는 디오니시아 제전이 거행될 때 극장에서 공표할 수 있다.

121. 듣고 있나요? 아이스키네스 씨, 법에 분명히 "민중 혹은 의회가 의결하여 공표하는 이들을 제외하고, 그들을 공표한다"는 취지로 규정하고 있는 사실을. 그런데, 같잖은 이여, 왜 모함하는 겁니까? 말도 안 되는 소리를 왜 하냐고요? 이런 상황에서 왜 헬레보로스[110]를 마시지도 않습니까? 범죄도 아닌 사안을 두고 질시해서 재판에 회부하고, 법을 왜곡하고, 법에 따라 결정하기로 맹세한 배심원들에게 마땅히 그 법 전체를 소개하지 않고, 발췌 왜곡하여 인용하는 것이 부끄럽지 않습니까? 122. 행동은 이렇듯 개차반같이 하면서, 민중을 위하는 이가 어떤 자질을 갖추어야 하는지를 입으로만 말하는 행색이, 꼭 조각상을 주문할 때 특정 내용을 새기도록 했으나 받고 보니 아무것도 새겨져 있지 않은 상황과 같소. 혹은 말로만 민중을 위하고 실천과 정책이 따르지 않는 것 같은 것이오. 당신은 소리 높여 할 말, 못할 말을 다 동원하여 (축제의) 수레 위에서 하는 것같이 나를 야유하지만,[111] 그런 말들은 내가 아니라 당신에게 돌아가야 하는 것이오.

---

110 헬레보로스는 약용 식물로 광기 치료에 쓰인다.
111 디오니시아 축제 행렬에서 수레를 타고 가면서 광대가 조야한 농담을 하는 관습이 있었다.

123. 또 다른 것도 있어요, 아테나이인 여러분. 제 소견에, 모욕이란 비난과 다른 것입니다. 비난은 부당행위를 전제하고 그에 대한 처벌은 법률에 의거하지만, 모욕이란 적대 관계에 있는 이들이 서로 티격태격 주고받는 욕설을 말하는 것이지요. 제가 알기로, 우리 선조가 이 재판소를 세운 것은 이 자리에 모여서 우리 사생활을 두고 서로를 헐뜯는 것이 아니라, 누군가 도시에 해를 끼친 혐의가 있을 때 그 진위를 가리려 한 것이지요. 124. 아이스키네스도 저에 못지않게 그런 사실을 잘 알고 있지만, 저를 비난하기보다 모욕하기로 작정한 것이에요. 아무튼, 이런 경우 그는 자신이 한 행위에 상응하는 대가를 치러야 합니다. 우선 딱 한 가지 질문을 하고 난 다음 이 점에 대해 계속 말씀드리도록 하겠습니다. 아이스키네스 씨, 누가 당신을 두고 도시의 적이라고 하겠소? 아니면 나의 적이라고 할 것 같소? 명백히 나의 적이라고 하겠지요. 그런데, 만일 내가 부당행위를 한 것이라면, 시민들을 위해 법에 따라 나를 재판에 회부해야 할 것인데, 그 기회를 당신은 놓친 거요. 수행감사[112]도 있고, 특별고발절차[113]도 있으며, 그 외에도 다른 검증 절차들이 있는데도 말이오.

125. 그런데 여기, 법적으로 보나 시간적으로 보나 유효기한[114]으로 보나, 모든 사안에 걸쳐 이미 여러 번 검증을 거치면서, 내가 여러분에게 어떤 피해를 준 것도 드러나지 않았을 뿐만 아니라, 도시가 공적 성

---

112 *euthynai*.
113 *graphai*.
114 회계보고서 제출 기한 관련해 참조, Aristoteles, *Athenaion Politeia*, 48. 4~5.

과로부터 다소간 영광의 결실을 보게 될 즈음에야, 당신이 나타나서 나를 추달하고 있는 것이오? 혹시 당신은 나의 적인 척하면서 실은 시민들의 적이 아닌가요?

126. 이로써 모든 점에서 온전하고 공정한 결론이 드러난 것이겠습니다만, 그럼에도, 아이스키네스가 많은 거짓말로 모함하고 있으므로, 그에 관해 최소한의 불가피한 사실들을 제가 말씀드려야 할 것 같습니다. 여러분이 아셔야 하는 것은 그가 어떤 이인가 하는 것입니다. 어떤 집안 출신이기에, 이렇듯 예사롭게 욕을 해대고, 모든 점잖은 사람들이 말하기를 꺼려하는 그런 말들을 스스로 내뱉으면서도 오히려 제가 한 발언에 대해 험담하는 것일까요? 127. 만일 저를 매도하는 이가 모함꾼, 시정잡배, 간악한 서기가 아니라 아이아코스나 라다만티스, 혹은 미노스[115]였다면, 이런 이는 그 같은 말을 입에 담지 않았을 것이고, 또 도발적인 표현을 비극에서와 같이 감정을 넣어 내뱉지 않았을 것입니다. "오! 땅이여, 태양이여, 덕성(德性)이여!" 같은 표현, 또 "지혜와 교양, 그런 것에 의해 우리는 선과 악을 가릴 수 있습니다"라고 하는 것이죠. 그(아이스키네스)가 그런 말을 내뱉는 것을 여러분 분명히 들으셨지요. 128. 덕성이라고! 사기꾼 같으니! 당신이나 당신 집안이 덕성과 무슨 인연이 있소? 어떻게 당신이 선과 악을 가린단 말이오? 그런 능력을 어디서 어떻게 얻는단 말이오? 어디

---

115 제우스와 요정(님페)의 소생인 아이아코스, 제우스와 데우로페의 소생인 라다만티스와 미노스는 생전에 공정한 왕들이었으며, 사후에는 하데스에서 죽은 이들을 심판하는 이가 되었다.

서 당신이 교양을 논할 자격을 갖는단 말이오? 실로 교양 있는 이는 아무도 스스로 그 같은 언어를 입에 담지 않을 뿐만 아니라, 다른 이들이 하는 말을 듣기만 해도 얼굴을 붉힐 것이거든요. 당신같이 교양이라고는 눈곱만큼도 없으면서 소갈머리 없이 있는 척하는 이들은 입을 열 때마다 모든 사람으로 하여금 구역질만 나게 할 뿐, 그들이 연출하고 싶어 하는 그런 인상을 줄 수가 없어요.

129. 내가 당신과 당신 가족에게 어울리는 말을 몰라서 못하는 것이 아니라, 어디서부터 시작해야 할지 난감할 따름이오. 당신 아버지 트로메스가 테세우스 신전 부근에서 글을 가르쳤던 엘피아스 집에서 하인으로 일하면서, 족쇄(코이닉스)를 차고 (목에) 나무 형틀을 매고[116]

---

116 '코이닉스(*choinix*)'는 두 가지 의미를 지닌다. 하나는 곡물을 계량하는 단위로서 '메딤노스'의 하위 단위이고, 다른 하나는 죄수들의 발에 채우는 족쇄(나무나 금속으로 만든 것)를 뜻한다. Loeb 영역본과 Kaktos 현대 그리스어 번역본에서는 원문의 '코이닉스와 나무를 가지고서'란 표현을 '족쇄를 차고 (목에) 나무 형틀을 맨 채'라고 번역한다.

그러나 적어도 헬라스의 생활상을 보여 주는 도자기 등의 회화에는 남의 집에서 일하는 예속인이 족쇄와 목의 형틀을 끼우고 일하는 모습은 보이지 않는다. 또 족쇄와 목 형틀은 신체 동작이 불가능하도록 고정시켜 놓으려는 목적을 가진 것이므로, 그런 것을 몸에 장착하고는 예속노동자가 본연의 임무인 일상의 노동을 할 수가 없다. 이런 기구를 장착했다는 것이 당시 이른바 예속인의 부자유한 상태를 뜻하는 것이라고 본다면 본말을 전도하는 오해가 될 것이다.

아니면 트로메스가 엘피아스에게 예속되어 있으면서, 족쇄와 목 형틀을 만드는 일을 한 것으로 해석할 수도 있겠다. 고대 아테나이에서 예속노동자는 반드시 주인과 동거하지 않고 별거하면서 독자적으로 다른 생업에 종사하거나 다른 곳에서 일용노동을 하여, 그 수익의 일부를 주인에게 제공하는 경우도 적지 않았다.

만일, 이 표현을 부득이 트로메스 자신이 족쇄와 목의 형틀을 찼던 것으로 해석을 한다면, 아마도 트로메스가 그 주인 엘피아스로부터 벌을 받을 때 그런 것을 두 있었던 사실부터 말하도록 할까요? 아니면, 당신 어머니가 헤로스 칼라미테스117 사당 옆 헛간에서 대낮에 애정행각으로 몸을 팔면서, 당신을 준수한 허우대에 최고의 삼류 배우로 키웠던 사실을 말할까요? 내가 말하지 않아도 세상 사람이 그런 것을 다 알고 있어요. 삼단노전선에서 피리 부는 이로서 프레아리오이구(區) 출신 디온의 예속노동자였던 포르미온118이 그 알량한 직업에서 그녀를 벗어나게 한 사실을 말할까요? 그러나, 제우스와 신들의 이름을 걸고, 당신에게 관련된 사실을 말하다 보면, 나의 품위가 떨어질 것 같아 염려스럽소.

130. 그래서 저는 그런 이야기는 다 제쳐두고, 그(아이스키네스) 자

른 적이 있다는 뜻으로 이해할 수도 있겠다. 그러나 글을 가르치는 교사 직업을 가졌던 엘피아스가 이렇듯 가혹한 처벌을 예속노동자에게 내린다는 것은 전후 문맥으로 보아 타당성이 희박한 것으로 본다. 그런 해석보다는 오히려 자유롭지 못하고 신분적으로 남에게 예속되어 있었다는 상징적 비유로서의 의미를 가진 것으로 볼 수 있겠다. 더구나 바로 뒤 문장에는 트로메스의 아내, 즉 아이스키네스의 어머니가 백주 대낮에 어딘가(헤로스 칼라미테스 사당) 야외 헛간에서 애정행각을 벌이곤 했다는 사실이 소개되기 때문이다. 이로써 예속노동자 계층도 활동의 공간적 범위가 상당히 유동적이었다는 사실을 알 수 있다.

117 '헤로스 칼라미테스(Heros kalamites 혹은 Heros Kalamites)'란 표현이 〈사신의 배임에 대하여〉(Demostenes, 19. 249)에 나오는 '의사(iatros) 헤로스'와 동일한 인물인지는 불확실하다. Loeb 영역본에서는 '헤로스'('영웅'이란 뜻)를 인명으로 하고, '칼라미테스'는 bone-setter로 우선 풀이하지만 불확실하다는 점을 밝히고, 다른 해석의 가능성을 다음과 같이 제시한다. ① 〈사신의 배임에 대하여〉에 나오는 '의사 헤로스'와 동일한 인물, ② '칼라미테스'가 관절이나 접골용 나무를 다루는 이, ③ 영웅 칼라미테스의 사당(혹은 조각상)이 있는 곳 등으로 해석할 수 있으나, 이런 이름의 영웅은 달리 알려져 있지 않다.

118 삼단노전선에서는 구령에 맞춰 노를 젓기 위해 피리로 장단을 맞추기도 한다. 피리 부는 이는 갑판장 역할에 비유할 수도 있다. 프레아리오이구(區)는 레온티스 부족에 속한다.

신이 살아오면서 한 행위로부터 말씀드리도록 하겠습니다. 그냥 흔한 일상이 아니라 민중이 저주하는[119] 그런 행위들과 관련해서 말이죠. 최근에 말입니다. 제가 최근이라고 했나요? 아니, 바로 그저께였어요. 그가 아테나이인인 동시에 연사가 되었고, 그 아버지가, 두 음절이 더 늘어나서, 트로메스에서 아트로메토스로 바뀌었지요. 그 어머니도 엠푸사[120]로 불렸던 것을 세상 사람이 다 알고 있는데, 아주 우아한 글라우코테아로 이름을 바꾸어요. 엠푸사란 이름은 그녀의 온갖 행실과 애정행각에서 나온 별명이었답니다. 131. 달리 어디서 그런 별명이 생겼겠어요? 당신(아이스키네스)은 참으로 배은망덕하고 교활해서, 이곳에 있는 이들의 도움으로 예속노동자에서 자유인이 되고, 거지에서 부자가 되었는데도, 감사는커녕 적에게 뇌물을 받고는 이들을 해치는 정책을 구사하고 있어요. 저는 그가 도시를 위해 했다고 주장하고 있는데 판단하기 곤란한 사안은 건드리지 않고, 명명백백하게 적을 위해 한 것으로 증명된 사실만 언급하도록 하겠습니다.

132. 시민명부에서 제명당하고 쫓겨난 다음,[121] 선창에 불을 지르

---

119 '민중이 저주하는 이들'이란 민회가 열리면 먼저 포고관이 배반자, 가짜 시민(불법으로 시민 명단에 올라 있는 이방인, 거류외인, 혹은 예속인 등), 또 부적합한 제안으로 도시에 피해를 준 이들에 대해 공식적으로 저주하는 발언을 하는 것을 뜻한다. 참고. Demostenes, 23. 97.

120 엠푸사는 헤카테 여신을 따라다니는 전설의 존재로서, 여러 가지 형태로 여성과 아이들에게 나타나서 놀라게 하고, 아름다운 여인의 모습을 취해 사람을 흘리는 요정의 일종이다. 참고 Aristophanes, *Batrachoi*(개구리), 288 이후.

121 안티폰은 기원전 346/5년에 시행된 전반적인 시민명부 확인 작업이 행해질 때, 구(區・*demos*)의 인명부에서 제명되었다.

겠다고 필리포스에게 언약한 다음 도시로 돌아온 안티폰을 모르는 이가 여러분 가운데 있겠습니까? 제가 페이라이에우스 항구에 숨어 있는 그를 잡아서 민회에 세웠을 때, 이 고약한 친구가 고래고래 고함을 지르고 민주정체하에서 제가 몹쓸 짓을 한다고 악을 쓰면서, 역경에 처한 시민들을 모독하고 영장도 없이 집들로 난입하는 등 소동을 벌여서, 결국 무죄로 풀려났어요. 133. 아레오파고스 의회122가, 그런 사실을 알고 여러분이 아주 부당한 실수를 범한 것이라 보고는, 그를 다시 체포하여 여러분들 앞에 세우지 않았더라면, 이 사악한 자는 여러분 손에서 벗어나 재판을 면하고 이곳을 빠져나갔을 것이고, 여기 있는 이 사기꾼(아이스키네스)을 기쁘게 했겠지요. 그러나 여러분은 그를 처형대에 올려서 사형시켰어요. 그리고 여기 있는 이 사람(아이스키네스)에 대해서도 그같이 해야 합니다.

134. 실로 아레오파고스 의회는 아이스키네스가 이번 사안에서 저지른 행각을 잘 알고 있습니다. 그래서, 번번이 공익을 해치는 오판으로 인해, 여러분의 뜻을 전하기 위해 델로스123 신전으로 보낼 사신124으로 여러분이 그(아이스키네스)를 일단 선출한 다음, 아레오파

---

122 아테나이에는 민중의 민회 외에 두 개 의회가 있었는데, 500인 의회와 아레오파고스 의회가 그것이다. 아레오파고스 의회는 아르콘 등 고관 퇴직자들이 관직을 마친 다음 수행감사를 통과하면 의원으로서의 자격을 가진 것으로 알려져 있다. 아레오파고스 의회의 다양한 구성 성분의 가능성에 대해서는 참조, 최자영, 《고대 아테네 정치제도사: 아레오파고스와 민주정치》, 신서원, 1995.

123 기원전 345년 델로스는 신전의 운영권을 아테나이로부터 박탈하려 했다. 이때 아테나이는 델로스에 항의하는 뜻으로 신성동맹으로 귀속했고, 이에 델로스는 양보하고 물러섰다.

고스 의회의 협조를 구하여 거기에 다시 전권을 위임했을 때, 아레오파고스 의회는 아이스키네스를 배반자인 것으로 규정하여 배척하고 그 임무를 히페레이데스에게 맡겼습니다. 당시 투표가 사당에서 이루어질 때 이 고약한 이를 위한 표는 단 한 표도 없었어요. 135. 제 말이 사실임을 증명하기 위해 증인들을 불러 주십시오.

증언들

수니온의 칼리아스, 플리아의 제논, 팔레로스의 클레온, 마라톤의 데모니코스는 모든 이들을 위해 데모스테네스의 증언을 확인합니다. 민중이 델로스 신전과 관련하여 신성동맹125에 참가하여 발언할 사신이 이미 뽑힌 상태였으나, 우리는 우리 도시를 위해서 히페레이데스가 더 적합하다고 판단하여 그로 교체하여 파견했습니다.

136. 이렇듯 그(아이스키네스)를 파기하고 다른 이로 사신을 교체하면서, 의회는 그를 배반자, 여러분의 적으로 규정했습니다.

이것이 소갈머리 없는 그가 연루된 정치 이력의 한 사례입니다. 그와 같은 것이 아닐까요? 그가 저를 비방하는 것 말이지요. 또 다른 사례를 생각해 보십시다. 필리포스가 비잔티온의 피톤126을 자신의 모든 동맹국들을 대신하는 사신들과 함께 우리에게 파견했습니다. 우

---

124 *syndikos*.

125 Amphictyones.

126 피톤은 비잔티온 출신으로 당대의 고명한 연사였다. 기원전 343년 아테나이로 와서 필리포스를 대신하여 필로크라테스 평화조약의 재조정 가능성을 제시했다.

리 도시를 모욕하고 부당행위의 죄를 묻기 위한 것이었죠. 그때 피톤은 극도의 당돌함으로 기염의 언변을 홍수와 같이 토해냈지만, 저는 겁먹지 않았고, 일어나서 대들면서 우리 도시의 대의를 위해 굴하지 않았습니다. 그리고 필리포스의 잘못을 단호하게 증명했으므로, 그의 동맹국들조차 일어서서 제가 옳다는 사실을 인정했습니다. 그런데 이 사람(아이스키네스)은 시종 필리포스의 편을 들면서, 자신의 조국에 반하는 증언을, 그것도 위증을 했습니다.

137. 그런 정도로만 그친 것이 아니었어요. 그 후 그는 첩자 아낙시노스[127]와 함께 트라손의 집에 있다가 발각되었지요. 그러니 적이 파견한 첩자와 은밀하게 만나서 내통한 사람은 그 자체로서 체질상 첩자인 것이고 조국의 적입니다 제 발언이 사실임을 입증하기 위해 증인들을 불러 주십시오.

증언들

클레온의 아들 텔레데모스, 칼라이스크로스의 아들 히페레이데스, 디오판토스의 아들 니코마코스는 데모스테네스를 위한 증인으로 나서서, 장군들 앞에서 맹세함으로써 다음 사실을 인정합니다. 카토키다이 가문의 아트로메토스의 아들 아이스키네스가 밤에 필리포스의 첩자로 밝혀진 아낙시오스를 트라손의 집에서 만나 접촉했습니다. 이 증언들은 헤카톰바이온달[128] 3일에 니키아스에게 제출되었습니다. [129]

---

127 에우보이아 출신 아낙시노스는 기원전 340년에 필리포스의 부인 올림피아다의 부탁을 받고 여러 가지 물건을 구매하기 위해 아테나이로 왔다. 아테나이인은 그를 첩자로 보고, 체포하여 고문하고 처형했다.

138. 저는 그(아이스키네스)에 관한 이야기를 천 가지라도 할 수 있으나 생략하겠습니다. 이실직고하여, 그가 적을 돕는 한편 저를 모함하고자 하다가 들킨 많은 것들을 저는 말씀드릴 수 있다는 말입니다. 다만, 그런 무례를 여러분은 잘 기억하지 못하고, 또 응분의 조치로서 맞대응하지도 않습니다. 오히려 여러분은 험담을 즐기고 기뻐하는 대가로서 도시의 이익을 해치는 이들이 함정을 파고 또 여러분을 위해 조언하는 사람을 모함하도록 허용하는 나쁜 습성에 침잠해 있는 것입니다. 그래서 여러분 편에 서서 정책을 제안하는 대신 뇌물을 받고 여러분의 적을 위해 활동하는 이들에게 더 수월하고 더 안전한 환경을 제공하는 것이지요.

139. 땅이여, 신들이시여, 개전하기 전에는, 보란 듯이 필리포스의 편을 들고 동족을 배반하는 짓거리가 괘씸하다 해도, 여러분이 원한다면, 그런 자도 용서하십시오. 그러나, 우리 배가 노골적으로 약탈당하고 케르소네소스가 유린당하며, 그(필리포스)가 아티카를 향해 진격하고, 상황은 의심의 여지없이 전쟁에 돌입한 것임에도, 말만 많은130 이 용렬한 이(아이스키네스)는 여러분을 위한 어떤 행위도 한 적이 없고, 또 대소를 막론하고 도시에 이익이 되는 어떤 제안도 한 적이 없어요. 무엇을 한 것이 있다고 그가 주장한다면, 바로 지금,

---

128 아티카 달력으로 7월 중순~8월 중순이다.

129 이 문서의 내용도 진본이 아니라 후대에 삽입된 것으로 간주된다. 증인들은 장군들 앞에서 맹세하지 않으며, 니키아스도 당시 명칭 아르콘이 아니었다.

130 *iambeiophagos. iambos*(약강격·단장격) 운율 등으로 시를 읊는 말 많은 시인이라는 뜻이다.

저의 발언을 위해 주어진 시간이 쓰이겠지만, 말해 보라고 하십시오. 그러나 그는 할 말이 없어요. 여기에 두 가지 가능성이 있을 뿐이지요. 제가 제안한 정책에 아무런 흠을 잡아낼 수 없기 때문에 그가 다른 제안을 못하는 것이거나, 아니면 그의 반대하는 취지가 적에게 유리한 것이므로 자신의 복안을 밝히지 못하는 것입니다.

140. 실로, 뭔가 해악을 끼쳐야겠다고 마음먹었을 때 그가 제안을 하지 않는다거나 입을 열지 않은 적이 있습니까? 그런 경우에는 다른 이가 발언할 기회를 갖지 못했어요. 분명한 것은 당시 도시는 그런 것을 견딜 만큼 건재했고, 그는 드러나지 않게 작업했던 것이죠. 그런데, 아테나이인 여러분, 그가 그 같은 전력에 마지막 방점을 찍는 한 가지 작업을 시도했어요. 온통 달변을 쏟아내면서, 그는 로크리스의 암피사인에 대해 결의된 사항을 하나하나 거론하면서, 진실을 왜곡한 것이에요. 그러나 그는 속셈을 속일 수가 없어요. 어떻게 가능합니까? 아이스키네스 당신은 그때 저지른 오점을 결코 지워 버릴 수가 없어요. 아무리 많은 말을 지껄여 봐야 소용없어요.

141. 아테나이인 여러분, 아티카를 보호하는 남신과 여신들, 또 이 도시의 조상신 아폴론 피티오스의 이름으로 제가 여러분에게 호소합니다. 그리고 이 모든 신들의 이름으로 제가 기원합니다. 만일 제가 지금 여러분에게 진실을 말하고, 또 이 배반자(아이스키네스)가 음모를 획책한다는 사실을 처음으로 감지한 순간, 실로 제가 그것을 깨닫게 되었고, 그것도 즉각 알게 된 그 사실을 그때 민회의 민중에게 보고한 것이 사실이라면, 신들께서 저에게 번영과 구원을 베풀어 주십시오. 그렇지 않고, 만일 제가 악의와 사적 시기심으로 그에게 어

떤 거짓 혐의를 씌우는 것이라면, 좋은 것이라고 있는 것은 모두 저에게서 빼앗아 가시기를.

142. 왜 제가 이 같은 저주의 맹세를 하고 이렇듯 모진 말을 하는 것이겠습니까? 그것은 제가 공적으로 서류를 제출하여 확실한 증거를 제공할 기회를 가졌음에도 불구하고, 또 그(아이스키네스)가 한 행각을 죄다 여러분이 잊어버리지 않았을 것을 제가 확신하고 있음에도 불구하고, 그래도 혹시 그 능력에 비추어 그가 이같이 엄청난 음모를 기획했다고 보기에는 무리가 아닌가 하는 생각을 여러분이 하시지나 않을까 염려하기 때문입니다. 그같이 오해한 사례가 그전에 있었는데, 그가 거짓 보고서로 불행한 포키스인을 파멸시키려고 했을 때였어요. 143. 암피사와의 전투에서 필리포스가 엘라테이아로 진격해 들어와서 그곳 신성동맹의 맹주가 되어 헬라스인을 온통 휘저어 놓도록 기획한 것이 바로 그이며, 그 한 사람이 모든 거악의 원천이었습니다. 저는 바로 이의를 제기하고, 민회에서 큰 소리로 "아이스키네스씨, 당신은 신성동맹 전쟁131을 아티카로 끌어들이고 있소"라고 외쳤지요.132 그러나 그의 지시를 받는 일단의 사람들이 저편에 앉아서는 제가 발언하지 못하도록 방해했고, 다른 이들은 웬일인가 하는 표정으로, 제가 사적 원한으로 그에게 터무니없는 비난을 하는 것 정도로 받아들였지요. 144. 아테나이인 여러분, 그때 그들은 여러분이 저의

---

131 Amphictyonikos Polemos.
132 기원전 339년 델포이 사신으로 다녀온 아이스키네스가 민회에서 수행보고를 할 때, 처음에는 그의 지론이 먹혀들었으나, 곧이어 데모스테네스가 아테나이인을 설득하여, 로크리스에 부정적인 신성동맹의 다수 결정에 동조하지 말도록 했다.

말을 듣지 못하도록 방해했어요. 그렇지만 지금에야 당시 사태의 실제 내막은 무엇이고, 그런 음모의 목적이 무엇이며, 그것은 어떻게 실천되었는지 여러분은 들으셔야 하고 듣게 되겠습니다. 얼마나 교묘하게 기획되었는지 여러분이 보게 될 것이고, 공적 현안의 내력을 앎으로써 많은 것을 얻을 것이며, 필리포스의 출중한 술수를 깨닫게 될 것입니다.

145. 테바이와 테살리아를 우리 도시의 적으로 돌아서게 하지 못한다면, 여러분과의 전쟁 상황을 종식하거나 중단할 수 있는 전망이 필리포스에게는 없었어요. 그와 싸우는 여러분 측의 장군들이 졸렬하고 서투르게 전투를 수행한다 해도, 그는 전투뿐 아니라 해적133 때문에도 만 가지 난관에 봉착해 있었거든요. 자신의 땅에서 나는 것들을 옮겨올 수 없고 또 필요한 대로 수입해 쓸 수 있는 형편도 아니었기 때문이지요. 146. 그 당시만 해도 필리포스는 바다에서 여러분보다 더 우세한 것이 아니었고, 또 테살리아인이 그에게 복속하지 않고 테바이인이 통로를 내주지 않으면 아티카로 접근할 수도 없었어요. 이번 전투에서 그가 여러분이 파견한 장군들을 죄다 물리쳐 버렸고, 그에 대해 저는 그저 인정할 뿐이지만, 필리포스 자신도 어려운 점이 있지요. 지역의 자연적 형세에서, 그리고 양측 전대 세력이 갖는 물자에서 그렇습니다. 147. 현재, 필리포스가 자신의 사적 적의로 여러분을 공격하려고 테바이인 혹은 테살리아인과 손을 잡으려 한다면, 별로 호응을 얻지 못할 수도 있어요. 그러나 만일 그가 그들이 공동으로 갖

---

133 *lestai.*

는 불만을 규합하고 그 지도자로 나선다면, 기만과 설득을 다 동원하여 성공을 기대할 수도 있는 것이에요. 그러면 어떻게 되겠습니까? 신성동맹 내부에 전쟁을 사주하고 테르모필라이 의회[134]에 혼란을 가중시키려 하겠지요. 그런 상황을 극복하는 데 자신의 역할이 필요할 것이라고 본 것이죠. 148. 그러나 필리포스는 그 같은 상황이 자신이 파견한 대표사제단들[135]이나 자신의 동맹 가운데 누구에 의해 추진된다면, 테바이인과 테살리아인이 의심을 품고 만반의 경계를 할 것이라고 염려했던 것입니다. 그렇지 않고 만일 그의 적대세력인 아테나이인이 나선다면, 필리포스는 스스로 주목받지 않아도 된다고 계산했던 것이죠. 실제 상황이 그가 기획한 대로 전개되었어요.

149. 필리포스가 어떻게 계획을 실천한 것일까요? 바로 여기 이 사람(아이스키네스)을 고용하였지요. 물론 아무도 예측하거나 주의하지 못했지요. 여러분이 타성에 젖어 있으니까요. 여기 이 사람(아이스키네스)을 테르모필라이로 가는 대표로 하자고 제안이 들어왔어요. 그러고는 두세 명 손을 들어 찬성하는 이가 나오더니, 대표로 뽑히더군요. 그가 도시로부터 권한을 부여받은 채 신성동맹 의회로 가자마자,

---

134 Pylaia.

135 *hieromnemones*(대표사제단, 단수형 *hieromnemon*). 포키스인이 행사했던 신성동맹의 2개 표가 기원전 346년 이후 마케도니아 왕에게로 넘어갔다. 대표사제단은 신성동맹 도시들 가운데서 추첨되어, 신전과 그 재물을 감독하고, 피티아 제전과 다른 종교 축제를 관장한다. 필라고로스(복수형 *pylagoroi*; 참조, 이 변론 §149)는 각 도시에서 선출되어 신성동맹 회의에 참석한다. 아테나이는 3명의 필라고로스와 1명의 히에롬네몬을 파견하곤 했다.

바로 다른 일은 다 제쳐놓고 무시한 채, 매수되어 추진하게 된 일에만 열중했던 것이죠. 그는 키라이아 지역이 신전으로 귀속된 기원에 관한 전설을 꾸며내어 그럴듯하게 발언했어요. 그러자 변론술의 기교에 정통하지 못하고 또 앞일을 내다보지 못했던 대표사제단들이 150. 그 땅을 조사하러 가자는 데 찬성했던 거예요. 암피사인이 그 땅을 자신들의 것으로 경작한다고 하는데, 아이스키네스는 신에게 헌납된 땅을 침범한 것이라고 암피사인을 비난했어요. 이들 로크리스인이 우리(아테나이인)에 대해 모종의 소송을 제기하려고 했다거나, 어떤 다른 행동, 즉 그(아이스키네스)가 변명하기 위해 꾸며내는 그런 행동을 하려 했다는 것은 사실이 아니에요. 그의 말이 거짓이라는 증거가 있어요. 로크리스인은 실로 소환되지 않고는 우리 도시에 대해 어떤 소송도 제기하지 못한다고 그가 주장한 거예요. 그렇다면, 누가 소환하는 겁니까? 어떤 기관에 의해 소환되는 것이죠? 아는 이가 있다면, 누군지 좀 알려 주십시오. 아이스키네스 씨 당신은 그렇게 할 수가 없어요. 그것이 당신이 자의적으로 이용하기 위해서 근거도 없이 지어낸 거짓말이거든요.

151. 이렇게 해서, 그의 제안에 따라 신성동맹 측 사람들이 그 지역을 돌아보게 되었는데, 그때 로크리스인이 그들을 공격했어요. 간발의 차이로 전부 창에 맞아 죽을 뻔했고, 급기야 일부 신성동맹 대표사제단이 붙들려 잡혀갔지요. 신속하게 항의가 일고 암피사인에 대한 개전이 선포되었어요. 처음에 코티포스가 신성동맹 회원국에 의해 구성된 군대 사령관이 되었죠. 그러나 일부는 동참하지 않았고, 또 다른 이는 왔지만 아무런 봉사도 하지 않았습니다. 그런 상황에서

그다음 테르모필라이 신성동맹 의회에서는 미리 기획된 인물들로, 그 대부분이 테살리아와 다른 도시들로부터 온 음흉한 이들이 필리포스의 손에 전쟁 사무를 맡기기로 주선하게 되었던 것이에요. 152. 그러고는 구실을 그럴듯하게 꾸며댔습니다. 그들에 따르면, 여러분도 군자금을 기부하고 용병을 기용하며 불복종하는 이에게 벌금을 징수하거나, 아니면 필리포스를 최고사령관으로 선출해야만 한다는 것입니다. 그래서, 요점을 말하자면, 필리포스가 이 같은 이유로 선출되었단 말이죠. 그러자 그는 지체 없이 군대를 소집하여 키라이아를 치러 가는 척하다가, 키라이아인과 로크리스인을 다 같이 포기하고는 엘라테이아136를 장악했습니다. 153. 그때 테바이인이 필리포스의 계략을 눈치채고 재빨리 마음을 고쳐먹고 우리 편에 서게 되었지요. 그렇지 않았다면 이 모든 사태가 이 언덕에서 내려오는 강물같이 아테나이를 덮쳤을 뻔했어요. 실로 테바이인이 필리포스의 당장의 공격을 저지했고, 아테나이인 여러분, 여러분에게 내린 신들의 은혜가 주효했던 것이지요. 그러나 그다음으로 사람의 노력이 더해진 것이라면 그 감사는 제게 돌아와야 합니다. 각각의 사건이 발생한 날짜가 적힌 결정문을 제게 건네주십시오. 그것을 보면 여러분이 이 고약한 친구가 어떤 문제를 유발했으며 그럼에도 여태 처벌받지 않고 있다는 사실을 깨닫게 될 것입니다. 154. 결정문을 읽어 주십시오.

---

136 엘라테이아 함락은 기원전 339년 가을에 있었다. 그 바로 몇 주 전에 테바이인은 테르모필라이 동쪽 니카이아로부터 마케도니아 수비대를 쫓아냈다. 반필리포스 정서를 표출했다.

신성동맹의 결정

클레이나고라스가 제사장을 맡고 있을 때, 테르모필라이[137] 신성동맹 봄철 회의에서, 테르모필라이에 파견된 각 도시의 대표들,[138] 암픽티오니아 신성동맹 의원들,[139] 암픽티오니아 신성동맹 공동체[140]가 다음과 같이 결정했다. 암피사 주민이 신성의 땅을 침범하여 씨를 뿌리고 방목하니, 테르모필라이에 파견된 각 도시 대표들과 신성동맹 의원들이 돌아보고 경계에 기둥을 세우고, 이후 암피사인이 침범하지 못하도록 한다.

다른 결정

155. 클레이나고라스가 제사장을 맡고 있을 때, 봄철 회의에서, 테르모필라이이에 파견된 각 도시의 대표들, 신성동맹 의원들, 신성동맹 공동체가 다음과 같이 결정했다. 암피사 주민이 신성의 땅을 나누어 가지고 경작하고 방목하고 있다. 그들에게 그러지 못하도록 금지했더니 무기를 들고 나타나서 헬라스인의 공동체 의회[141]에 폭력으로 저항했고, 급기야 일부가 부상당하였으므로, 신성동맹의 장군으로 선출된 아르카디아 출신 코티포스가 사신으로 마케도니아의 필리포스에게 가서 아폴론과 암픽티오니아 신성동맹을 보호해 주도록 요청함으로써, 암피사의 불경

---

137 *pylaia*. 'Pyle(필라이, 테르모필라이)에서 있었던'이란 뜻의 여성형 단수 형용사. 본문의 'earine pylaia'는 '봄철 테르모필라이에서 있었던'이란 뜻이 된다.
138 *pylagoroi*.
139 *synedroi*.
140 *koinon*.
141 *synedrion*.

(不敬)한 주민들에 의해 신이 모독당하지 않도록 한다. 암픽티오니아 신성동맹 회의에 참가한 헬라스인은 필리포스를 선출하고 전권을 부여한다. 142

이제 이 같은 사태가 벌어진 날짜를 읽어 주십시오. 모든 사건이 이 사람(아이스키네스)이 테르모필라이 종교회의에 우리 도시 대표143로 참석했던 기간과 일치합니다.

날짜 기록

므네시테이데스144가 명칭 아르콘으로 있었을 때, 안테스테리온달145 6일.

156. 테바이가 더 이상 그 말을 듣지 않으므로, 필리포스가 펠로폰네소스 동맹국들에게 보낸 서신을 제게 주십시오. 이 서신에서 여러분이 분명히 보게 되는 것은 그(필리포스)가 기획한 수작의 실제 이유, 다시 말하면, 헬라스와 테바이인, 여러분 등을 해치려는 목적을 숨기고, 겉으로는 신성동맹 의회의 공동 결정을 실행하는 것처럼 가

---

142 필사본에 전해오는 위 두 개 조령은 진본이 아니다. 이글을 적은 이는 도시의 대표가 'hieromnemon'이 아니라 'pylagorai'라고 적고 있다. 또 코티포스는 아르카디아 출신이 아니라 테살리아인으로 파르살라 출신이다.

143 pylagoras.

144 기원전 340/339년 명칭 아르콘은 므네시테이데스가 아니라 테오프라스토스였다. 참조, Aischines, 3(Kata Ktesiphontos). 115.

145 2월 중순~3월 중순.

장했던 것이에요. 그 필리포스에게 동기와 구실을 제공한 것이 바로 이 사람(아이스키네스)이었습니다. 읽어 주십시오.

서신

157. 마케도니아 왕 필리포스는 펠로폰네소스 동맹의 공직자와 의원들,146 그리고 다른 모든 동맹국 구성원들에게 인사합니다. 암피사에 거주하는 오졸로이라고 불리는 로크리스인이 델포이의 아폴론 신전을 침범하고 무장하여 그 성역을 약탈하였으므로, 나는 여러분과 함께 신을 보호하고 사람이 지켜야 할 경건의 원칙을 다소간 어긴 이들을 벌하고자 합니다. 그래서 40일 준비 기간을 두고 무장하여 다음 달, 우리가 로오스147라고 부르고, 아테나이인이 보에드로미온148이라고 부르며, 코린토스인이 파네모스라고 부르는 그달에, 포키스로 모이십시오. 총력으로 참가하지 않는 이는 누구나 우리가 맺은 협약에 따라 처벌될 것이오. 행운을 빕니다.149

158. 여러분은 그(필리포스)가 사적 동기는 숨기고 신성동맹의 사태를 빌미로 내세우고 있음을 보십니다. 누가 그를 위해 그런 상황을

---

146 synedroi.
147 Loos 혹은 Loios.
148 9월 중순~10월 중순이다.
149 '행운을 빕니다(eutycheite)' 등 본문에 쓰이는 표현들은 필리포스 2세 시기에 쓰이던 것들이 아니다(참조, G. Mathieu, Démosthèn, Paris, 1958). 당시 마케도니아의 지배자는 합법적인 왕 필리포스 5세의 후견인 안티고노스 도손(229~220 B. C.)이었으므로, 헬라스 동맹국과의 관계는 그의 영향을 받았다.

기획한 것일까요? 누가 그에게 그런 빌미를 만들어 준 것일까요? 그에 따른 온갖 해악의 발생에 누가 가장 큰 책임을 져야 하는 것인가요? 이 사람(아이스키네스)을 빼고 누가 있습니까? 그렇다면, 아테나이인 여러분, 지금 헬라스에 닥친 이 같은 재앙은 한 사람(필리포스)만에 의해 발생한 것이라고 말하고 다니지는 마십시오. 한 사람이 아니라, 오, 땅이여 신들이여, 각 나라로부터 온 다수의 교활한 이들에 의한 것입니다. 159. 그중 하나가 여기 있는 이 사람(아이스키네스)입니다. 모든 사실을 있는 그대로 이실직고하자면, 이런 상황을 두고 저는 서슴지 않고 그가 파멸해 버린 온 세상 사람, 지역, 도시 가운데서도 가장 악한 놈이라고 말하겠습니다. 씨앗을 뿌린 이는 자라나는 모든 것에 책임져야 합니다. 여러분이 그를 마주 보는 순간 여러분의 얼굴을 돌리지 않는다는 사실에 저는 경악합니다. 아마도 짙은 암흑이 여러분을 진실로부터 격리하는 것 같습니다.

160. 조국에 대한 그의 배반 행각을 언급하면서, 저는 그에 맞서기 위해 아주 다른 방향에서 저 자신이 추진해온 정책에 대해 말씀드리게 되었습니다. 여러 가지 이유로 여러분은 당연히 제 설명을 경청해 주셔야 하겠습니다만, 그 주된 이유는, 아테나이인 여러분, 제가 여러분을 위해 인내해왔던 끈질긴 노력에 대한 이야기를 듣는 것조차 여러분이 싫어한다면 부끄러운 일이 되기 때문입니다. 161. 테바이인은 물론 여러분도 다르지 않게, 양쪽 다 친필리포스파와 부패한 무리들의 영향을 받아서, 두 쪽에서 다 극도의 경계를 요하는 당면한 위험을 간과하는 것, 다시 말하면, 필리포스의 세력이 증가하는 사실을 깨닫지 못하고 어떠한 조치 하나 취하지 않은 채, 여러분끼리 서로 옥신각신 다투며

공격할 생각만 하고 있는 것을 보면서, 저는 줄곧 그런 상황이 발생하지 않도록 하는 길을 모색했어요. 그렇게 하는 것이 득이 된다고 제가 판단했을 뿐만 아니라, 162. 아리스토폰150은 물론 에우불로스151도 이들 도시 간 우정의 성립을 원한다는 점을 제가 알기 때문이었지요. 그 점에서 이들 둘은 언제나 한마음이었어요, 비록 다른 사안에서 계속 충돌했지만 말입니다. 그들이 생존해 있는 동안, 간악한 여우같이 당신은 아첨으로 그들에게 누를 끼치더니, 죽고 나니, 이제 그들을 비난하는 거예요. 당신이 나의 테바이 정책을 두고 비난하는 것은 내가 아니라 나보다 먼저 테바이와의 동맹을 주창한 이들을 비난하는 것이라는 사실을 당신 자신이 깨닫지도 못하고 있는 것이오.

163. 다시 본 주제로 돌아가자면, 이 사람(아이스키네스)이 암피사에서 전쟁을 야기하고, 그 일당들이 그(필리포스)를 위해 우리와 테바이인과의 관계를 악화시키자, 결국 필리포스가 우리를 향해 쳐들어왔어요. 실로 그것은 도시들을 상호 갈등으로 몰아넣으려는 것이었지요. 간발의 차이로 제때 저항하지 않았더라면, 우리는 전혀 우리 자신을 지

---

150 아제니아 출신 아리스토폰(438~338 B. C.)은 데모스테네스와 동시대 연사, 정치가였고, 반마케도니아 선봉에 섰다. 그는 에우클레이데스 장관 때 법을 재정비할 때도 관여했다. 양친이 모두 아테나이 자유인 시민일 때, 그 소생이 참정권을 갖는다는 법을 재도입했다. 불법제안 혐의로 75번이나 기소당했으나 단 한 번도 유죄 선고를 받지 않은 것으로 유명하다.

151 에우불로스(405~335 B. C. 경)는 아나플리스토스구(區) 출신으로 주로 공금횡령 관련 고소를 했다. 동맹금고에 여분의 자금을 관람수당으로 민중에게 지급하고자 조령을 제안한 것으로 유명하다. 기원전 353년에는 여유자금을 군자금이 아니라 디오니시아 축제에 충당했다.

켜내지 못할 뻔했어요. 이렇듯 이들은 갈등을 극한으로 몰고 갔어요. 당시 조령들과 그에 대한 답신들을 들어 보시면, 여러분이 두 나라 사이의 상황을 더 잘 이해할 수 있겠습니다. 그것을 듣고 읽어 주십시오.

조령

164. 헤로피토스가 명칭 아르콘으로 있을 때, 엘라페볼리온달[152] 25일에, 에레크테이스 부족이 행정부에 임직할 때, 의회와 장군들이 제안했다. 필리포스가 우리 이웃 도시들 중 일부는 장악하고 다른 일부는 포위하고 있고, 급기야 아티카를 쳐들어오려고 준비하면서, 우리와 그이 사이에 맺은 조약을 무시하고, 공동의 신뢰를 저해하면서 그 맹세와 평화를 깨려고 하므로, 의회와 민중은 다음과 같이 결정하도록 한다. 사신을 파견하여 그와 협의하고, 특히 그가 동의한 바와 우리와 맺은 협약을 지키도록 촉구한다. 그것이 여의치 않으면, 우리 도시가 의논할 수 있는 시간을 허용하여 타르겔리온달[153]까지 휴전한다. 의회에 의해 아나기로스 출신 시모스, 필레 출신 에우티데모스, 알로페케 출신 불라고라스가 사신으로 선출되었다.

165. 다른 조령

헤로피토스가 명칭 아르콘로 있던 해, 무니키온달[154] 30일에, 국방장관[155]이 제안했다. 필리포스가 테바이인과 우리들 사이를 이간질하고,

---

152 3월 중순~4월 중순.
153 5월 중순~6월 중순.
154 4월 중순~5월 중순.

또 우리와의 협상을 위반하여 총력으로 가장 가까운 아티카 지역을 침범하려 함으로, 의회와 민중이 다음과 같이 의결한다. 필리포스에게 전령관과 사신들을 보내어 휴전하도록 요청하고 권고한다. 이는 민중이 현재 사태에 대해 결정할 시간을 갖기 위함이다. 지금까지는 적당한 조건을 확보할 수만 있다면 민중이 군대를 파견하지 않기로 결정했기 때문이다. 소시노모스의 아들 네아르코스, 에피포로느이 아들 폴리크라테스가 의회로부터 선출되었고, 전령관으로서 아나플리스토스 출신 에우노모스가 민중에 의해 선출되었다.

166. 이제 답신들을 읽어 주십시오.

아테나이인들에게 보내는 답신

마케도니아 왕 필리포스가 아테나이인의 의회와 민중에게 인사합니다. 여러분이 처음부터 나에 대해 취한 정책이나, 혹은 보이오티아인은 물론 테살리아인, 테바이인을 손에 넣고자 하는 여러분의 의도를 내가 모르는 것이 아니오. 그러나 그들은 더 생각이 깊어서 자신의 입장을 여러분의 뜻에 맞추려고 하지는 않고, 이득을 좇아 정하게 될 것이오. 그런데, 지금 여러분이 작전을 바꾸고 나에게 사신들과 전령을 보내어 우리가 서로 동의한 바에 대해 나에게 상기하도록 하고 휴전을 요청하고 있소. 우리가 여러분에게 아무것도 부당하게 한 것이 없는데도 말이오. 그럼에도 나는 여러분 사신들의 말을 듣고 그 청을 받아들여 휴전하려

---

155 *polemarchos*.

하오. 여러분이 바르지 않은 것을 조언하는 이들을 추방하고 마땅한 자격박탈의 조치를 한다면 말이오. 건투를 빌겠소.

167. 테바이인들에게 보내는 답신

마케도니아의 왕 필리포스가 테바이의 의회와 민중에게 인사합니다. 나와의 우호와 평화를 재개하고자 하는 여러분의 서신을 받았소. 그러나 아테나이인이 자신들의 제안을 여러분이 받아들여 주기를 학수고대하고 있다는 사실을 나는 알고 있소. 그래서 이전에 나는 그들(아테나이인)의 희망에 동조하고 그들 정책에 부응하려는 여러분의 입장을 비난해왔소. 그러나 지금은 여러분이 다른 이의 의견에 내동하기보다 나와의 평화를 선호하는 것을 알게 되어 기쁘다오. 각별히 내가 여러분에게 권하는 것은 이번 사태에 더 안전한 결정을 내리고, 우리들을 향한 여러분의 선의를 유지해 달라는 것이오. 그것이 여러분에게 적지 않은 이득을 가져올 것이라고 나는 기대하오. 여러분이 적극 그런 입장을 견지한다면 말이오. 건투를 빌겠소. [156]

168. 이들을 통하여 필리포스는 도시들 간의 관계를 이런 식으로 정리하고 이 같은 조령과 답신에서 힘을 받아서, 군대를 동원하여 엘

---

[156] 위 조령과 답변이 모두 후에 삽입된 것으로 데모스테네스의 문체와 다른 것으로 인정된다. 여기에 데모스테네스가 청중이 들을 수 있도록 읽어 달라고 부탁하는 이 조령은 엘라테이아가 함락되기 이전의 아테나이아와 테바이 간 관계를 보여 주는 것이 되어야만 한다. 또 기원전 339/8년 수석장관은 헤로피토스가 아니었고, 엘라페볼리온달(3월 중순~4월 중순)과 무니키온달(4월 중순~5월 중순)은 기원전 338년 봄이지만, 엘라테이아가 함락된 것은 기원전 339년 9월이었다.

라테이아를 점령했습니다. 사태가 어떻게 돌아가든, 여러분과 테바이인은 절대로 타협점을 찾을 수 없다고 생각한 것이지요. 여러분은 모두 당시 아테나이에서 일어난 일련의 소요에 대해 알고 있지만, 그럼에도 가장 긴요한 사안과 관련하여 몇 가지만 말씀드리겠습니다.

169. 저녁 무렵에 연락병이 와서 엘라테이아가 함락되었다는 소식을 행정부 임직자[157]들에게 전했습니다. 마침 저녁을 먹고 있던 그들은 바로 식탁에서 일어나서, 일부는 시장 노점에서 상인들을 내쫓은 다음 장애물[158]을 설치하고, 다른 이들은 장군들을 소환하고 나팔수를 소집했지요. 온 도시에 공황(恐慌)이 퍼졌어요. 그다음 날 새벽녘에 행정부 임직원들이 의사당에서 의회를 소집했고, 여러분은 민회로 모여들었지요. 의회가 사안을 소개하고 의사일정을 마련하기도 전에, 전체 민회가 언덕 위에서 개최되었습니다. 170. 의회 의원들이 들어와 그 당번 행정위원들이 들어온 정보를 공식적으로 보고한 다음, 연락병이 앞으로 나와서 소식을 전했고요. 그다음 전령관이 물었어요. "누가 발언하시겠습니까?" 그러나 아무도 나서지 않았어요. 전령이 여러 번 질문했지만, 그래도 누구도 일어서는 이가 없었지요. 그 자리에 장군들, 연사들이 모두 임석해 있었고, 또 '공동의 목소리'로 조국의 위기를 모면하기 위한 발언자를 구하는 마당에도 말이지요. 전령이 법에 따라 목소리를 내는 것은 당연히 우리 조국의 '공동

---

157 *prytaneis*. 참조, Aristoteles, *Athenaion Politeia*, 43. 3.

158 *gerra*는 갈대로 만든 의자로 시장에서 쓰이던 것이다. 의자를 불태우면서, 행정부 담당자들(*prytaneis*)이 긴급하게 빈 공간을 만들려 했던 것이 아닌가 한다.

의 목소리'로서 간주되는 것입니다.

171. 실로 앞으로 나서는 것이 우리 도시의 구원을 염원하는 모든 이의 의무였다고 한다면, 여러분 모두, 아니 다른 모든 아테나이인이 일어나서 연단을 향해 나아갔겠지요. 모든 이가 마음으로 그 구원을 염원한다는 사실을 저는 확신하고 있기 때문입니다. 만일 가장 부유한 이가 나서야 하는 것이라면, 300명이 일어났을 겁니다.[159] 반면, 도시에 대한 애정과 재물, 두 가지를 다 가지고 있는 이는 거액의 기부금을 제공했겠지요. 그것을 애정과 부를 가지고서 하는 일일 테니까요. 172. 그러나 그 같은 위기와 그 같은 날은, 말하자면, 단순히 애정과 부만 가진 사람이 아니라, 처음부터 끝까지 긴밀하게 사건의 추이를 가늠하고 또 필리포스의 목적과 욕심을 정확하게 간파했던 사람들이 필요했던 것이죠. 이런 상황을 감지하지 못하고 또 아주 일찍부터 주시하지 않은 이는, 아무리 애정이나 부를 가지고 있어도, 무엇을 해야 하는지, 어떻게 여러분에게 조언해야 하는지를 알 턱이 없을 테니까요.

173. 그런데 그날 제가 그 부름에 부응하여 앞으로 나와 여러분 앞에서 발언했어요. 지금 여러분이 그때의 발언을 주의 깊게 들으셔야 하는 것은 두 가지 이유 때문입니다. 첫째, 연사와 위정자들 가운데서 저 혼자만 위기 속에서도 조국애를 버리지 않고 견지했고, 또 열악한 상황에서도, 발언과 제안 두 면에서 다, 여러분을 위해 불가피한 것을 행했던 사람이라는 사실을 스스로 증명했기 때문입니다. 둘째,

---

159 300인은 납세분담조합(*symmoria*)의 구성원들이다.

잠깐이었지만 여러분이 경험을 얻어서 앞으로 이득이 되는 정책을 구사하는 데 도움이 될 발언을 했기 때문입니다.

174. 저는 이렇게 말했어요. "제 소견에, 현 상황이 바르게 파악되지 못하고 있는 것 같습니다. 테바이인이 필리포스 쪽으로 가 있다는 생각으로 겁내는 사람들에 의해서 말이죠. 그것이 사실이라면, 필리포스는 엘라테이아가 아니라 우리 국경 안에 들어와 있었을 겁니다. 그러나 제가 확실히 알기로, 그(필리포스)는 테바이 사태를 조율하기 위해 온 것입니다. 그 입장이 어떤지에 대해 제 의견을 좀 들어 보십시오. 175. 그는 기만이나 뇌물공세로 가능한 모든 테바이인을 손에 넣은 상태에 있습니다. 그러나 처음부터 그에게 저항했고 지금도 여전히 반대편에 있는 이들은 도무지 설득할 재간이 없는 것이죠. 그러니, 현재 그가 노리는 것, 그리고 엘라테이아를 점령한 목적은 테바이 주변에 있는 이들에게 자신의 힘을 과시하고 또 군사력을 강화하여, 자신의 우군에게 용기를 주어 담대하게 하며 적을 위축시킴으로써, 적이 협박과 강압에 못 이겨 현재 저항하는 상태에서 물러서도록 하려는 것입니다. 176. 이 같은 위기에 처하여 과거에 테바이인이 우리에게 끼쳤던 온갖 피해들을 우리가 곱씹으려 하고, 또 그들을 적으로 간주하여 불신한다면, 첫째, 필리포스가 원하는 바로 그 같은 것을 우리가 해 주는 꼴이 되는 것이고요. 둘째, 제가 우려하는 것인 바, 만일 현재 필리포스에게 대항하는 이들이 그를 우호적으로 수용하고 한마음으로 친필리포스 노선으로 돌아선다면, 양쪽이 합세하여 아티카를 쳐들어오지 않을까 하는 겁니다. 그러니 여러분이 제 조언을 귀담아들으시고, 제가 말씀드린 사안에 대해 곰곰이 성찰하신다면, 저의 제안이 모

함의 말이 아니라 타당하다는 사실임을 깨닫게 될 것이고 또 우리 도시를 위협하는 위기를 헤쳐 나갈 수 있을 것이라고 저는 믿습니다.

177. 그러자면 무엇을 해야 하는지 제가 말씀드리도록 하겠습니다. 첫째, 여러분이 가지고 있는 두려움에서 벗어나야 합니다. 아니면 그것을 다른 데로 돌려서 테바이인을 위해 염려하십시오. 이들 우리보다 훨씬 더 위기에 가까이 있으며, 제 1순위로 위험에 노출되어 있기 때문입니다. 그런 다음, 모든 적령기160 병사와 기병을 엘레우시스로 진군하게 하여, 여러분의 무장 태세를 갖추고 있음을 세상에 알리십시오. 그러면 테바이에 있는 여러분의 지지 세력이 마음에 품은 저의를 자유롭게 표출할 수 있을 것입니다. 조국을 필리포스에게 팔아넘긴 이들이 엘라테이아에 주둔한 병력에 의해 도움을 받게 되는 것과 같이, 여러분도 독립을 위해 싸우는 사람들을 도울 준비를 갖추고 있고, 그들이 공격받을 때, 출동하여 도움을 줄 것이라는 사실을 깨닫게 된다면 말이죠. 178. 그런 다음, 여러분이 10명의 사신을 뽑아서 권한을 부여하고, 장군들과 협의하에 테바이로 진군할 시점과 수행 작전에 대해 결정하도록 하십시오. 사신들이 테바이에 도착한 다음 어떻게 대처해야 하는지 제 의견을 말씀드릴까요? 제가 드리는 말씀을 부디 새겨들어 주시기 바랍니다. 테바이인들에게는, 시절이 매우 수상하니 어떤 부담도 주지 마시고, 그냥, 여러분을 부른다면, 도와주겠다는 언질만 주도록 하십시오. 그들은 극한의 위기에 처해 있지만, 그래도 우리는 미래 전망에서 그들보다는 낫기 때문입니다.

160 *en helikia*. 적령기는 18~60세이다.

그래서, 만일 그들이 우리 제안을 받아들여서 그 조언을 따른다면, 우리는 목적한 바를 이루게 될 것이며, 우리 전통에도 어울리는 명분에 따라 행동한 것이 됩니다. 만일 소기의 목적을 거두지 못한다 해도, 그들은 당면한 실수에 대해 스스로 책임져야 하는 것이며, 우리로서는 어떤 치사하거나 비열한 행위를 하지 않은 것이 됩니다."

179. 저는 이같이, 적어도 이와 같은 취지로 말을 하고는 내려왔습니다. 제 발언은 모든 이의 갈채를 받았고, 아무 반대가 없었어요. 저는 제안 이외의 말은 하지 않았고 사신 봉사 이외의 제안은 하지 않았으며, 사신으로서 테바이인에게 확신을 주는 것 이외의 봉사는 하지 않았지요. 우리 도시를 전방위로 위협하는 위기에 직면하여 저는 시종일관 한마음으로 여러분을 위해 헌신했습니다. 저를 위해 당시 제정된 조령을 가져오십시오.

180. 아이스키네스 씨, 당시 연극에서 당신은 내가 어떤 배역을 당신에게 맡기고, 나 자신은 어떤 배역을 맡았으면 좋겠소? 당신이 나를 조롱하고 왜곡하면서 불렀듯이 내가 바탈로스[161] 역을 맡고, 당신이 다른 어떤 것이 아니라 연극에 나오는 크레스폰테스, 크레온, 또는, 말하자면, 당신이 언젠가 콜리토스에서 어설픈 연기로 죽였던 오이노마오스[162] 역을 맡고 싶소? 어쨌거나 그런 경우 파이아니아의 바탈로스인

---

161 말을 잘 못하거나 더듬는 사람을 가리키는 별명 같은 것으로 이해된다. 참조, 아이스키네스(1. 121, 131, 164)는 이 같은 표현을 데모스테네스에게 적용시켰다.
162 아이스키네스는 한때 삼류 배우로, 소포클레스의 〈안티고네〉에서 참주 왕 크레온 역을 맡았다. 참조, Demosthenes, 19. 247. 오이노마오스 역을 맡은 것은 이 변론 §242 참조.

나는 코토키다이 출신 오이노마오스 당신보다 조국에 더 헌신적이었소. 당신은 아무짝에 쓸모없는 존재였소만, 나는 선한 시민이 마땅히 해야 하는 모든 일을 실천했던 것이오. 저를 위해 조령을 읽어 주시지요.

데모스테네스의 조령[163]

181. 나우시클레스가 명칭 아르콘으로 있고 아이안티스 부족이 행정부에 임직하던 스키로포리온달 16일, 파이아니아 출신 데모스테네스의 아들 데모스테네스가 다음과 같이 제안했다. 마케도니아의 필리포스가 지난날 자신과 아테나이인 사이에 체결된 평화조약을 위반하면서, 자신이 한 맹세는 물론 온 헬라스인이 비준한 평등의 원칙을 짓밟은 사실이 드러났다. 그리고 그의 관할이 아닌 도시들을 장악하고, 또 아테나이인이 아무런 도발 행위를 한 적이 없음에도 아테나이인이 관할하는 몇 개 도시들을 무력으로 점령했다. 급기야 지금은 폭력과 잔인성에서 진일보하여,

182. 일부 헬라스인 도시에서는 정치체제를 전복하고 수비대를 두었고, 다른 도시는 숫제 파괴하여 그 주민들을 예속인으로 팔아넘겼으며, 또 다른 도시에서는 헬라스인 대신 이민족[164]을 이주시켜 식민하고 신전과 무덤을 그들에게 넘겨줌으로써, 그 출신으로 보거나 성격으로 보거나 달리 기대할 것이 없는 짓거리를 하고, 또 작고 평범하게 시작하여 예기치

---

163 명칭 아르콘 이름, 사신의 수(데모스테네스에 따르면 사신의 수는 10명이다. 이 변론 §178 참조), 군대 계급[장군(*strategos*) 1명과 기병대장(*hipparchos*) 1명이 있었는데, 이곳에는 해군지휘관(*nauarchos*)으로 언급되나, 이런 표현은 당시 쓰이지 않았다] 등에서 오류가 보인다. 스키로포리온달(6월 중순~7월 중순)은 아테나 여신을 기리는 스키로포리아 제식을 거행한다.

164 *barbaroi*.

않게 세력을 키우게 된 사실을 망각한 채, 현재 그에게 주어진 행운을 무절제하게 악용하고 있다.

183. 아테나이인 민중은, 필리포스가 이민족이며 자신의 동족의 도시들을 장악하는 것을 보는 한, 그 부당함을 별로 문제 삼지 않았으나, 지금 헬라스 도시들이 예속되거나 파멸하는 것을 보면서, 헬라스인이 예속되는 것을 보고만 있는 것은 질곡을 야기하고 선조의 명성에도 어울리지 않는 것이라고 생각한다. 184. 그래서 아테나이 의회와 민중은 아테나이인의 도시와 땅을 지키는 신들과 영웅들에게 기도와 제물을 드린 후, 또 언제나 조국의 대의보다 헬라스 자유의 수호를 더 중시했던 선조의 덕을 염두에 두고서, 다음과 같이 결정한다. 200척의 배를 띄우고, 해군대장은 테르모필라이로 하고, 장군과 기병 지휘관은 보병과 기병을 인도하여 엘레우시스로 진군하며, 또 사신들은 다른 헬라스인들에게로 파견되지만, 그 주요 목적지는 테바이이다. 필리포스가 그들 지역에 가장 가깝게 있기 때문이다. 185. 그리고 필리포스에게 겁먹지 말고 스스로의 자유는 물론 다른 헬라스인의 자유를 수호할 것을 촉구한다. 아테나이 민중은 지난날 우리 도시들 사이에 있었던 어떤 불미한 사안에도 연연하지 않고, 군대, 자금, 병참, 무기를 동원하여 그들을 도울 것이다. 헬라스인으로서 서로 패권을 위해 겨루는 것은 긍정적인 것이지만, 다른 이165의 지배를 받고 패권을 상실하는 것은 헬라스인의 명예와 선조의 덕성에 어울리지 않는다.

---

165 *allotrios*(다른 이). 유사한 맥락에서 *allophylos anhropos*(다른 민족)이란 표현은 참조, Demosthenes, 1. 10, 3. 31.

186. 더구나 아테나이 민중은 혈연으로 보나 부족으로 보나 테바이인을 절대로 이방인으로 여기지 않는다. 아테나이인은 자신의 선조가 테바이인의 선조를 위해 기여한 일을 기억한다. 펠로폰네소스인이 헤라클레스의 아들들166을 선조로부터 내려온 권력에서 축출했을 때, 아테나이 민중은 헤라클레스의 후손을 적대하는 이들을 싸워 이겨서 그들을 다시 선조의 땅으로 돌아가게 했다. 그뿐 아니라 우리는 오이디푸스는 물론 그와 함께 추방된 이들에게도 피신처를 제공했고, 그 밖에도 다른 많은 인도적인 은혜를 베풀었다. 187. 그같이 지금도 아테나이 민중은 테바이와 다른 헬라스인의 대의를 버리지 않을 것이다. 끝으로 그들과 동맹을 맺고, 혼인권을 부여하고 맹세를 교환한다. 파견되는 사신은 파이아니아 출신 데모스테네스의 아들 데모스테네스, 스페토스 출신 클레안드로스의 아들 히페레이데스, 프레아리오이 출신 안티파네스의 아들 므네시테이데스, 플리아 출신 소필로스의 아들 데모크라테스, 코토키다이 출신 디오티모스의 아들 칼라이스크로스이다.

188. 이로써 테바이와 우리의 협상은 물꼬가 트이고 처음으로 기초를 잡게 되었지요. 당시만 해도 두 도시가 이들(아이스키네스 일당)에 의해서 상호 적대감, 증오, 불신으로 오도되었기 때문입니다. 이 조령은 당시 우리 도시를 둘러쌌던 위기를 구름같이 흩어 버렸어요. 당당한 시민의 의무란, 아는 대로, 당시에 더 나은 길을 제시하는 것이

---

166 테바이 출신으로 알려진 헤라클레스 자손 헤라클레이다이를 지칭하는 것으로 본다. 참조, Euripedes, *Herakleidai*; Platon, *Menexenos*, 239b.

고, 지금에 와서 탓하는 것이 아닙니다. 189. 책사(策士·조언자)[167]와 험담꾼[168]은 서로 같은 부류가 아닌 것이, 상호 간에 큰 차이가 있습니다. 책사는 사건이 일어나기 전에 의견을 제시하고, 자신의 추종자, 운, 상황의 추이, 조언자들을 두루 섭렵하여 책임을 집니다. 반면, 험담꾼은 말해야 할 때는 입을 다물고 있다가, 뭔가 좋지 않은 결과가 생기면 그때 가서 원망을 하지요. 그러나, 제가 말씀드렸듯이, 190. 그 같은 곤경은 도시를 위해 염려하고 올바른 조언을 하는 이들을 필요로 하죠. 그러나 저로서는 넓게 양해를 베풀어, 지금이라도 어떤 이가 더 나은 것 혹은 제 의견 이외에 일반적 가능성이 있는 다른 대안을 제시한다면, 제가 부족했다는 사실을 인정할 것입니다. 만일 누군가가 더 이득이 될 뻔한 방법을 지금이라도 제시한다면, 저는 그것을 놓쳐서는 안 되었다는 점을 인정합니다. 그러나 아무것도 없다면, 아무것도 있을 수 없고, 지금 이날까지도 아무도 어떤 것을 제시한 것이 없다면, 책사는 어떻게 해야 하는 것이겠습니까? 당연히 가시적이고 가능한 것들 가운데서 최선의 방법을 선택해야 하는 것이지요. 191. 저는 그렇게 한 겁니다. 아이스키네스 씨, 전령이 "누가 발언하시겠습니까?"라고 한 것은, "누가 해묵은 불평을 들추어내겠습니까?" 혹은 "누가 앞으로의 사태에 책임을 지시겠습니까?"를 물은 것이 아니거든요. 그 당시 당신은 민회가 열리기만 하면 말없이 앉아 있었고, 내가 앞으로 나가서 발언했지요. 그때 당신은 아무것도 할 말

---

167 *symboulos.*
168 *sykophantes.*

이 없었던 것이에요. 그러나 지금 말해 보세요. 내가 어떤 정책을 구사했어야만 했던 것인지, 내 잘못으로 우리 도시가 어떤 호기를 놓쳤는지를, 또 어떤 동맹 혹은 협상을 내가 이들을 위해 제안했으면 좋을 뻔했는지를 말해 보시오.

192. 지난 일은 이미 지나간 것으로 치부하고, 아무도 그에 대해 더 이상 거론하기를 원하지 않아요. 책사의 역할은 현재와 미래를 위한 것이죠. 그리고 당시에는, 당연한 수순으로, 미래는 물론 그 당시가 위기였지요. 그런 위기 상황을 감안하여 제가 선택한 정책을 평가하십시오. 결과를 가지고 흠을 잡지 말라는 말입니다. 세상만사의 끝은 정령169의 뜻에 달려 있습니다. 그러나 책사의 선택은 그의 자질을 드러냅니다. 193. 필리포스가 전투에서 승리를 거두었다고 해서, 내가 아니라 신의 손에 달린 결말을 가지고, 당신이 나를 잘못했다고 비난해서는 안 되지요. 인간의 머리로 허용된 범위 내에서 내가 놓친 것이 있거나, 내 힘에 버겁도록 바르게 열심히 성심으로 행하지 않은 것이 있거나, 아니면 내가 추진한 작전이 졸렬하고 우리 도시의 품위에 맞거나 불가피한 것이 아니었다면, 그런 근거를 찾아내서 당신이 나를 비난하도록 하십시오.

194. 우리를 덮친 폭풍이 너무 강할 때, 아니 우리뿐만 아니라 다른 모든 헬라스인을 덮친 것인데, 그럴 때는 어떻게 해야 하겠습니까? 마치 파선한 것을 두고 조타수를 비난하는 꼴이 되는 것이에요. 안전을 위해 최선을 다하고, 그 안전을 도모할 수 있는 것으로서 자신이

---

169 *daimon*.

알고 있는 모든 장비를 배에 장착했던 조타수가 거대한 폭풍을 만나는 바람에, 기계장치가 고장 나거나 아니면 아예 망가졌던 것인데도 말입니다. 조타수는 "저는요, 선장이 아니었어요"라고 말할 수도 있겠지요. 내가 장군이 아니었듯이 말이죠. 또 그는 운(運)170을 통제할 수가 없어요. 모든 것을 관장하는 그 운 말이에요.

195. 그러나 당신이 알아두어야 할 것이 또 하나 있소. 만일 테바이인을 우리 편으로 두고 싸운다 해도 우리가 파멸에 이르게 된다고 당신이 말한다면, 우리에게는 그런 동맹조차 없는 동시에 그들이 필리포스 측에 가 붙어서, 필리포스가 소리 높여 주창하는 동맹을 체결한다면, 우리가 기대할 것이 무엇이 있겠습니까? 그리고 지금 아티카로 향하는 길에서 사흘거리로 전투가 벌어지게 된다 해도, 극도의 위험과 공포가 도시를 엄습하게 될 판에, 우리 국경 안에서 그런 상황이 벌어진다면, 우리가 어떻게 해야 하겠습니까? 바로 궐기하고, 집결하고, 숨 고르고, 도시를 구하기 위해 많은 것들을 준비하는 데, 길어야 하루, 이틀 아니면 사흘 정도가 주어진다는 사실을 여러분은 알고 있는 건가요? 그러나 어떤 신의 가호로, 또 당신은 동맹을 비난하고 있으나, 바로 그 동맹이 제공하는 보호막 덕분에 우리가 겪지 않았던 곤경에 대해 구태여 내가 언급할 필요는 없을 것 같소.

196. 배심원 여러분, 이 많은 이야기는 죄다 여러분을 위한 것이고, 또 칸막이 바깥171에서 듣고 있는 청중들을 위한 것이기도 합니

---

170 *tyche.*
171 법정이 칸막이로 구분되어 있고 칸막이 바깥으로 청중들이 앉아 있다.

다. 이 용렬한 이에 대해서는 그저 간단하고 명료한 몇 마디로 충분하니까요. 만일 미래의 계시가 다른 누가 아니라, 아이스키네스 씨, 오직 당신에게만 주어졌더라면, 우리가 고민하고 있을 때 당신은 그 예지의 이익을 우리에게 제공했어야만 합니다. 당신이 그 같은 예지를 갖지 않은 것이라면, 당신은 여느 다른 사람들같이 그 무지함에 대해 비난받아야 하는 겁니다. 그러면, 내가 당신을 비난하는 것보다 당신이 나를 비난하는 것이 더 정당한 이유가 있습니까? 197. 다른 주제는 논외로 하더라도, 적어도 내가 언급하는 사안 관련해서는 내가 당신보다 더 나은 자질을 가진 시민이오. 만장일치로 지지받은 일련의 행동에 전념하면서, 사적 위험 앞에 몸을 사리거나 손익을 계산하지 않았기 때문이에요. 당신은 더 설득력 있는 제안을 하지 않았던 것이죠. 만일 했더라면 내 제안이 채택되는 일은 없었을 테니까요. 나의 제안이 시행되는 과정에서도 당신은 아무짝에도 기여한 바가 없었지요. 그런 후 당신은 우리 도시에서 가장 쓸데없고 혐오스런 존재가 되어버렸고요. 그가 하는 짓거리를 보면 우리 도시에 완전히 적대적인 이들을 닮은 것으로 드러나요. 낙소스의 아리스트라토스, 타소스의 아리스톨라오스가 친아테나이 친구들을 재판에 회부하듯이, 아테나이에서는 아이스키네스가 데모스테네스를 비난하는 것이 그러합니다.

198. 그러나 헬라스인의 불행을 발판으로 삼아 명성을 얻은 이는 남을 비난하기보다 스스로 처형되어야 마땅한 것이에요. 더구나 조국의 적이 기선을 제압하는 위기 시에 이득을 누리는 이는 조국에 우호적인 이가 아닙니다. 당신은 삶과 행동을 통해 공적 작위와 함께 부작위를 드러냈어요. 당신은 자신에게 득이 되는 바를 행했을 뿐이고, 여

러분이 이가 된다고 생각하는 것을 추진할 때 침묵했어요. 무언가 서로 갈등하고 정합적으로 진행되지 못한 곳에 아이스키네스가 있어요. 삐거나 경련같이 건강이 나빠지는 순간에 그가 활동하는 겁니다. 172

199. 그(아이스키네스)가 결과에 너무 큰 비중을 두므로, 그 부조리함에 대해 제가 말씀드리도록 양해해 주십시오. 제우스와 신들의 이름으로, 조금 말이 과하더라도 놀라지 마시고 제가 드리는 말씀을 아량으로 헤아려 주시기를 청합니다. 미래가 모든 이에게 훤히 보이고 모든 이가 그것을 알고 있다면, 그리고 아이스키네스 씨, 당신이 예언하고 항의하고 고함지르고 법석을 떤다고 한다면, 실제로 당신은 한마디 말도 하지 않았지만, 그렇다고 해도 우리 도시는 정책 방향을 바꿀 수가 없었을 거예요. 명예, 우리 선조들, 혹은 미래를 생각한다면 말이지요. 200. 지금에 와서 할 수 있는 말이란 그저 우리가 실패했다는 것, 신이 원하는 한, 그것이 보통 인간의 숙명이란 것입니다. 그러나 그때, 만일 아테나이가 다른 이들의 앞장을 섰다가 도로 물러섰다면, 모두를 필리포스에게 배반해 넘겼다는 비난을 들었을 겁니다. 만일 싸워 보지도 않고, 아테나이가 어떤 위험 앞에서도 움츠려들지 않는 선조의 대의를 저버렸다면, 당신의 얼굴에 침을 뱉지 않는 이가 한 사람이라도 있을 것 같소? 아테나이도 아니고 내 얼굴도 아니고, 당신 얼굴에 말이오.

201. 상황이 오늘날 같은 처지에 이른 마당에, 만일 필리포스가 전 헬라스의 패자인 동시에 지배자로 선출되고, 우리도 없이 다른 이들

---

172 같은 표현에 대해 참조, Demosthenes, 2. 21.

이 역경을 벗어나기 위해 저항한다면, 우리 도시를 찾는 이들의 얼굴을, 제우스 신의 이름으로, 어떻게 마주 볼 수가 있겠습니까? 고매한 대의를 지향하는 우리 도시는 한 번도 위험을 피해서 수치스런 안전을 선호한 적이 없었는데 말이지요. 202. 헬라스인과 이민족 가운데 그 어느 쪽도 모를 리 없는 사실은, 테바이인 혹은 그 테바인들보다 먼저 패권을 가졌던 라케다이몬인,173 혹은 페르시아 왕까지 참으로 기꺼이 그리고 감사한 마음으로 우리 도시가 무엇이든 원하는 것을 가질 수 있고, 이미 가진 것은 보유하며, 권한을 기꺼이 내주려 한다는 사실을 모르는 이가 있습니까? 그들의 명령을 따르기만 하고, 또 다른 이로 하여금 헬라스인의 패권을 갖도록 허용한다는 조건을 달아서 말이죠.174

203. 그러나, 제 소견에, 옛 아테나이인들에게 그 전통, 긍지, 성향 등으로 보아 그 같은 타협은 금기였어요. 만세(萬歲)에 누구도 우리 도시로 하여금 힘을 가졌으나 부당한 편에 편승하여 안전을 도모

---

173 테바이는 기원전 371~362년에, 라케다이몬(스파르타 중심)은 바로 그 앞 기원전 404~371년에 헬라스의 패권을 가졌다.

174 데모스테네스가 여기서 언급하려는 것은 아마도 아민타스의 아들 알렉산드로스가 플라타이아 전투 이후 마르도니오스의 이름으로 아테나이를 헬라스 도시 동맹으로부터 축출하려 한 사실, 혹은 그와 같은 맥락의 사실인 것으로 이해가 가능하다. 참조, Herodotos, 5. 140. 페르시아 왕 크세르크세스의 사신 마르도니오스가 아테나이인 앞에 나서서 다음과 같은 왕의 말을 전했다. "아테나이인이 나에게 한 무례한 행위를 나는 잊기로 했소. 그러니, 마르도니오스 씨, 먼저 그들에게 그들의 땅을 돌려주고, 또 다른 지역이라도 그들이 원하는 곳을 양도하도록 함은 물론 독립 정부를 허용하도록 하시오. 그들이 나와 화평 관계를 유지하려 한다면, 내가 불태웠던 신전들도 그들이 재건하도록 명하는 바이오."

하기 위해서 예속을 선호175한 적이 없었어요. 오히려 여러분은 탁월함, 명예, 영광을 추구하여 투쟁하고 중단 없이 위험을 감내했지요. 204. 이런 것들이 품위 있고 여러분의 덕성에 합당한 것으로 회자하고, 또 여러분은 그런 덕성을 실천한 선조에 대해 자긍심을 가졌던 것이에요. 당연하죠. 예속되지 않기 위해 농촌과 도시를 버리고 삼단노 전선으로 옮겨 탔고, 그렇게 하도록 조언한 테미스토클레스를 장군으로 뽑은 저 용감한 이들을 누가 환호하지 않겠습니까? 그때 항복하도록 조언한 키르실로스176는 돌에 맞아 죽었고, 그 아내도 여러분의 아내들에 의해 돌에 맞아 죽었습니다. 177 205. 당시 아테나이인은 안전을 도모하는 예속으로 자신을 몰아가는 변론인이나 장군을 지지하지 않았고, 또 자유를 상실한 삶을 원하지 않았습니다. 그들은 하나같이 아버지와 어머니만이 아니라 자신을 조국의 자식이라 여겼습니다. 그 차이가 무엇이겠습니까? 자신을 부모의 자식으로만 여기는 이는 자연의 태생과 운명의 끝을 기다릴 것이지만, 조국의 자식은 예속된 공동체가 감내해야 하는 모욕과 수치를 죽음보다 더 두려운 것으로 여겼던 것이죠.

---

175 참조, Thucydides, 2. 63.

176 기원전 479년, 아테나이가 페르시아인에 의해 점령되었을 때 사건인데, 헤로도토스(4. 5)에는 이름이 리키데스인 것으로 나온다. 키케로(De Officiis, 3. 2. 48)에는 연대가 480년인 것으로 되어 있다.

177 살라미스에서 발생했다. 참조, Herodotos, 9. 4~5. 기원전 479년 크세르크세스가 두 번째로 아티카를 쳐들어오려 할 때의 일화이다. 이때 페르시아인의 제안을 수용하도록 건의하는 인물은 한 리키아인으로 나온다.

206. 만일 저로 인해 여러분이 선조의 정신을 처음으로 주입받게 되었다고 제가 생색을 내려 한다면, 여러분 모두가 당연히 저를 나무라게 되겠지요. 오히려 저는 그런 정신은 여러분의 것이며, 제가 있기 이전부터 내려온 도시의 기풍이라는 사실, 다만 저로서는 현안과 관련하여 그 정신의 실천에 얼마간 보탬이 되었다는 사실을 여러분께 말씀드리려 합니다. 207. 그러나 이 사람(아이스키네스)은 모든 사안을 비난할 뿐 아니라, 짐짓 제가 도시에 공포와 위험을 초래했다고 하면서 저에 대한 여러분의 분노를 사주하고, 또 지금 제게 주어지는 명예를 빼앗기 위해서, 후손들에 의해 영원히 회자될 찬사를 여러분들로부터 지우려 하고 있습니다. 만일 제가 한 정치적 행위가 최선이 아니었다는 이유로 이 사람(크테시폰)을 유죄 판결한다면, 여러분은, 운이 따르지 않아서 부득이 재앙에 처한 이들이 아니라, 스스로 잘못을 범하는 것이 됩니다.

208. 그러나 그러면 안 되지요. 아테나이인 여러분, 세상 사람의 자유와 안전을 위해 위험을 마다하지 않는 여러분이 그 같은 잘못을 범하면 안 되는 겁니다. 마라톤에서 앞장서서 싸웠고 플라타이아 전열에 동참했으며, 살라미스와 아르테미시온 해전에서 싸웠던 우리 선조는 물론, 우리 도시가 똑같이 명예를 기려 묻어서 공공 묘지에서 휴식하고 있는 모든 용감한 이들의 이름으로 저는 맹세합니다. 그들은 말이죠, 아이스키네스 씨, 각기 혼자서 위업을 이루고 승리를 거둔 것이 아닙니다. 당연하지요. 용감한 이들의 업적은 모두 힘을 합쳐서 이룬 것이기 때문입니다. 그들은 정령이 그들 각각에게 베풀어 준 행운, 그 운의 덕을 본 것입니다.

209. 오 저주받은 망나니178여, 당신(아이스키네스)은 여기 있는 이들이 내게 보내는 성원과 애정을 지우고 싶어서, 승전비, 179 전투, 지난날 공적에 대해 말하는구려. 그런데 그런 사실들이 지금 이 재판과 무슨 연관이 있는 거요? 그러나 나는 우리 도시를 위해 어떻게 그 패권을 유지할 수 있는가에 대해 나와서 조언했는데, 오, 삼류 배우여, 말해 보시오. 내가 어떤 각오로 연단으로 올라가야 하겠소? 여기에 있는 이들의 품위에 어울리지 않은 그런 정신머리를 가져야 하겠소? 그렇다면 내가 천벌을 받을 거요! 210. 그런데, 아테나이인 여러분, 여러분도 공적인 것과 사적 현안을 같은 맥락에서 판단해서는 안 됩니다. 계약 등 일상의 현안은 그 관련 법과 실무에 기초하여 살펴야 하지만, 공적 정책 관련한 것은 선조의 원칙을 고려해야 하는 것입니다. 공적 현안에 대해서 결정을 내릴 때 선조들과 같은 원칙 아래 처리해야 한다고 생각하신다면, 여러분은 하나같이, 막대기와 징표(토큰)180을 받

178 *grammatokyphon*. 'kypton'은 'kypto'(구부리다)에서 허리를 구부리고 글을 쓰는 서기를 뜻하거나, 혹은 고대 사람을 고문하는 기구인 'kyphon'에서 나와서 범죄와 연루된 뜻으로 볼 수 있겠다.

179 'tropaia'는 전투가 끝난 다음 승자가 세우는 일시적 기념비로서 적으로부터 약탈한 방패, 투구, 기타 전리품으로 만든다. Aischines(*Kata Ktesiphontos*, 181~188)에는 고대 아테나이인들에게 주어진 여러 가지 명예의 종류가 더 많이 언급된다.

180 고대 아테나이 재판정 입구 문턱에는 특정한 색깔과 글자가 표시되어 있었다. 재판관이 된 시민들(30세 이상의 시민으로 공적 부담금 체납이 없고 자격박탈의 처벌을 받지 않은 이)은 추첨을 통해 재판관의 표식으로서 서기로부터 각 재판정 문턱의 색깔과 같은 막대기(봉)를 넘겨받는다. 또 징표(토큰)를 받는데, 이것은 재판이 끝나고 난 다음 담당관에게 돌려주면 3오볼로스의 수당을 지급받게 된다. 참고, Aristoteles, *Athenaion Politeia*, 64.1 이후.

을 때 도시의 기풍을 함께 받는다는 사실을 아셔야 합니다.

211. 우리 선조들의 위업을 거론하느라, 저는 제 자신과 관련한 몇 가지 조령과 과업에 대한 설명을 생략한 것이 있습니다. 그래서 제가 원래 이야기로 돌아가도록 하겠습니다. 우리 사신들이 테바이에 당도했을 때, 필리포스의 사신들, 테살리아인, 그리고 그 자리에 이미 와 있던 다른 동맹국인들을 만났습니다. 우리들 편은 겁에 질려 있었고, 그(아이스키네스)의 편 사람들은 용기백배해 있었죠. 이 같은 증언은 오늘 제가 득을 보자고 오늘 비로소 하는 것이 아닙니다. 제 말을 입증하기 위해, 당시 우리 사신들이 그 자리에서 바로 발송했던 서신을 읽어 주십시오. 212. 이 사람(아이스키네스)은 실로 믿기 어려울 만치 악랄해서, 무엇이 잘되면 그 공은 저의 것이 아니고, 못되면 제 탓이고 제 악운 탓이라고 합니다. 저는 책사인 동시에 변론가로서, 그의 요량에 따르면, 논의나 실천으로 인한 어떤 결실도 저의 공으로 인정되어서는 안 되고, 다만 군대와 군사작전의 모든 실패에만 전적으로 책임져야 하는 것 같습니다. 이보다 더 악랄하고 저주받은 모함꾼이 따로 있을까요? 서신을 읽어 주십시오.

서신

213. (테바이인이) 집회를 열었을 때, 제일 먼저 이 사람들(아이스키네스 일당)이 동맹국이라는 명분을 걸고 나타났지요. 이들이 연단으로 올라가서 발언했는데, 필리포스를 마구 찬양하고 여러분에 대해 욕하고 또 지난날 여러분이 테바이인과 불화했던 온갖 사안들을 곱씹

는 겁니다. 발언의 핵심은 필리포스가 그들에게 베푼 갖가지 은덕에 대해 당장에 감사를 표하고, 그들이 당해 온 부당행위에 대해 여러분을 징벌하자는 것이었습니다. 두 가지 방법이 언급되었는데요. 여러분을 치도록 길을 터주거나 아니면 같이 합세하여 아티카를 치자는 것이었지요. 그들이 개진한 의견에 따르면, 그들의 제안을 받아들이게 되면 앞으로 아티카로부터의 가축, 예속노동자들, 기타 전리품은 보이오티아로 옮겨오게 될 전망이지만, 우리가 제안한 바에 따르면, 전쟁이 일어나서 보이오티아 자체의 재물이 약탈당하게 될 것이라고 한 것이었어요. 다른 말들도 많이 했는데, 그것이 다 똑같은 결론으로 이어지는 것이었죠. 214. 그에 대해 우리들이 대답한 것을 다 말씀드리자면, 제 평생이 걸릴 거예요. 그러나 제가 염려하는 것은, 재판이 시작된 지가 꽤 되었고, 혹 이 모든 상황들이 홍수가 지나가 버리듯 잊힌 것이 아닌가 하여, 그에 대해 거론하는 것을 여러분이 쓸모없고 진부하다고 여기지나 않을까 하는 것입니다. 그래서 우리가 그들에게 어떻게 반박했고 그들이 어떻게 대답했는지에 대해서만 여러분께서 경청해 주십시오. 이 문서를 들고 읽어 주십시오.

테바이인의 대답

215. 그 후 테바이인들이 여러분을 초청하여 합류하도록 했지요. 여러분은 군대를 데리고 가서 그들에게 힘을 보탰고요. 나는 그간의 과정은 생략하도록 하겠소만, 그들은 그 보병과 기병이 성벽 밖에까지 열병해 있는 가운데, 여러분을 환대하여 여인들, 아이들, 가장 소중

한 것들과 함께 집으로, 도시 성채 안으로 군대를 맞아들였어요. 그날 테바이인은 세상 사람이 보는 가운데 세 가지, 가장 값진 것에 대해 여러분에게 찬사를 보냈어요. 하나는 용감함,181 둘째는 올바름(정의),182 셋째는 사리분별183이었지요. 여러분과 적대하기보다 여러분 편에서 싸우기를 택했을 때, 그들은 여러분을 필리포스보다 더 용감한 이들로, 여러분의 호응이 그들 자신의 정의보다 더 정의로운 것으로 평가했던 것이지요. 그들뿐 아니라 세상 사람이 다 무엇보다 귀하게 여기는 아내와 아이들을 여러분 앞에 소개한다는 것은 여러분의 사리분별을 신뢰한다는 증거입니다. 216. 이 모든 것들은, 아테나이인 여러분, 그들이 여러분의 자질을 바로 파악했다는 사실을 보여 주는 것이죠. 여러분 군대가 테바이인 도시 안으로 들어간 다음, 여러분에 대해 어떤 불평도, 그것이 부당한 것이라 해도, 일어나지 않았어요. 그만큼 여러분이 신중하게 처신했던 것이죠. 처음 두 번의 전투에서 서로 나란히 싸우면서, 강변에서 겨울 날씨에, 여러분은 흠잡을 데 없는 전사로서의 면모를 과시했습니다. 훈련, 장비, 사기(士氣) 등에서 그러했죠. 그런 점에서 다른 이들로부터 여러분에게 찬사가 주어졌지만, 여러분 자신으로부터는 신들을 위한 제물과 축제가 주어졌습니다.

217. 제가 아이스키네스 씨에게 묻고 싶은 게 있어요. 이 모든 일이 진행되고 있을 때, 도시 전체가 온통 들떠서 기뻐하고 감사할 때, 그

---

181 *andreia*.
182 *dikaiosyne*.
183 *sophrosyne*.

가 대중과 함께 제사드리고 축제에 동참했는가, 아니면 공동의 행운 앞에 분하고 한탄하고 속이 뒤틀려서 집에 앉아 있었는가 하는 것입니다. 만일 그가 다른 이와 함께 있었고 그를 본 사람이 있었다고 한다면, 지금 그가 하는 행위는 모순되거나 아니면 오히려 신성모독의 소지가 있는 것이 분명합니다. 어떤 조치가 아주 훌륭한 것임을 보라고 신들에게 고해 놓고는, 그 같은 사안을 두고 지금에 와서는 신들의 이름으로 맹세한 여러분에게 좋지 않은 것을 결의하도록 주문하고 있으니까요. 또 만일 그때 그가 다른 이들과 자리를 함께하지 않았다면, 모든 이가 기뻐할 때 못마땅해한 죄로 골백번 죽어 마땅한 것이에요.

제식을 위한 조령[184]

218. 이렇듯 우리는 제식에 정성을 들였고, 테바이인은 구원을 받은 데 대해 우리에게 감사의 정을 보내왔습니다. 상황은 전도되어, 이들(아이스키네스와 그 일당)의 음모 때문에, 도움을 필요로 한 것같이 보였던 이들이, 이제는 제가 한 조언을 여러분이 수용함으로써 스스로 도움을 제공하는 입장이 된 것입니다. 그런데 이런 추이에 대해 당시 필리포스가 얼마나 고함을 지르고 난리를 쳤는지, 그가 펠로폰네소스인에게 보낸 서신들을 통해 여러분이 알 수 있습니다. 서신들을 들고 읽어 주십시오. 저의 일관성과 여행길, 고충과 함께 지금 아이스키네스가 모함하는 많은 조령들에 대해 여러분이 아실 수 있도록 말이죠.

---

184 §188 이후부터 문서나 조령의 내용이 소개되지 않고 있다. 이곳 §218에서 데모스테네스는 서신의 내용을 펠로폰네소스인을 향해 읽어 주도록 부탁한다.

219. 더구나, 아테나이인 여러분, 저 이전에도 여러분에게는 고명하고 굵직한 변사(辯士)들이 많았습니다. 칼리스트라토스,185 아리스토폰,186 케팔로스,187 트라시불로스,188 그 밖에도 수천을 헤아릴 정도였죠. 하지만, 그러나 그들 중 어떤 이도 전적으로 공적 현안에 헌신한 이는 없었고요, 또 정책을 제안한 이가 사신으로 가거나, 사신으로 간 이가 정책을 제안하는 그런 경우도 없었습니다. 각기 스스로 약간의 여유와 함께, 무슨 일이 생기면 빠져나갈 구멍들을 가지고 있었던 것이죠. 220. "무슨 소리 하느냐?"고, 물을 수 있겠지요. "당신이 그렇게 강하고 담대해서 스스로 만사를 다 해결할 수 있다는 거요?" 제 말은 물론 그런 뜻이 아닙니다. 그러나 우리 도시에 닥친 위기가 너무 위중해서 제 개인의 안위를 걱정할 여유가 제게는 없었다는 사실 하나만큼은 확실하게 말씀드립니다. 제 소견에, 사람이란, 어

---

185 칼리스트라토스는 칼리크라테스의 아들로, 아피드나이 출신이다. 플루타르코스 (Demosthenes, 5)에 따르면, 데모스테네스가 오로포스 문제 관련하여 그의 변론을 듣고 감동을 받았다고 한다. 당시 칼리스트라토스는 카브리아스와 같이 테바이인에게 코모폴리스를 빼앗긴 데 대한 책임에 연루되어 있었다. 그는 기원전 378년에 정계로 입문했고, 재판에 회부되던 기원전 361년까지 활동했다. 이때 민중에게 좋지 않은 제안을 한 것으로 사형선고를 받고 망명했다. 나중에 델포이 신탁을 믿고 아테나이에 돌아왔고, 2개 신의 사당에 피신했으나 체포되어 처형되었다.

186 참조, 이 변론 §162 참조.

187 콜리토스 출신 케팔로스는 이 변론 §251 참조. 그는 오랫동안 정치에 몸담았으나, 예외적으로 한 번도 송사에 얽히지 않았다.

188 이 트라시불로스가 펠로폰네소스 전쟁 말기 30인 참주정 시기의 민주파 트라시불로스인지, 아니면 아이스키네스(3. 138)와 데모스테네스(24. 134)가 언급하는 트라시불로스인지 분명하지 않다.

떤 것을 소홀히 함이 없이 의무를 다하는 것으로 만족하게 되어 있습니다. 그러나 저 자신으로 말하자면, 아마 오지랖 넓은 평가일 수도 있겠으나, 221. 그럼에도 제가 가진 소신은, 저보다 더 주효한 제안을 하거나 그 제안을 실천하거나, 저보다 더 열심히 또 정직하게 사신의 임무를 수행한 이는 없었습니다. 그래서 제가 온갖 분야에 연루된 것이었고요. 이제, 필리포스의 서신들을 읽어 주십시오.

서신들

222. 내가 추진한 정책이 이렇듯 필리포스를 궁지로 몰아넣었던 것이고, 아이스키네스 씨, 또 우리 도시의 입장에 반하여 너무나 많은 거침없는 말을 오만하게 내뱉었던 이(필리포스)가 한 말이 이와 같았습니다. 그래서 여기 있는 여러분에 의해 제가 화관을 수여받게 된 것이지요. 당신도 그 자리에 있었으나 아무런 반대를 하지 않았잖아요. 화관 수여에 반대 의견을 냈던 디온다스는 5분의 1 표조차 얻지 못했던 것이고요. [189] 저의 발언을 입증하기 위해 무죄 선고의 조령을 읽어 주시지요. 그에 대해 그(아이스키네스)는 이의를 제기하지 않았습니다.

---

189 이때 표결에 부쳐진 제안과 바로 아래 §223에서 언급되는 제안은 기원전 338년 데모스테네스의 사촌인 데모멜레스에 의해 제안된 것이고, 법정에서는 히페레이데스의 지지를 받았다.

조령들

223. 이런 조령들은, 아테나이인 여러분, 그전에는 아리스토니코스가, 그리고 지금은 크테시폰이 한 제안한 것인데, 글자와 문장에서 똑같은 것입니다. 그런데 아이스키네스는 당시 그 고소에 직접 나서지 않았고 또 그에 협조하지도 않았어요. 그럼에도, 지금 그가 나에 대해 하는 비난이 어떤 의미를 가진 것이라면, 크테시폰이 아니라 오히려 그것을 제안한 데모멜레스와 히페레이데스를 고소하는 것이 타당합니다. 왜 그러냐고요? 224. 크테시폰은 이 같은 전례와 법정의 결정을 따랐던 것이고, 또 아이스키네스 자신이 같은 취지로 제안한 다른 이를 고소하지 않았던 사실, 그리고 그 같은 취지로 판결이 난 사안에서 다시 고소하는 것을 법이 허용하지 않는 사실, 그 외 많은 정황들을 고려했던 것이었으니까요. 반면, 당시에 이 사건이 기소되었더라면, 이 같은 전제들을 참조하지 않고 판결이 내려졌겠지요.

225. 다만, 제 소견에, 당시라면 그가 지금 하는 것처럼 농간을 부릴 수는 없었을 것 같아요. 아무도 그전에 알지 못했거나 지금에 와서 회자할 것이라고 상상하지 못했던 그런 지난날의 많은 조령들을 소환하고, 왜곡하며, 날짜를 바꾸고, 진실을 가짜로 둔갑시키며, 그럴듯하게 말을 꾸며내니 말입니다. 226. 당시에는 그런 술수가 먹히지 않고, 발언은 사실에 입각하여 이루어졌으며, 사건이 발생한 지 오래되지 않은 때였으므로, 여러분이 여전히 기억하고 거의 손에 잡힐 듯 파악하고 있었기 때문이지요. 그러니 이 사람(아이스키네스)이 그때는 하지 않던 비난을 지금에 와서 하면서, 여러분이 정치 업적의 검토

가 아니라, 제 소견에, 변론술 경쟁을 주관하고, 또 도시에 유익한지가 아니라 달변 여부를 보고 결정하기를 기대하는 것 같습니다. 190

227. 그러고는 궤변을 늘어놓으면서 하는 말이, 여러분이 우리들에 대해 집에서부터 가지고 나온 의견을 무시해야 한다고 했어요. 회계정리를 할 때 잔고가 있다고 생각했으나, 주판으로 정확하게 정산한 결과 아무것도 남은 것이 없다면 그 결과에 동의해야 하듯이, 여러분은 지금 그의 말을 통해 드러나는 것을 받아들여야 한다는 것이죠. 그러나 여러분이 보시듯이, 올바르지 못한 그의 수작은 알맹이까지 썩어 있어요. 228. 이 같은 궤변에서 그가 드러내는 것은 여기 있는 그와 나, 양자가 각기 무엇을 지지하느냐는 것입니다. 저는 저의 조국, 그(아이스키네스)는 필리포스 편을 들고 있는 것이죠. 여러분이 이런 점을 간파하지 못한다면, 그가 여러분의 마음을 돌리려고 애쓸 필요도 없을 뻔했겠지요.

229. 저는 어렵지 않게, 그가 그같이 생각을 바꾸도록 여러분에게 요구할 권리가 없다는 점을 증명할 수 있어요. 주판을 사용하는 것이 아니죠. 당면한 상황은 그 같은 방법으로 계산되는 것이 아니기 때문입니다. 그 대신 저는 각 사안을 간략하게 상기시키면서, 제 말을 청취하는 여러분 자신을 제 증인 겸 회계사로 삼으려고 합니다. 이 사람(아이스키네스)이 비난하는 저의 정책이란, 모두가 예상했던 바대로 테바이인이 필리포스 편이 되어 우리에게 쳐들어오는 것이 아니라, 오히려 그들을 우리 편으로 만들어 필리포스를 막게 하자는 것이었지요.

---

190 참조, Thucydides, 3. 38.

230. 그리고 아티카가 아니라, 이곳에서 700스타디온 떨어진 보이오티아에서 전쟁이 발생하도록 했고요. 해적들이 에우보이아에서 우리를 괴롭히는 대신, 아티카가 전쟁 전 기간에 걸쳐 해변이 평온했으며, 또 필리포스가 비잔티온을 점령하고 헬레스폰토스를 지배하는 대신, 비잔티온인이 우리 편에서 필리포스에게 대항하도록 만들었습니다.

231. 당신(아이스키네스)은 이 같은 실제 상황의 정산이 주판 굴려서 하는 당신의 셈법과 어떤 유사성이 있다고 봅니까? 아니면 절대로 상실되는 것이 없도록 할 생각은 하지 않은 채, 수익을 손해로 상쇄[191]하여 없애야 하겠습니까? 다른 이들은 필리포스의 지배하에 있는 이들이 으레 겪는 그 같은 학대의 경험을 가지고 있으나, 여러분은 운이 좋아서 필리포스가 다른 경우를 고려하여 위장하고 가식(假飾)으로 베푸는 인간애의 덕을 운 좋게 향유한 바 있습니다만, 그런 점 관련해서는 제가 생략하도록 하겠습니다.

232. 또 내가 주저하지 않고 지적하려는 것은, 연사를 그냥 모함하려는 것이 아니라 그에 대해 정직하게 자격심사[192]를 하려는 이는, 금방 당신(아이스키네스)이 내뱉은 그런 비난을 하지 않았을 것이란 점이요. 사실을 왜곡하여 꾸며내고 나의 말과 동작을 조롱한 것 말이요. 당신은 알지 못하는가요? 헬라스의 운명이 내가 이러저러한 말을 하고, 이러저러한 몸짓을 하는 데 달린 것이 아니라, 233. 내가 사안에 관여했을 때 현실적으로 도시가 보유했던 자금과 자원, 그리고 나중

---

191 *antanelein*.
192 *dokimasia*.

에 내가 수장이 되었을 때 그것을 기회로 모아들였던 것들, 또 적군의 상태가 어떠한가 하는 것 등을 고려해야 하는 것이요. 만일 내가 우리 자원을 축소했더라면, 누군가가 그 책임이 나에게 있다는 증거를 댔겠지요, 반대로 내가 자원을 크게 증가시켰다면 비난하지 않았을 테고요. 그런데 당신이 이 같은 것을 하지 않으므로 내가 할 것이고, 배심재판단이 내가 사실대로 정직하게 고하는지를 평가하게 될 것이오.

234. 도시가 가진 자원이란 섬사람들인데, 그것도 전부가 아니라 그중에도 가장 허약한 이들이었어요. 키오스, 로도스, 케르키라 등이 우리 편이 아니었거든요. 45탈란톤의 보조금은 모두 미리 거두어 버렸고, 우리 자신의 군대 이외에는 단 한 명의 보병 혹은 기병도 없었어요. 그러나 우리가 참으로 경악하고 오히려 적에게 유리했던 것은 아이스키네스와 그 일당이 우리의 이웃인 메가라인, 테바이인, 에우보이아인으로 하여금 우리에게 호의가 아니라 적의를 갖도록 만든 것이었지요. 235. 그런 것이 우리 도시가 가진 것이었고, 아무도 그 밖에 무언가 좋은 것을 언급할 것이 없었어요. 반면, 지금 우리의 적인 필리포스가 가진 것을 생각해 보십시오. 우선 첫째, 그가 그 추종자들에게는 절대권력자란 사실입니다. 그것이 전쟁 상태에서는 무엇보다 중차대한 것이지요. 둘째, 그들은 언제나 무기를 손에 들고 있는 것이에요. 그리고 필리포스는 자금 공급이 원활합니다. 투표에 부치기 위해 미리 발언하거나 공적 토의를 통해 티를 내지 않고, 또 모략꾼들의 험담을 받지도 않고도, 불법행위로 책임을 추궁당하는 일 없이 원하는 것을 뭐든 할 수 있는 거예요. 누구에게도 종속되지 않고, 반대로 자신이 모든 사람, 모든 사안의 절대적 지배자, 지도자, 주인인 겁니다.

236. 그에 대적하는 저로서는, 여러분이 당연히 이런 점도 살펴보아야 하는 것으로서, 누구를 휘하에 거느리고 있었겠습니까? 아무도 없었어요. 딱 하나 있는 것이라고는 공적 발언권인데, 그마저 여러분은 필리포스의 하수인인 그에게 저와 '똑같은 자격'을 부여했습니다. 이런저런 상황으로 종종 그러하듯이, 일이 꼬여 저에게 불리하게 되면 여러분은 적에게 유리한 결정을 내리고 그대로 돌아가는 것이죠. 237. 이런 열악한 조건에서도 저는 여러분을 위해서 에우보이아인, 아카이아인, 코린토스인, 테바이인, 메가라인, 레우카스인, 케르키라인들을 여러분의 동맹으로 끌어들였고, 시민병을 제외하고 이들로부터 구성된 이방인 병력이 10만 5천 명, 기병이 2천 명에 달했습니다. 또 그들로부터 가능한 한 최대의 보조금을 제가 얻어냈어요. 238. 테바이인, 혹은 비잔티온인, 혹은 에우보이아인과의 공정한 협상 조건 운운하면서, 아이스키네스 씨, 지금 시점에서 동등한 몫의 기여를 주장하고 나온다면, 무엇보다 먼저 당신이 깨닫지 못하는 것이 있소. 지나날 헬라스인을 위해 싸웠던 총 300척의 삼단노전선[193] 중에 우리가 200척을 제공했다는 사실이오. 그때 우리 도시의 세력이 약화되었다고 여기거나, 그렇게 하도록 조언했던 이들에 대해 비난하거나, 싫은 내색 하지 않았다는 사실이오. 만일 그랬다면 몰염치한 것이 되었겠지요. 그렇지 않고 오히려, 헬라스인이 위험에 처했을 때, 우리 도시는 다른 모든 이를 위해 두 배의 기여를 했던 사실을 두고 신들에게 감사드렸어요. 그런 다음, 당신은 나를 모함하면서, 여기 있는 이들을 농락하고 있어

---

[193] 기원전 480년 살라미스 해전에 동참했던 배들.

요. 239. 그때 했어야 할 일을 왜 이제 와서 말하느냐는 말이오! 당시 당신은 이 도시에 있었고 민회에도 참석했지 않소. 당시 상황에서 적용할 수 있는 것이었다면 왜 그런 제안을 그때 하지 않았던 거요? 우리가 원하는 것이 아니라 상황이 허용하는 한의 것을 받아들일 수밖에 없던 그때 말이오. 우리를 팔아넘기려 하고, 또 우리가 쫓아내는 이를 기꺼이 맞아들여서 웃돈까지 얹어 주려는 이가 버티고 있었으니까요.

240. 제가 추진한 정책에 대해서 지금 와서 비난받아야 한다면, 여러분이 한번 생각해 보십시오. 제가 셈을 바루려고 애쓰고 있을 때, 도시들이 필리포스 편에 동조하고, 그 필리포스가 바로 에우보이아, 테바이, 비잔티온을 장악했더라면, 이 체면도 없는 이들이 어떻게 하고 무슨 말을 했겠습니까? 그들이 부득이하게 필리포스에게로 붙게 되었을 뿐, 241. 우리와 협조하려 했으나 배척당한 것이라고 하고, 비잔티온인들 덕에 필리포스가 헬레스폰토스를 손에 넣었고, 헬라스인의 곡물수송을 제어하게 되었으며, 테바이인 덕분에 아티카가 변경 이웃들과 곤혹스런 전쟁을 치르게 된 것이며, 에우보이아에 근거를 둔 해적들 때문에 우리 배가 곡물을 수송해 오지 못하는 것이라고 하지 않았을까요? 이 같은 것 외에도 더 많은 것들을 끌어와서 변명하지 않았을까요? 얼마나 영악한지, 아테나이인 여러분, 242. 이 모리배가 얼마나 영악한지, 사방에서 사악한 것들만 주워 모아서 욕만 하고 다니는 겁니다. 그러니, 이 인간은 천성으로 심술194을 타고나서,

---

194 *kynados*. '여우'나 그에 준하는 나쁜 심성을 가진 이를 지칭하며, 정적을 폄하할 때 쓰이는 용어이다.

애초에 건강한 구석이나 배려 같은 것은 없어요. 가련한 원숭이, 195 촌뜨기 오이노마오스, 196 비뚤어진 연사197 같으니! 당신의 그 잔재주가 당신 나라에 도움이 된 게 뭐가 있소? 243. 이제 와서 케케묵은 지난날 이야기를 우리에게 하고 있는 거요? 마치 환자를 찾은 의사가 아픈 이에게 어떻게 하면 병을 없앨 수 있는지 말하지 않았다가, 죽어서 장례를 치르면 무덤까지 따라와서 "이러저러한 방법을 썼더라면 죽지 않았을 텐데"라고 말하는 것과 같지 않소. 미치광이 같으니! 지금 당신이 하는 말이 그와 같소.

244. 도시가 패배하여 비통해야 하는 마당에 승전가를 부르는 저주받을 이여, 우리 도시가 당한 그 패배조차 그 책임이 제게 있는 것이 아니라는 사실을 여러분에게 말씀드리겠습니다. 다음과 같은 점을 생각해 보십시오. 제가 여러분을 대표하여 파견되었을 때, 언제 어디서도 필리포스의 사신들에게 패배하여 돌아온 적이 없습니다. 테살리아, 암브라키아, 일리이라인들, 트라케의 왕들, 비잔티온198뿐 아니라 그

---

195 *autotragikos pithekos*. 하포크라티온(Harpokration)에 따르면, 아이스키네스는 겉모양으로만 비극의 주인공을 모방하는 인물이다.

196 펠로폰네소스 반도 북서쪽. 올림피아가 있는 엘리스 땅, 피사의 왕이었다. 딸 히포다메이아가 결혼하지 못하도록 구혼자들과 전차경주로 내기를 하여 지면 죽였다. 마침내 펠롭스와 전차경주를 하다가 펠롭스의 계략에 의해 죽음을 당한다.

197 *parasemos rhetor*. 'parasemos'는 '잘못 주조된 화폐'에서 나온 표현이다.

198 테살리아, 일리리아, 트라케에서 데모스테네스의 외교활동 관련 정보는 알려진 것이 없다. 특히 테살리아에서 필리포스의 활동은 견제받지 않았다. 다만, 암브라키아로의 사신 파견은 기원전 343/2년, 데모스테네스가 비잔티온으로 파견된 것은 340/39년으로 추정 가능하다. 이때 비잔티온은 카레스를 받아들이는 것을 주저했으나, 포키온 휘하의 원군을 받아들였다.

어느 곳으로부터도 마찬가지였고, 최근에 테바이에서도 그랬습니다. 필리포스의 사신이 말로 해서 진 곳에, 필리포스가 군대를 동원하여 종속시키곤 하는 것이지요. 245. 그래서 당신이 그 패배의 책임을 내게 덮어씌우는 거군요. 바로 당신이 비겁하다고 비난한 사람에게 그이 혼자서 필리포스의 힘을 꺾으라고, 그것도 말로 말이오, 요구를 하는 것이 부끄럽지도 않소? 내가 다른 권한을 가지고 있었다는 거요? 다른 어떤 것을 내가 할 수 있단 말이오? 각 개인이 가져야 할 용기도 아니고, 전투에 임한 군대의 행운도 아니며, 당신이 어이없이 내게 지우려 하는 장군의 책임 같은 것도 아닌 것을 가지고, 내게 책임을 물으려 하다니, 당신이 천치요? 여러분이 어느 모로 보나 변론인이 책임져야 할 것이 무엇인지를 살펴보도록 하십시오.

246. 제 탓이 아닙니다. 그렇다면, 누구 책임입니까? 시초부터 사태를 가늠하고, 과정을 예측하고 다른 이들에게 경각심을 일으키고, 그런 것을 제가 했지요. 거기다가 각 분야에서 지연, 망설임, 판단 오류, 분쟁 등에서 오는 폐해를 최소한으로 줄이려 했어요. 이런 것들은 모든 도시에서 불가피하게 일어나는 정치적 질곡들이지요. 다른 한편으로, 저는 단결과 화목을 도모하고, 무엇이든 사람이 제 할 일을 다 하도록 부추겼어요. 제가 한 것이라고는 이런 것인데, 아무도 제가 무슨 잘못한 게 있다고 말할 수가 없습니다. 247. 어떻게 필리포스가 최대의 성공을 거두었는지 누가 묻는다면, 언제나 동일한 대답으로, 휘하 병력, 그리고 위정자들을 매수하는 것이지요. 그러니, 병력 관련해서는 제게 그 권한도 지휘권도 없고, 그래서 그쪽에서 뭐가 되도 제가 책임질 일이 없습니다. 매수와 관련해서는 제가 필리포스를 제압했

어요. 바로 돈을 제공하는 이가 받는 이를 이기게 되므로, 만일 누구를 매수하려 하면 뇌물을 받지 않는 이가 제공하는 이를 이기게 되어 있습니다. 그래서 제가 관여한 범위에서 우리 도시는 진 적이 없어요.

248. 크테시폰이 저와 관련하여 한 제안을 정당화하는 근거로서, 저는 다른 많은 것들에 더하여 위의 사례, 또 그 같은 유의 것들을 소개할 수 있습니다만, 이제는 여러분 모두에 의해 제공되는 근거들에 대해 말씀드리겠습니다. 전쟁 직후, 위험과 공포가 만연한 가운데, 대부분의 사람들이 저를 못마땅하게 여겼다 해도 이상한 것이 아닌 상황에서, 저의 행적을 죄다 알고 보아왔던 민회가 무엇보다 먼저, 우리 도시의 안위를 위한 제 제안을 채택하여 의결했습니다. 안전을 도모하기 위한 온갖 조치들, 수비대 배치, 참호 구축, 성벽 건조 비용 등과 관련한 것이었지요. 그다음, 전체 시민단 가운데서 저를 (임시) 곡물 담당관199으로 임명했습니다. 249. 일삼아 저를 음해하는 이들이 무리를 이루어, 온통 고발, 수행(회계) 감사, 탄핵 등에 저를 연루시켰는데, 처음부터 자신들이 직접 나서지 않고 자신들을 가려 줄 수 있도록 대리인을 고용했지요. 실로 여러분도 알고 기억하시는 것으로, 처음에 매일같이 제가 재판을 받았고, 또 소시클레스의 경솔함, 필로크라테스200의 음해, 디온다스201와 멜란토스202의 광기 등 그 모든 것들

---

199 *sitones*. '*sitones*'는 곡물 거래 등을 관리하나, 곡물관리인(*sitophylakes*)과 달리 필요에 따라 한시적으로 임명된다. 곡물관리인에 대해서는 참조, Aristoteles, *Athenaion Politeia*, 51. 3. 곡물관리인은 제분 전, 혹은 제분 후의 곡물가격, 가공된 빵의 가격이나 무게 등을 관리한다. 공적 자금으로 부족분, 혹은 여분의 식량을 조절함으로써, 시장 가격을 조정하는 역할을 맡는다.

이 오로지 저를 폄훼하는 것으로서 존재 의미를 갖는 것이었어요. 이 모든 사안에서, 특히 신들, 그뿐 아니라 여러분과 그 외 아테나이인들의 덕으로 제가 당당히 무죄가 되었습니다. 당당하게 말이죠. 이것이 진실일 뿐 아니라, 맹세하고 그 맹세를 지켜 판결을 내린 재판관들의 명예가 되는 것입니다. 250. 이렇듯, 탄핵 고발 사건에서 여러분은 저를 무죄로 방면하는 한편, 고소인들에게는 (무고죄를 면하는 데 필요한) 최소한의 지지표203도 주지 않음으로써, 저의 제안이 더 나은 것이라 판단한 것이죠. 고소사건에서 무죄로 풀려나면서, 제가 발언하고 제안한 것이 다 합법적이었음이 증명되었습니다. 또 수행감사에 연루된 사건을 판결하면서 여러분은 제가 뇌물 따위를 수수하지 않고 올바르게 활동했음을 인정한 것입니다. 이런 상황에서, 크테시폰이 제가 행한 이력에 대해 어떤 마땅하고 정당한 명분을 부여할 수 있었겠습니까? 민중과 맹세한 재판관에 의해 인용되고, 그 진실이 세상 모든 사람 앞에 확인된 것을 그가 본 것이 아니라면 말이죠.

251. 하긴, 그가 나름 하는 말이. "그렇지만 잘나가는 케팔로스204를 보십시오. 한 번도 고소당한 적 없어요"라는 겁니다. 제우스의 이

---

200 이 필로크라테스는 기원전 346년 필로크라테스의 평화를 체결한 이일수도 있겠으나, 그보다는 엘레우시스 출신 필로크라테스로 보는 것이 더 타당한 것으로 보인다. 그는 Demosthenes, 25. 44에서 남을 음해하는 이로 묘사된다.
201 디온다스에 대해서는 이 변론 §222 참조.
202 소시클레스와 멜란토스에 대한 다른 정보는 없다.
203 탄핵 관련 고발사건은 중대한 것으로 취급하여, 최소한 표의 5분의 1을 확보하지 못하면 무고죄에 걸려 사전에 공탁했던 보증금을 박탈당하는 절차가 마련되어 있었다.
204 케팔로스에 대해서는, 이 변론 §219 참조; Aischines, 3. 194.

름으로, 그는 행운아가 맞아요. 그런데 왜 여러 번 고소당하고도 한 번도 유죄 선고 받은 적이 없는 다른 이(데모스테네스)는 더 비난받아야 합니까? 아무튼, 아테나이인 여러분, 아이스키네스와 관련된 사안에서, 저도 케팔로스같이 행운아라 할 수 있어요. 그(아이스키네스)가 한 번도 저를 고소한 적이 없고, 불법제안을 한 것으로도 고발한 적이 없으니까요. 그렇다면, 내가 케팔로스보다 더 못된 이가 아니라는 사실이 당신(아이스키네스) 자신에 의해 증명이 된 것이지요.

252. 어느 모로 보거나 그(아이스키네스)의 천박함과 악의를 알 수 있는 것이지만, 운에 관해 하는 그의 말에서도 그러합니다. 대체로 운에 달린 사안에서 막말하는 이는 소갈머리 없는 것으로 저는 봅니다. 운이 바르게 작동하고 또 자신은 운이 좋다고 여기는 이는 그 운이 저녁까지 머물지 미지수인데, 어떻게 그 운을 두고 자랑하며 다른 이를 업신여길 수가 있겠습니까? 그렇지만, 이 사람(아이스키네스)이, 다른 많은 것에 더하여, 운에 관해서도 아주 거만하게 언급했으므로, 아테나이인 여러분, 제가 그이의 운에 관하여 얼마나 더 솔직하고 인도적으로 말씀드릴 것인지를 여러분이 유념해서 들어 주시도록 부탁을 드립니다. 253. 제가 보기에 우리 도시가 운이 좋고, 또 도도네205의 제우스가 여러분에 대해 내린 예언도 그와 같았습니다. 그러나 지금 모든 인간의 운명이 참담하고 가혹한 것을 봅니다. 헬라스

---

205 당시 아테나이인은 도도네의 신탁에 거듭 의지했다. 참조, Demosthenes, 21. 51, 53; 19. 299. 델포이가 필리포스의 영향권하에 있었으므로 델포이 신탁을 불신하는 경향이 있었다.

인이건 이민족이건 간에 우리 시대에 많은 시련을 겪지 않은 이가 있습니까? 254. 우리 도시가 가장 고귀한 정책을 채택했고, 또 우리를 배반함으로써 잘되기를 기대한 헬라스인들보다 우리 도시가 더 나은 것이 우리 도시의 행운이라고 여깁니다. 만일 우리 도시가 실패하게 되고 만사가 우리가 원한 대로 되지 않았다면, 그것은 인간지사 보편의 불운에 따라 우리에게 돌아오는 몫이라고 봅니다. 255. 제 자신 혹은 여러분 중 누구의 운이건 간에 그것은 각기 처한 개인적 상황에 비추어 평가되어야 한다고 저는 생각합니다. 이것이 운에 대한 제 사견입니다. 그런 것이 제게는 당연하고 올바른 견해 같고, 또 여러분께도 같으리라 저는 생각합니다. 그러나 그(아이스키네스)는 저의 개인적 운이 도시 공동의 것보다 더 중요하고, 또 미미하고 사소한 저의 것이 우리 도시의 재물과 위대함보다 더 중요한 것이라고 해요. 어떻게 그럴 수가 있습니까?

256. 아이스키네스 씨, 만일 당신이 무조건 나의 운을 두고 따지려 한다면, 내 것을 당신의 것과 비교하십시오. 그러면, 당신의 것보다 나의 것이 더 낫다는 것을 깨닫고 험담을 중단하게 될 것이오. 맨 처음부터 당신은 조사를 시작해야 할 거요. 내가 진실로 청컨대, 아무라도 제가 무정한 이라고 비난하지는 마십시오. 제 소견에, 지각이 있는 이라면, 가난을 조롱하지 않으며, 부유한 환경에서 자랐다고 우쭐대지 않습니다. 그러나 이 사람의 무례함과 모함으로 인해 제가 이 같은 송사에 휘말리게 되었으니, 상황이 허용하는 한, 차분히 그에 대처하도록 하겠습니다.

257. 내가 어렸을 때, 아이스키네스 씨, 품위 있는 교육을 받았고,

가난 때문에 어쩔 수 없이 부끄러운 일을 하지 않을 만큼 여유가 있었소. 일단 성인이 되었을 때도 내 형편이 그런 정도는 되었어요. 코로스(무창단)를 주관하고 삼단노전선을 마련했으며, 특별세를 지불했고, 공적 혹은 사적 생활에서 어떤 명예로운 활동도 마다하지 않았으며, 206 도시와 내 친구들이 필요로 하는 사람이 되고자 했어요. 공공 현안에 관여하고자 마음을 정했을 때, 내가 선택한 정책들은 내 조국은 물론 다른 많은 헬라스인의 도시들로부터도 반복해 찬사를 받았고요. 심지어 꼭 당신 같은 나의 적들까지 내 정책이 잘못된 것이라고 말하지는 않았지요. 258. 내 전체 삶을 통틀어 그런 것이 내 이력이었소. 내가 당신에게 더 많은 것을 말해 줄 수도 있겠으나, 이쯤에서 그만두겠소. 내가 긍지를 가지는 그런 일로 당신을 피곤하게 만들고 싶지 않기 때문이오.

그런데 당신이, 그렇게 잘나서 다른 이를 멸시하는 당신 말이요, 자신의 운을 내 것과 비교해 보시오. 어릴 때 당신은 심한 가난 속에서 자랐고, 학교의 인부로 일하는 당신 아버지를 도와서 먹물을 갈고 바닥을 닦고, 실내를 청소하면서, 자유인 자식이 아니라 하인같이207 살았잖소. 259. 성인이 되자, 당신 어머니가 비의(秘儀)를 치를 때 당신은 그녀를 도와서 책을 낭독하고 또 다른 일거리를 거들었지요. 밤이 되면 입교자들에게 사슴 가죽을 입히고, 단지에서 포도주를 따

---

206 사인(私人)을 위한 도움은 이 변론 §268에 언급된다. 주로 포로 석방을 위한 보석금, 또 여인의 지참금과 관련된 것이다.

207 oiketes.

라내어 그들을 씻기며, 흙과 겨를 짓이겨서, 몸을 정화한 다음 그들 발아래 그것을 두고는, "악을 피하고 행운을 찾았다"고 고함을 치게 했지요. 누구도 당신만큼 장엄하게 외치지 못하는 것을 당신은 자랑 거리로 여겼어요. 260. 저도 그 점에 동의하는 것이, 그런 식으로 크 게 말하는 것이라고 여러분이 생각하면 안 될 것 같습니다. 아주 분명 하지 않은 소리로 울부짖는 것이니까요. 낮이 되면 당신은 다시 도로 에서 신도들의 근사한 행렬을 이끌었어요. 신도들은 회향과 양버들 (포플러) 나뭇가지를 머리에 꽂고, 뱀의 턱을 잡거나 머리 위로 흔들 며, 때로 "에우오이! 사보이!"라고 소리치거나, 또 때로는 춤을 추면 서 "히에스아테스, 아테스 히에스!"라고 소리를 지르곤 했어요. 할머 니들이 당신을 선봉, 대장, 담쟁이 화관을 쓴 이, 성물(聖物) 운반인 등으로 추켜세웠지요. 마침내 당신은 과자, (몇 겹의 둥근 원모양의) 달팽이 빵, 건포도 빵을 대가로 받았지요. [208] 그런 상을 받고도 참으 로 기뻐하지 않거나 스스로 행운의 총아라고 여기지 않을 사람이 어 디 있겠습니까?

261. 당신은 해당 지역구에 등록되었는데, 어떻게 등록된 것인지를 아는 이가 아무도 없어요. 아무튼 그 문제는 지금 접어 두기로 합시다. 등록이 되자 바로 당신은 아주 품위 있는 일거리를 꿰찼어요. 하급 공 무원의 서기보조직이었는데요. 거기서 이직할 때, 당신이 저질렀던 온갖 범죄를 다른 이들의 탓으로 전가하고 있고요. 그 후에도, 제우스

---

208 아이스키네스 모친의 비의(秘儀) 관련 행위에 대한 언급은 참조, Demosthenes, 19. 199.

의 이름으로, 당신은 전철(前轍)에서 조금도 벗어나지 않은 방식으로 살아왔어요. 262. '굵직한 저음 발성자'로 알려진 배우 시밀로스209와 소크라테스에게 고용되어 조역을 맡았고, 과일 행상같이 남의 밭에서 무화과, 포도, 올리브 등을 따 모았어요. 그래서 여러분이 생명을 걸고 싸우는 전투에서 얻는 것보다, 이 사람은 오히려 더 많은 이득을 거기서 취했던 셈이지요. 그 전투는 휴전도 정전도 없이 청중을 상대로 벌이는 것인데, 그 청중들로부터 많은 상처를 얻은 당신이 그 같은 분쟁에 경험이 없는 이들을 겁쟁이로 조롱하는 것이 당연하죠.

263. 어쨌거나, 가난 때문에 당신이 감수해야 할 비난거리는 그만 생략하도록 하고, 당신의 성품에 관해 언급하도록 하겠소. 세월이 흘러 당신이 공직에 들어서면서 당신이 택한 입장 말이오. 도시가 번창하면, 당신은 토끼같이 두려워하고, 부당행위에 대한 처벌을 받을까 봐 줄곧 마음을 졸이면서 살았지요. 그런데 다른 이가 역경에 처하면, 당신은 모든 사람 눈에 훤하게 담대해지는 것이오. 264. 천 명의 동료 시민210이 죽었는데 신명을 내는 이는 살아남은 사람들로부터 어떤 대우를 받아야 마땅하겠습니까? 나는 그와 관련한 많은 사실을 언급할 수 있지만 이만 생략하겠습니다. 그의 무례하고 파렴치한 인성을 자질구레하게 들추어낼 필요가 없을 것 같고, 다만 저 자신을 비루하게 만들지 않을 그런 정도까지만 말씀드리는 것으로 하겠습니다.

---

209 인명이 Loeb 영역본에는 시밀로스(Symilos), Kaktos 그리스어 판본에는 시미코스(Simykos)로 다르게 표기되어 있다.
210 마케도니아에 대항하여 카이로네이아 전투 등을 통해 죽은 아테나이인을 말하는 것으로 볼 수 있다.

265. 이제, 아이스키네스 씨, 내가 당신에게 부탁하는 것은, 느긋하게, 화내지 말고, 우리 각자의 이력을 비교해 보라는 것이오. 그런 다음 재판관들에게 각각 물어보시오. 당신과 나의 이력 가운데 어느 쪽을 그들이 택할 것인지 말이오. 당신은 글을 가르쳤고, 나는 배우는 학생이었소. 당신은 비의(秘儀)를 돕는 조수였고, 나는 비의에 참가했소. 당신은 서기였고, 나는 민회에 참석했어요. 당신이 배우였을 때, 나는 관중이었고, 당신이 소박을 맞을 때, 나는 야유하는 쪽이었으며, 당신이 적에게 봉사할 때 나는 내 나라를 위해 봉사했어요.

266. 나머지는 생략하겠지만, 짚고 넘어갈 것은, 나는 화관을 받을 자격이 있는지를 두고 검증받고 있으며, 어떤 부당행위도 하지 않은 것으로 인정받고 있지만, 당신은 음해꾼으로 소문나 있고, 앞으로 그 같은 행세를 계속할지 아니면 5분의 1 지지표도 얻지 못해 그만두어야 할지 기로의 위기에 처해 있다는 것이요. 이것이 당신에게 주어진 '행운'인 것을 알지 못하는가요? 그런 주제에 나의 운을 비난하는 거요?

267. 이제 내가 수행했던 공적 기여의 증거를 여러분에게 소개할 것인바, 동시에 당신은 악운을 기리는 시구를 내게 읽어 주시구려.

죽은 자의 은신처와 어둠의 문에서 내가 와서, [211]
내가 원한 것은 아니나, 불길한 소식을 전하노니, 당신은 아시라, [212]
악의의 당신에게 악운을

---

211 참조, Euripides, *Hekabe*, 1 이하.
212 참조, Euripides, *Troades*, 1 이하; Sophokles, *Antigone*, 277.

이렇듯, 신들이 먼저, 그다음 여기 있는 모든 이가 당신을 파멸시킬 것이오. 당신은 비루한 시민이며 그 같은 조연 배우였기 때문이요. 증거를 읽어 주시오.

증거들

268. 저의 공적 이력은 이와 같습니다. 제 사적 생활과 관련하여, 만일 제가 서민적이고 사람을 좋아하여 궁핍한 이를 돕는다는 사실을 여러분 가운데서 알지 못하는 분이 있다 해도, 저는 그런 것에 대해 입 다물고 아무 말도 하지 않을 것이고, 그와 관련한 증거를 대는 일도 없을 거예요. 또 제가 보석금을 내주어[213] 적의 손에서 사람들을 해방시키거나, 결혼자금을 내어 남의 딸들을 출가시키거나, 또 다른 그 같은 사실들이 있다 해도 그러합니다. 269. 저의 입장을 말씀드리자면, 은덕의 수혜자는 평생 그 은혜를 기억해야 하는 것이지만, 시혜자는 바로 그런 사실을 잊어야 한다고 봅니다. 전자는 경우 바르게 처신하고, 후자는 졸렬함을 면하려면 말입니다. 당신이 누군가에게 베풀었던 선행을 기억하고 언급하는 것은 그를 모욕하는 것과 같습니다. 그 같은 처사는 제가 하지 않을 것이고, 그렇게 유인되지도 않을 것이며, 그저 여러분이 그 점과 관련하여 어떻게 받아들이든, 저는 만족합니다.

---

213 기원전 346년 제 2차 사신 파견 시 데모스테네스가 마케도니아에서 한 활동을 뜻한다. 참조, Demosthenes, 19. 169.

270. 저의 사적인 일은 그만하고, 공적 사안 중 사소한 사안과 관련하여 말씀드릴 것이 있습니다. 아이스키네스 씨, 만일 당신이 태양 아래 헬라스인이든 이민족이든 그 누구라도 지난날 필리포스로부터, 그리고 지금 알렉산드로스로부터 해를 입지 않은 이가 있으면 예를 한번 들어 보시구려. 내 경우는, 행운 혹은 불운이, 당신이 원한다면 그 무엇으로 칭하든, 모든 문제의 원인이라 할 수 있어요. 271. 그러나, 만일 나를 본 적도 없고 또 내 목소리를 들어 본 적도 없는 많은 이들이 많은 끔찍한 피해를 보았다면, 제 뜻은 어느 개인이 아니라, 전체 도시와 종족들이 그러하다면, 이런 불행은 인류 공동의 운이거나, 아니면 사건 진행이 여의치 않아 역경에 부딪힌 탓으로 돌리는 것이 더 타당하고 사실에 부합하는 것이 아닌가 합니다. 그런데 당신은 이 같은 여러 정황들은 제쳐두고, 나만 비난하는 거예요. 272. 여기 있는 내 동료 시민들이 함께했으며, 나는 그중 일부에 지나지 않았던 것을 두고 말입니다. 당신도, 그 비난의 전체가 아니더라도, 적어도 그중 일부가 모든 관련자에게, 특히 당신 자신에게도 향한다는 사실을 알고 있을 것 같은데요. 제가 제안했을 때, 혼자서 전권을 가졌더라면, 당신이나 다른 연사들이 저를 비난할 수도 있다고 봅니다. 273. 그런데 당신도 민회가 열릴 때마다 참석했지요. 도시의 정책을 토론하자고 제안할 때 모든 이가 동참하도록 했고, 또 모든 이, 특히 당신이 나의 제안을 지지하던 그때 말이요. 당신이 내 정책에 실린 모든 희망, 인기, 믿음을 좌시한 것은 우호의 정이 아니라, 그 강한 진실의 힘이 당신에게도 설득력이 있었고, 또 당신에게 더 좋은 안이 없었기 때문이었어요. 그때 당신이 더 좋은 것으로 보

정할 수 없었던 정책을 지금 와서 비난하는 것은 참으로 부당하고 터무니없는 처사요.

274. 다른 경우를 보더라도, 제가 알기로, 이 같은 이치는 세상 모든 이에게 다소간 이미 정리가 되어 자리매김한 것입니다. 고의로 잘못을 범하면 분노를 사서 벌을 받게 되고, 뜻하지 않게 실수하면 벌이 아니라 용서를 받습니다. 그런데 죄도 실수도 범하지 않은 채, 모두가 지지한 계획을, 그것도 여럿이 함께 추진하다가 실패한 경우를 생각해 보십시오. 그런 이는 비난이나 불명예가 아니라 양해를 받아야 합니다. 275. 이 같은 구분은 우리 법령에도 구현되어 있을 뿐만 아니라, 불문법으로 자연 자체에도 내재해 있고, 또 인간의 도덕성에서도 양해되는 사안입니다. 지금 아이스키네스는 그 조야함과 악의에서 이렇듯 모든 사람을 능가해서, 나를 비난함으로써 불행을 스스로 자초하기에 이르렀습니다.

276. 다른 것은 제쳐두고라도, 그는 자신이 한 말이 모두 사심 없이 나라를 위해서 한 것처럼 행세하면서, 혹여 제가 여러분을 현혹하고 속이는 것처럼 저를 경계하고 조심하도록 여러분을 사주하고 있어요. 저를 말재주 좋은 변사, 사기꾼, 협잡꾼 등으로 부르면서 말이지요.[214] 그의 생각에는, 어떤 이가 실로 자신에게 어울리는 수식어를 다른 이에게 갖다 붙이면, 그것이 기정사실로 되어 버리고, 청중은 그 말을 한 이가 어떤 자질을 가진 사람인지를 도무지 돌아보지 않는다고 보는 것 같아요. 그러나, 제가 알기로, 여러분은 모두 그의 됨

---

214 참조, Aischines, 3. 16, 137, 207.

됨이를 잘 알고 있고, 그런 수식어들이 저보다 그에게 더 어울린다는 사실도 숙지하고 계시지요. 277. 또 제가 달변이라 치고, 그런 사실도 여러분이 알고 있다고 저는 확신하고 있습니다. 그러나, 제 소견에, 일반적으로 청중이 연사의 능력을 품평하는 것이고, 또 연사의 통찰력 여부에 대한 명성은 여러분이 각 연사를 수용하고 그에게 갖는 호의에 달린 것이에요. 그러니, 제가 약간 말재주를 가졌다 치면, 그 재능이, 절대로 저의 사적 이득이나 여러분의 손해를 초래하는 것이 아니라, 언제나 공공 현안과 여러분의 이익을 위해 이용되었다는 사실을 여러분 모두가 깨닫고 있다는 말이거든요. 반면, 아이스키네스의 능력은 여러분의 적을 위한 것일 뿐만 아니라, 그와 불화하고 싸우는 이들을 음해하는 데 이용되었던 것이죠. 그는 결코 그 말재주를 정직하게 혹은 공익을 위해 사용하지 않았습니다.

278. 올곧고 명예로운 시민이라면 공적 임무를 수행하는 배심원 명단에 오른 이들에게 개인적 유감, 적의, 혹은 그 같은 유의 감정을 지지해 주도록 기대하지 않을 것이며, 또 그런 것을 만족시키려고 법에 호소하지도 않을 거예요. 그가 자신의 마음에 그런 것들을 담아두지 않아야 하는 것이고, 만일 그런 것들을 쫓아낼 수 없다면, 적어도 조용하고 침착하게 안으로 품고 있어야 하는 것이죠. 그렇다면, 어떤 경우에 정치가 혹은 연사가 분노를 표출해야 하는 것이겠습니까? 도시 전체의 이익이 개재될 때, 민중과 적들 간의 문제가 생길 때, 그런 경우이지요. 그런 것이 바로 용감하고 덕 있는 시민의 역할입니다. 279. 공적 범죄로, 아니, 사적 범죄로도, 또 도시의 안위이건 그 자신을 위한 것이건 간에, 한 번도 저를 법정에 호소한 적이 없

는 이가, 화관 수여와 감사의 뜻을 표한 결의를 트집 잡아 법정으로 와서 그 같은 달변을 이 같은 소송에 낭비하는 것은 심술, 질투, 편협, 무용지물의 성격을 드러내는 징후입니다. 그 비열함의 발로는 그가 저와의 대화를 끊고, 피고를 향한 전면 공격으로 방향을 잡을 때 극에 달했습니다.

280. 그로써 내가 깨닫게 된 것은, 아이스키네스 씨, 당신이 어떤 위법행위를 벌하려는 것이 아니라, 당신의 논변, 그 언변 능력을 과시하려고 고의로 법정으로 온 것이로구나 하는 것이었죠. 그러나 가치 있는 것은 아이스키네스 씨, 변론인의 말이나 목소리의 억양이 아니라, 다수 민중을 위한 정책을 지지하고 또 당신의 조국과 같은 친구와 적을 갖는 것이라오. 281. 그런 정신을 가진 이가 하는 말은 언제나 설득력을 갖는 법이오. 그러나 도시가 위험한 존재로 간주한 상대에게 구애하는 이는 다수 민중과 같은 배를 탄 것이 아니므로, 그 안전을 구하는 방향도 같지 않습니다. 나는 말이죠, 당신이 보듯이, 나의 이익을 여기 있는 다수와 같은 것으로 두고 있고, 달리 어떤 사리를 추구하지 않습니다. 282. 당신도 정작 나와 같은 주장을 할 수 있을까요? 어떻게 그런 것이 가능하겠습니까? 전투가 끝나자 바로 당신은, 그때 우리나라의 불행을 가져온 장본인이었던 필리포스에게 사신으로 갔지요, 모두 알고 있는 사실로서, 그때까지만 해도 당신은 그 같은 임무를 맡지 않겠다고 했거든요, 그러면 도시를 배반한 것이 누구겠습니까? 분명히 속생각을 표현하지 않는 이입니다. 전령이 마땅히 저주해야 하는 이는 누구겠습니까?[215] 그와 같은 사람이 아닙니까? 연사에게서 생각과 말이 일치하지 않는 것보다 더 큰 범죄를 찾을 수 있습니까?

283. 당신(아이스키네스)이 바로 그런 인간이라는 것이 판명되었소. 그러고도 여전히 발언하고 동료 시민들과 마주 보려고 하는 거요? 당신이 어떤 인간인지 그들이 모를 거라고 생각하는 거요? 그들이 그렇게 무기력하고 건망증이 있어서, 전쟁이 계속되고 있을 때 당신이 한 헛소리를 기억하지 못할 거라고 말이요. 그때 당신은 맹세와 저주로서 자신이 필리포스와 아무런 관계가 없다고 항변했지 않소. 또 내가 사적 악의로 당신을 비난한 것일 뿐, 그 비난은 사실이 아니라고 했잖소. 284. 그러나 패전 소식이 전해지자마자 당신은 그때까지 했던 모든 말을 죄다 없었던 것으로 하고 바로 고백하기를 자신이 필리포스의 친구이자 그의 손님216이라고 했어요. 그 말은 사실 필리포스에게 고용된 하수인이라는 뜻이지요. 어떤 연유의 평등과 권리로 필리포스가 탬버린(작은 북) 연주자 글라우코테아의 아들 아이스키네스의 손님, 친구, 지인이 되겠습니까? 저는 모르겠습니다. 그러나 당신이 받는 보수가 여기에 있는 이들의 이익을 해친다는 것은 알죠. 그리고 명백하게 배반자로서 드러났고 발생한 사태에 대해 스스로에 대해 고발자가 된 당신은 모든 다른 사람이 잘못한 것을 가지고 나를 욕하고 비난하고 있소.

285. 아이스키네스 씨, 우리 도시는 수차례의 중대한 성공에 대해 감사의 정을 표하기로 의결하고 실천했고, 그런 사실을 잊지 않고 있소. 그 증거로, 전투가 끝나고 조금 뒤에 죽은 자를 기리는 추도사217

---

215 이 변론 §133 참조. 민회에서는 전령이 배반자나 가짜 시민을 저주하는 절차가 있다.
216 *philoxenia*. 특별대우영사 직 혹은 역할.

를 할 사람으로 당신이 후보에 올랐으나 민중은 당신을 선택하지 않았소. 당신의 그 낭랑한 목소리에도 불구하고 말이죠. 당시 막 평화를 주선했던 데마데스, 헤게몬 등 다른 어떤 이가 아니라 내가 뽑혔어요. 그때 당신이 피토클레스와 함께 연단으로 올라가서, 제우스와 신들의 이름으로, 지금 당신이 나를 두고 하는 것처럼, 사납고도 뻔뻔하게 나를 비난했지요. 그럼에도 그들은 더 나은 사람으로서 나를 뽑았어요.

286. 그 이유를 당신이 잘 알고 있겠지만, 내가 다시 말할 테니 들어 보시오. 그들(민중)은 나의 호의는 물론 내가 그들을 위해 일했던 열성뿐 아니라, 당신네의 옳지 못함을 알고 있었던 거요. 우리 도시가 번영할 때는 당신네가 맹세로서 필리포스와의 관계를 부정하더니, 도시가 역경에 봉착하자 그와의 관계를 긍정했기 때문이지요. 공동의 역경을 맞아 몰래 간직한 의중을 드러낸 이들은 그전부터 은밀한 적이었으나, 급기야 드러나게 된 것뿐이라는 사실을 마침내 민중이 터득하게 된 것이죠. 287. 죽은 자를 기리는 기념사를 하고 그 용

---

217 카이로네이아 전투는 기원전 388년(메타게이트니온달, 7. 15~8. 15)에 있었고, 장례 추도는 두 달 뒤(피아넵시온달 8일)에 있었다(참조, Thucydides, 2. 34; Platon, *Menexenos*, 234b). 데마데스는 카이로네이아 전투에서 포로로 잡혔으나 필리포스에 의해 석방되었다. 필리포스는 그의 재능에 탄복했고, 데마데스는 그 후로 친마케도니아파가 되었다. 알렉산드로스 사후 안티파트로스에게 불만을 품고 반마케도니아 노선으로 돌아섰다. 헤게몬과 피토클레스는 포키온과 함께 과두정체를 지향하다가 기원전 318년에 함께 처형되었다. 피토클레스는 처음에 데모스테네스의 친구였으나, 기원전 343년 이후 반대파에 가담하게 되었다. 참조, Ploutrchos, *Phokion*, 35.

기를 찬미하는 연사는 적과 같은 지붕 아래 머물고 또 적과 화해의 술을 나누는 이가 되어서는 안 되며, 또 그들을 살해한 이들과 함께 마케도니아에서 헬라스의 재앙을 기리는 연회에 참석하여 환희의 찬가를 부르는 이가 아테나이에서 고귀한 명예의 자리에 오르면 안 되며, 연사로 선택되어 배우같이 가식적 목소리로 죽은 자의 운명을 한탄하는 것이 아니라 온 마음으로 애도해야 한다고 여긴 것입니다. 그 같은 애도는 당신네가 아니라 그들 자신과 내가 함께 할 수 있다고 본 것이에요. 이것이 그들이 당신네가 아니라 나를 선택한 이유인 겁니다. 288. 민중이 그랬던 것이 아니라, 장례를 치르도록 민중에 의해 임명된 죽은 자의 부친과 형제들의 애도가 각별했던 거예요. 다른 경우에 적용되는 관습에 따라 죽은 자의 최근친의 집에서 장례식을 하게 되었는데, 그것을 저의 집에서, 그것도 아주 정중하게, 치렀습니다. 당연하죠. 사람마다 저보다 서로 더 가까운 이들이 있게 마련이나, 공적으로 모든 이의 입장에서 보면 누구도 더 가깝다고 할 수 없는 것이지요. 뜻하지 않은 죽음을 당했을 때, 그들의 안전과 성공을 더 많이 염원했던 이가 그들 모두를 위해서 더 큰 몫의 슬픔을 나누게 되는 것이거든요.

289. 정부가 공적으로 그들의 비석을 세우도록 의결한 결정문을 그(아이스키네스)에게 읽어 주도록 하십시오. 이 글귀 안에서조차, 아이스키네스 씨, 당신 자신의 배은망덕함, 악의, 야비함을 엿볼 수 있을 거요. 읽어 주시오.

비문[218]

조국을 위해 무기를 들고 전투에 임하여

적의 오만을 물리친 이들이 여기서 영면한다.

용기와 위세로 싸우며 목숨을 아끼지 않고,

하데스에게 모두의 운명을 맡겼다.

헬라스인을 위하여, 그 목에 예속의 멍에를 지우지 않고,

처참한 수모의 늪으로 빠지지 않도록.

많은 시련을 겪은 이들의 몸을 조국의 땅이 그 품에

거두어들이니, 산 자의 운명을 제우스가 심판하는도다.

신은 과오를 범하지 않고 모든 것을 이루나니,

산 자는 운명을 비켜가지 못하리.

290. 아이스키네스 씨, 듣고 있소? "신은 과오를 범하지 않고 모든 것을 이루나니"라고 하지 않소. 싸우는 이의 운명 여부는 도모하는 이가 아니라 신들에게 달린 거요. 저주받을 이여, 그들의 운명을 왜 내 탓이라고 하는 거요? 신들이 당신과 당신 식구들을 파멸시키라고 내가 기도하는 말을 왜 당신이 하는 건가요?

291. 아테나이인 여러분, 이 사람(아이스키네스)이 한 음해와 거짓말이 많은데, 그중에서도 제가 가장 경악하는 것은, 당시 우리 도시에 재앙이 닥쳤을 때, 품위 있고 경우 바른 시민이라면 절대로 입에 담을 수 없는 말을 했던 점입니다. 눈물도 없고, 회한의 정도 없었고요. 냅

---

218 카이로네이아에서 전사한 이들을 기리는 비문은 참조, *Anthologia Palatina*, 8. 245.

다 소리를 지르고 의기양양해하며 울대를 돋우었지요. 분명히 그가 나를 적대시하는 것 같았는데, 실은 스스로를 해치는 증거를 드러냈던 것이었어요. 참담한 상황에서 그는 다른 이들과 달리 슬퍼하지 않았거든요. 292. 더구나, 지금 이 사람(아이스키네스)처럼, 스스로 법과 체제를 위한다고 주장하는 이는, 다른 것이 아니라면, 적어도 다수 대중과 슬픔과 기쁨을 함께해야 하고, 적에게 동조하는 정책을 추진해서는 안 되는 것이죠. 헬라스인을 도우려는 여러분의 정책은 제가 공공 현안에 참여하고 저의 선택에 의해 시작된 것이 아닙니다. 293. 만일 여러분이 헬라스인을 위협하는 세력에 저항하게 된 것이 저의 영향 때문이라고 평가하신다면, 다른 이에게 주었던 모든 상보다 더 큰 것을 저에게 주는 것이 됩니다. 저는 그런 것을 요구할 자격이 없어요. 그런 요구는 자칫 여러분에게 실례를 범하는 겁니다. 제가 분명히 알기로, 여러분도 제게 그런 것을 주지 않을 거예요. 만일 이 사람이 경우 바르게만 해 줬어도, 나를 향한 자신의 적의 때문에 여러분의 최대 영광에 누를 끼치고 오명을 뒤집어씌우는 일은 없었을 겁니다.

294. 그런데, 다른 사안에서 훨씬 더 뻔뻔하게 악담과 거짓말을 하는 마당에, 하필이면 제가 왜 이 문제를 가지고 비난하는 것이겠습니까? 저를 '필리포스주의자'[219]로 매도하는 이가, 천지신명이시여, 무슨 말을 못하겠습니까? 더구나, 헤라클레스와 모든 신들의 이름으로, 제가 진심으로 맹세하건대, 만일 우리가 거짓 비난과 심술로 하는 거짓말을 비켜 두고, 발생한 사태에 대해 세상 사람이 실로 누구에

---

219 Aischines, *Kata Ktesiphontos*, 57 ff. 161 ff. 참조.

게 책임을 지우는 것이 마땅하고 당연한 것인가를 진지하게 가늠해 본다면, 모든 도시에서 제가 아니라 그(아이스키네스)와 같은 유의 사람들이라는 사실이 드러날 것입니다. 295. 필리포스의 세력이 허약하고 변변찮았던 시절에, 우리가 계속 그에게 경고하고 더 나은 길을 촉구하고 권하고 있었을 때, 이들(아이스키네스 일당)은 사리를 도모하여 공익을 배반했으며, 각기 손이 닿는 대로 시민들을 속이고 오염시켜 마침내 예속의 상태로 전락시키고 말았습니다. 이렇게 해서 다오코스, 키네아스, 트라시다오스는 테살리아인을, 케르키다스, 히에로니모스, 에우캄피다스는 아르카디아인을, 미르티스, 텔레다모스, 므나세아스는 아르고스인을, 에욱시테오스, 클레오티모스, 아리스타이크모스는 엘리스인을, 신들의 적이 된 플리아데스의 아들들인 네온과 트라실로코스는 메세네인을, 아리스트라토스와 에피카레스는 시키온인을, 데이나르코스와 데마레토스는 코린토스인을, 프토이오도로스, 헬릭소스, 페릴라오스는 메가라인을, 티몰라오스, 테오게이톤, 아네모이타스는 테바이인을, 히파르코스, 클레이타르코스, 소시스트라토스는 에우보이아인을 예속시켰지요. 220 296. 이들 배반자의 목록을 저는 해가 질 때까지 계속 고할 수가 있어요. 아

---

220 이들 중 다수가 다른 문헌에 보이지 않는 인물들이다. 트라실라오스와 티몰라오스에 대해서는 Theopompos, Fragmenta, 235, 236 (Müller ed.); 아리스트라토스에 대해서는 참조, Ploutarchos, Aratos, 15; 아르카디아인과 메세네인에 대해서는 참조, Polybios, 17. 14; 페릴라오스에 대해서는 이 변론 §48; 클레이타르코스에 대해서는 이 변론 §71; 히에로니모스가 필리포스를 위해 아르카디아인 공동체의 '만인' 앞에서 발언한 것 관련해서는 참조, Demosthenes, 19. 11.

테나이인 여러분, 이들 모두가 자신의 나라에 대해서 품은 생각으로 말하자면, 꼭 아이스키네스와 그 일당들이 여러분에게 불량아, 아첨꾼, 악동의 존재인 것과 같은 것이죠. 각기 자신의 조국을 끝장내고, 창자와 그보다 더 아래 있는 부분의 탐닉을 위하여 처음에는 필리포스에게, 그리고 지금은 알렉산드로스에게 자유를 팔아넘겼습니다. 자유와 함께, 지난날 헬라스인들에게 훌륭한 이의 조건이요 신조였던, 어떤 주인도 섬기지 않는다는 원칙을 무너뜨렸던 것이에요.

297. 이같이 수치스럽고 파렴치한 음해, 이 같은 사악함, 아니 오히려, 아테나이인 여러분, 제가 둘러대지 않고 바로 말씀드리자면, 헬라스의 자유에 대한 이 같은 배반과 관련하여, 제가 추진한 정책 덕분에, 세상 사람들이 보기에 여러분은 죄가 없고, 또 여러분이 보기에 저는 죄가 없습니다. 그러면, 아이스키네스 씨, 내가 어떤 덕성을 가지고 있는지를 당신이 물어 주십시오. 그러면 제가 당신에게 이렇게 대답할 겁니다. 당신을 비롯하여 헬라스의 모든 위정자들이 처음에는 필리포스에 의해, 지금은 알렉산드로스에 의해 매수되었을 때, 298. 호기(好機), 감언이설, 호방한 약속, 희망, 공포, 그 밖의 어떤 것도 내 조국의 권리요 이익이라 생각되는 것을 배반하도록 저를 옭아매거나 움직이지 못했습니다. 여기 있는 동료 시민들에게 어떤 조언을 하든, 나는 당신이 한 것같이, 마치 내가 장사꾼에게 유리하게 조작된 부정한 저울인 것처럼 하지 않았죠. 내 시대의 사람들 가운데서 가장 중요한 임무를 맡게 되면서, 나는 때 묻지 않고 경우 바르고, 청렴한 마음을 가지고서, 참되고 올바르게 처리했어요.

299. 이런 근거로 나는 스스로 찬사받을 자격이 있다고 하는 것이

오. 당신이 그렇게도 빈정대는 성벽 건조는 물론이고 참호 건설과 관련하여서도, 나는 감사와 찬사를 받아야 한다고 생각하오. 어떻게 그렇지 않겠소? 우선 우리 공동체 중심에서 멀리 떨어진 곳에 그것을 설치한 것이 그러하오. 나는 돌이나 벽돌로 아테나이를 성벽으로 두르지는 않았어요. 내가 가장 자긍심을 갖는 것은 그런 것이 아니에요. 내가 쌓은 성벽을 면밀하게 살펴보시오. 군대, 도시, 전초기지, 항구, 배, 말, 그리고 그런 것들을 지키려는 태세를 갖춘 군중들을 당신은 보게 될 것이오. 300. 이런 것들이 사람의 통찰력이 허용하는 한에서, 내가 아티카를 지키기 위해서 설치한 보루들이오. 이 보루들로 인해, 페이라이에우스와 도시(아테나이 도심)를 각기 두르는 원형 성벽이 아니라, (아티카) 전체 땅을 요새화한 것이오. 나는 필리포스의 계산 앞에 밀리지 않았어요. 절대로 그럴 리가 없죠. 장비에서도 마찬가지였어요. 그러나 동맹국의 장군들과 병력은 필리포스의 행운 앞에 무너졌던 것이죠. 제 주장의 증거가 있느냐고요? 명백한 증거가 있지요. 여러분 모두 그 증거에 유념하시도록 제가 부탁드립니다.

301. 품위 있는 시민은 무엇을 해야 할까요? 온갖 통찰력, 열성, 균형감을 가지고 조국을 위해 봉사하려는 시민은 무엇을 해야 하는 걸까요? 에우보이아해에 연한 아티카 땅, 보이오티아 내륙 땅, 펠로폰네소스 쪽으로 연한 곳의 이웃들을 지키는 것, 우호적 지역에서 페이라이에우스까지 곡물 수송의 안전을 도모하는 것, 302. 프로콘네소스, 케르소네소스, 테네도스 등 이미 우리 관할에 속하는 지역에 원병을 보내고 적절한 제안과 결의를 통해 간수할 것, 비잔티온, 아비도스, 에우보이아221 등의 지역과 우호와 동맹을 추진할 것, 적이

가진 기존 자원 중 가장 핵심적인 부분을 제거할 것, 우리 도시 스스로의 약점을 보강하는 것 등입니다. 이 모든 목표가 저의 제안에 의한 의결과 제가 주도한 집행에 의해 구체화되었던 것이죠. 303. 누구든지 사심 없이 살펴본다면, 아테나이인 여러분, 이런 사안들이 적절하게 기획되고 한 치의 어김없이 시행되었다는 것, 여러 가지 조치에 대한 적절한 기회가 저 때문에 소홀하거나 무시되거나 방기된 적이 없다는 것, 사람의 능력 혹은 통찰력의 한도에 비추어 아무것도 미완성으로 남아 있는 것이 없다는 사실을 깨닫게 될 것입니다. 신성이나 우연의 초인간적 힘, 혹은 지휘관의 무능력, 혹은 배반자의 사악함, 혹은 이 모든 원인들이 결합하여 전체 계획을 좀먹고 마침내 와해시킨 것이라면, 그것이 데모스테네스 탓입니까?

304. 만일 모든 헬라스인 도시에서 저와 같은 사람이 여러분들 가운데서 제가 차지한 그 같은 자리에 있다고 한다면, 아니 오히려 만일 테살리아에 한 사람, 아르카디아에 한 사람이 있어서 제가 가진 것과 같은 감각을 가졌더라면, 테르모필라이 바깥(위쪽)이나 안(아래)쪽 사람들이 지금과 같은 질곡에 처하지는 않았을 것 같고요. 305. 그들은 지금도 자유롭게 독립해서 안전하게 두려움 없이 자신의 나라에서 행복하게 살고 있었을 것 같습니다. 저로 인해 그들이 입은 크고 많은 은혜에 대해 당신과 모든 아테나이인에게 감사한 마음을

---

221 케르소네소스는 그전부터 아테나이 관할이었고, 테네도스와 프로콘네소스는 아테나이의 신실한 동맹으로 남아 있었다. 기원전 341년, 340년에 아테나이는 에우보이아와 비잔티온과 새로운 동맹체제를 수립했다. 기원전 355년 이탈했던 아비도스도 기원전 340년에 다시 아테나이 쪽으로 회귀한 것으로 보인다.

가지고 말이지요. 이런 사실을 증명하려고 하나 질투를 예방하는 차원에서, 제가 수행한 업무를 많이 축소해서 말씀드리고자 합니다. 이 서류를 들고 저의 제안에 기초한 의결에 따라 이루어진 원병의 목록을 읽어 주십시오.

원병 목록

306. 아이스키네스 씨, 이런 것 혹은 그에 유사한 것을 추진하는 것이 훌륭한 시민의 의무입니다. 그들이 성공을 거두었다면, 두말할 나위 없이, 우리는 가장 위대한 나라, 그리고 그 위대함에 어울리는 나라를 가졌을 거예요. 비록 결과는 기대 밖이었지만, 적어도 우리의 명성은 남았으며, 아무도 우리 도시나 그 정책을 비난할 수 없고 그저 상황이 그렇게 전개된 데 대해 운을 탓할 수밖에 없어요. 307. 제우스의 이름으로, 자신의 나라의 대의를 저버리고, 적에게 고용되어, 아테나이가 아니라 그 적을 위한 기회를 엿보는 것은 좋은 시민이 할 일이 아니었지요. 한편, 우리 전통에 어울리는 방안을 지지하거나 제안하는 것을 업으로 하고, 그 같은 방법에 천착하는 이를 노려보는 것, 또 사적 불편함의 기억으로 앙심을 품는 것은 그런 시민이 할 일이 아닙니다. 또 당신(아이스키네스)이 빈번히 그렇게 하듯이, 거짓으로 사기를 쳐서 평온을 가장하는 것222도 시민의 의무가 아니지요.

308. 실로 도시에 주효하고 득이 되는 평온이 있어요. 여러분 시민

---

222 참조, Aischines, 3. 215~216.

가운데 다수가 위선 없이 유지하는 평온 말입니다. 그러나 이 사람 (아이스키네스)이 지향하는 평온은 그런 것이 아니고, 달라도 아주 달라요. 그가 필요하다고 생각할 때마다, 그것도 아주 자주, 공직에서 물러서는, 여러분이 연사들이 줄을 잇는 바람에 곤혹스러울 때, 혹은 어떤 불행의 역경이 여러분에게 닥칠 때, 또는 인간 생활에서 자주 발생하는 고민거리가 있을 때를 기다리는 겁니다. 그러다가 기회를 잡으면, 침묵을 깨고 갑작스런 돌풍같이 세련된 목소리의 연사가 되어 출현하는 겁니다. 그는 단어와 구를 서로 연결하여, 분명하게 중단 없이 말을 이어갑니다. 그러나, 아깝게도 모든 말이 쓸모가 없고 선한 목적으로 쓰이지 않으며, 이러저러한 시민을 해치고 전체 공동체에 누를 끼치는 데 이용이 되는 것이에요.

309. 그런데 아이스키네스 씨, 이 모든 주도면밀한 행위가 당신 조국의 안녕을 위한 성실과 염려의 정신에서 비롯된 것이라면, 우리 모두에게 이익이 되는 풍성하고 고귀한 수확을 가져왔을 것입니다. 국가 간 동맹, 새로운 세수, 상업 발달, 유용한 입법, 우리의 공인된 적에 대처할 수 있는 방법 등이 그런 것이지요. 310. 지난날 이 모든 활동은 위정자들에게 시금석이었어요. 그리고 당신이 지나온 세월은 정직한 정치가들에게 자신의 진가를 드러내는 많은 기회를 부여했지요. 그러나 그런 사람들 가운데 당신은 자리를 얻지 못했어요. 당신은 첫 번째도, 두 번째도, 세 번째도, 네 번째도, 다섯 번째도, 여섯 번째도, 아무 데도 없어요, 적어도 조국의 힘이 강화되는 동안은 그러했죠. 311. 당신 노력으로 우리 도시가 무슨 동맹을 맺은 게 있소? 어떤 원군 파병이나, 어떤 친선 혹은 명예의 획득이나, 무슨 사신을

가거나, 도시 위신을 더 높인 어떤 임무를 수행했거나, 국내, 헬라스 혹은 이방의 정책 가운데 당신이 담당했던 어떤 사업이 성공을 거둔 적이 있었소? 삼단노전선이나, 무기나 조선소, 요새, 기병, 그 무엇이나 우리가 당신 덕을 본 것이 무엇이 있소? 이 너른 천지에 당신이 쓰이는 데가 어디요? 부자나 빈자를 위해 정치적으로 공적 재정보조를 해본 적이 있소? 한 번도 없지요.

312. 실로, 친구여, 보시게나, 그런 것 없이도 호의나 열성이 있을 수도 있죠. 어디에, 언제 그런 것이냐고요? 그러니, 구제불능의 사기꾼인 당신이 들어 보시오. 사람들이 제각기 우리 도시의 안위를 위하여 연단에서 발언하고, 마지막으로 아리스토니코스[223]가 시민권을 되찾기 위해 모았던 돈을 내놓았을 때, 당신은 자취도 보이지 않았고 한 푼도 내놓은 게 없어요. 부담할 형편이 안 되는 것도 아니었는데 말이오. 어떻게 형편이 되냐고요? 당신 장인 필론으로부터 5탈란톤 넘게 상속을 받았고, 또 납세분담조합의 대장들로부터, 삼단노전선법을 폐기한 대가로, 2탈란톤을 기부받았잖소. 313. 아무튼, 이런 이야기는, 또 다른 이야기를 자꾸 물고 들어와서, 옆길로 새는 것이므로 생략하도록 하겠소. 그러니 분명한 것은 당신이 아무것도 내놓지 않은 것은 가난했기 때문이 아니라, 당신이 봉사하는 사람들에게 누가 되는 행동을 하지 않도록 신경을 썼기 때문이지요. 그렇다면,

---

[223] 이 사람이 이 변론 §83, §223에 나오는 이와 같은 인물인지는 불확실하다. 이 아리스토니코스는 공적 채무를 갚지 못하여 시민권을 상실했는데, 그것을 되찾기 위해 계를 모아서 돈을 만들었다.

어떤 경우에 당신이 패기가 있고, 언제 청명할 때가 있었소? 동료 시민을 헐뜯을 때, 그때 당신 목소리가 청명해지고, 당신 기억이 탁월해지며, 훌륭한 연극배우(위선자)224로 드러나는 것이지요. 비극배우225 테오크리네스226같이 말이오.

314. 그런 다음 당신은 지난날 영웅들 이야기를 우리에게 하는 거요. 멋있어 보이죠. 그러나, 아테나이인 여러분, 죽은 이들을 위해 품은 연민을 이용하여, 저를 그들과 비교하면서 여러분과 함께 엄연히 살아 있는 저를 폄훼하는 것은 사리에 맞지 않습니다. 315. 모든 이가 하나같이 모르지 않은 사실은, 살아 있는 이들 사이에는 다소간에 질투심이 이면에서 작동하지만, 죽은 자의 경우 그들의 적이었던 이들에게조차 더 이상 거부감을 일으키지 않습니다. 이것이 세상만사 순리인 것이죠. 그런데 제가 저의 선조들과 비교하여 평가를 받아야 하겠습니까? 절대로 아닙니다. 아니지요, 아이스키네스 씨, 그런 것은 정당하지도 평등하지도 않은 것입니다. 원한다면 당신과, 아니면 당신과 같은 원칙을 가진 이로 살아 있는 사람과 비교해야 하는 것이에요. 또 당신이 유념해야 할 것이 있어요. 316. 우리 도시를 위해서 어떤 것이 더 적합하고 유익한 것이냐는 것이오. 지난날 굉장한 존재, 아니, 표현이 불가능할 정도로 위대한 존재인 이들의 공적을 기려서, 지금 기여하는 이가 배은망덕과 음해에 시달려야 하는 것이겠

---

224 *hypokrites*. 가면을 쓴 배우라는 뜻으로 위선자라는 의미를 동시에 갖는다.
225 *tragikos*. 비극배우라는 뜻이지만, 참담하다, 불쌍하다는 의미를 동시에 갖는다.
226 테오크리네스는 악명 높은 밀고자이다. 데모스테네스의 작품으로 간주되는 변론 〈테오크리네스를 고발하여〉에서 비난 받는 사람이다.

소? 아니면 어떤 것이라도 호의를 가지고 행하는 모든 이가 다소간 동료 시민의 존경과 배려를 받아야 하는 것이겠소?

317. 이 같은 점과 관련하여 제 소견을 말씀드리자면, 누구라도 저의 정책과 원칙을 살펴보신다면, 그 정신과 목적이 존경하는 선조의 이름에 부치는 것들과 유사하다는 사실을 깨닫게 될 것입니다. 당신(아이스키네스)의 것은 그 선조를 음해하는 이들의 것과 닮은 것이고요. 분명한 것은, 그 선조들의 시대에도 언제나 살아 있는 이를 헐뜯고 앞서 살았던 선조들을 기리는 이들이 있었어요. 그 치졸함이 바로 당신이 하는 것과 같은 것이죠. 318. 그런데도 당신은 내가 그들과 닮은 것이 없다고 말하는 거요? 그리고, 아이스키네스 씨, 당신이 닮은 거요? 아니면 당신 형제가 닮았소? 아니면 이 시대의 다른 연사가 닮은 거요? 제 소견에는 아무도 그런 이가 없어요. 그러니, 내 알량한 형씨, 구차하게 다른 말은 하지 않기로 하고, 다만 산 사람을 그 당대의 기준으로 평가하도록 하시구려. 시인, 춤꾼, 경기 참가자 등 모든 이들이 그렇게 하잖소. 319. 필람몬은 화관을 받아 쓰지 않고는 올림피아를 떠나지 않았어요. 카리스토스 출신 클라우코스나 그 전의 다른 경기 참가자들만큼 강하지 않았는데, 화관을 수여받고 승리자로 선포되었어요. 씨름판에서 그와 대적한 상대보다 더 잘 싸웠기 때문이었지요. 그러니 당신은 나를 지금의 연사들과 비교해야 하는 거요. 예를 들자면, 당신 자신이나 아니면 당신과 같은 부류 말이오. 누구라도 나는 배제하지 않소. 우리 도시가 자유롭게 최선의 정책을 선택할 수 있었을 때, 320. 나라를 위한 마음으로 모든 이가 공개적으로 경쟁할 때, 나는 더 나은 제안을 했고, 모든 현안이 내가 기안한

제안, 법령, 사신 파견 등에 따라 추진되었어요. 이런 사안들을 방해하려 할 때를 빼고는 당신네 가운데 아무도 나타난 적이 없어요. 일어나지 않았으면 좋을 뻔한 사태가 발생하고, 조언자가 아니라 명령에 복종하는 이, 돈에 팔려서 조국을 해치고, 이방인에게 아첨하려고 했던 이들이 도마 위에 올랐을 때, 당신은 물론 그 일당 각각이 말떼[227]를 기르는 대단하고 멋있는 이였소. 반면, 나는 무력했음을 인정하지만, 여기 계시는 분들에게는 당신네보다 더 신실했소.

321. 아테나이인 여러분, 삼가는 시민은 두 가지 덕성을 갖추어야합니다. 한 치의 유감없이 이 같은 정의는 저 자신에게도 적용되는 것이에요. 승세를 탈 때면, 그런 시민의 목적은 언제나 도시의 패기와 패권을, 그리고 행하는 모든 사업에서 신심을 지키는 것입니다. 그 같은 덕성은 자연의 성품에서 우러나오는 것이고, 능력과 성공과는 다른 맥락에 있습니다. 제가 바로 그런 성품을 언제나 유지하고 있다는 사실을 여러분은 간단하게 아시게 될 거예요. 322. 보십시오, 그들이 여러분으로 하여금 저를 적에게 넘겨주도록 요구했을 때, 신성동맹 사람들 앞에서 그들이 저를 비난하고 또 협박했을 때, 저를 회유하려 했을 때, 이 저주받을 인간들을 시켜서 짐승처럼 저를 매도할 때 등, 그 어떤 상황에서도 저는 여러분에 대한 신심을 저버리지 않았습니다. 처음부터 올곧게, 바르고 당당한 정치의 길을 택해서, 조국의 명예, 힘, 영광을 위해 봉사하고, 더 증가시키고 저와 함께하도록 매진했습니다. 323. 적의 승전 소식에 제가 광장을 다니며 그

---

227 군대 기병이나 제전의 경주를 위해 말을 기르는 이는 우대와 존경을 받았다.

들의 행운을 기뻐하고 저의 오른손을 치켜들고는, 어떤 이라도 그 소식을 널리 전해 줄 것 같은 이에게 기쁜 소식을 전하는 그런 일은 하지 않았어요. 우리 도시의 행운을 전해 들으면서 저는, 마치 이들 무뢰한이 하는 것처럼, 경악하고 한탄하고 땅으로 고개를 떨구지도 않고요. 이들은 도시를 배반하면서 마치 스스로를 배반한다는 생각을 하지 못하고, 이방인에게 한눈을 팔고, 헬라스의 불행을 대가로 그 이방인들이 승기를 잡으면, 그 행운에 환호하고 그것을 언제까지나 지켜야 한다고 말하는 겁니다.

324. 절대로, 온갖 신들이여, 절대로 그들의 소원이 이루어지도록 하지 마시기를. 만일 그 소원을 들어주시려거든, 그들에게 더 나은 목적과 더 나은 정신을 불어넣어 주십시오. 그렇지 않고, 그들의 악의가 치료 불가능한 것이라면, 그들을 사절하시고, 그들에게만 육지와 바다에서 뜻하지 않은 파멸을 내리소서. 그리고 남은 우리에게는 우리 머리 위로 얼쩡거리는 공포에서 재빨리 해방시켜 주시고, 흔들리지 않을 구원을 내리소서.

19

사신의 배임에 대하여

해제

〈사신의 배임에 대하여〉는 기원전 343년 여름, 회계보고 등 임기 말에 행하는 수행감사 관련하여, 아테나이 시민 재판관 1,501명과 회계감사관[1] 10명 앞에서 발표되었다. 사신들은 각기 임무를 마치고 돌아온 후 의회와 민회에 행적을 보고하고, 회계감사관들에게 회계보고를 해야 한다. 마케도니아 왕 필리포스에게 제2차 사신으로 10명이 파견되었다가 돌아온 후, 데모스테네스는 아이스키네스를 포함한 다른 사신들의 행동을 못마땅하게 여겨, 수행감사를 받도록 하기 위해 회계감사관 앞에 출석했다. 아이스키네스는 제2차 사신 파견은 제1차의 연속이므로, 이미 제1차 사신 임무에 대한 수행감사를 받았으니, 제2차 사신 파견에도 유효한 것이라고 주장했고, 이 주장이 회계감사관들에 의해 수용되었을 가능성도 있는 것으로 보인다.

아리스토텔레스의 《아테나이 정치제도》(48. 4~5)에 따르면, "또 의회는 각 부족에서 한 명씩 회계감사관과 각 회계감사관당 두 명씩의 보좌관을 추첨한

---

1 *logistai.*

다. 이들은 각 부족 명칭이 된 영웅의 상을 따라 집회장(광장)에 앉아 있어야 한다. 만일 재판소에 회계감사 자료를 제출한 사람에 대해 제출한 지 사흘 안에 사적 혹은 공적으로 문제 삼고 싶은 사람이 있으면, 흰 판에다 자기 이름과 피고 이름, 기소 내용, 마땅하다고 여기는 벌금을 적어서 회계감사관에게 낸다. 그가 이것을 받아 읽어 본 다음 혐의가 있다고 판단하면, 사적인 것은 부족에 사건을 기소한 데모스별 재판관들에게 넘기고, 공적인 것은 법무부 장관에게 등록한다. 법무부 장관은 이것을 접수하면 다시 이 회계감사를 재판소로 넘긴다. 재판관들의 결정이 최종 권위를 갖는다"고 한다.

기원전 346년 여름, 데모스테네스와 동료 의원인 티마르코스가 오이네이스 부족의 회계감사관에게 청원하고, 회계감사관이 이를 받아들였다. 그사이 아이스키네스는 티마르코스의 전력을 조사하여, 그 비위를 캐내고, 매춘을 한 이는 타자를 법정에 고소하지 못한다는 법에 의거하여, 티마르코스가 제기한 소가 성립되지 않는다고 항변의 맞고소를 제기했다. 티마르코스는 법정에 회부되어 유죄가 되어 자격박탈형에 처해졌다(345 B.C.).[2]

올린토스가 필리포스에 의해 함락(348 B.C.)된 다음, 아테나이인은 필리포스에 대항하기 위해 헬라스의 주요 도시들의 동맹을 조직하려 했다. 그러나 선봉에 섰던 프로발린토스[3] 출신 에우불로스가 기대에 부응하지 못했고, 다른 도시들이 아테나이가 필리포스 앞에서 소극적이라고 여겼다. 아테나이는 카레스를 사령관으로 하여 함대를 파견하는 정도에 그쳤고, 그는 오드리사이[4]의 왕 케르소블렙테스와 공조하여 트라케 연안 몇 군데에 수비대를 두었다.

---

2 참조, 이 변론 §2의 'anereke(anaireo, 제거하다)'가 티마르코스를 제거한 것을 뜻한다고 보기도 한다. 티마르코스의 매춘 행위 관련 언급은 참조, Aischines, 1. 157.
3 판디오니스 부족에 속하는 구(區 · demos).
4 에게해 북쪽 트라케 지역의 왕국으로 오늘날 불가리아 동부 에브로스강에 걸쳐 있다.

아테나이인은 필리포스와 평화조약을 맺으려 했고, 필리포스도 아테나이인에게 호의를 가진 듯한 행색을 연출했다. 아테나이 여론은 협상 쪽으로 기울었고, 필리포스에게 강경하게 맞섰던 데모스테네스도 더 이상 반론을 제기하지 않았다. 마침내 필로크라테스의 제안으로 필리포스에게 평화협상 사신을 파견했고, 데모스테네스도 사신 10명 중 한 명이었다. 마케도니아로 갔던 사신들은 기원전 346년 3월 중순(엘라페볼리온달 19일) 귀환하여 민회에서 보고했고, 이튿날 민회는 평화조약을 받아들이기로 결정하고, 며칠 후 동맹국도 평화에 비준했다.

조약 내용에 따라, 아테나이인은 암피폴리스에 대한 요구를 철회하고, 필리포스의 동맹이 되며, 비준 당사국은 각기 조약체결 당일에 가진 영토를 보유하도록 했다. 아테나이의 동맹국인 포키스는 조약체결에서 제외됐다. 또 오드리사이 왕 케르소블렙테스도 조약 당사국으로 포함되어, 그의 승인하에 아테나이가 수비대를 주둔시킨 트라케 지역에 필리포스가 패권을 행사하는 결과를 가져왔다.

한편, 필리포스의 동맹국이 된 아테나이는 결국 그가 헬라스 중부로 진출하는 것을 막을 수 없게 되었다. 필로크라테스와 아이스키네스 등이 확언하기를, 필리포스의 진출은 테바이와 포키스 간 분쟁을 해결하려는 것으로서, 포키스에 대해 적절하게 조치할 것이고, 또 테바이로 하여금 보이오티아 도시들의 독립을 인정하도록 할 것인바, 그렇게 되면 테바이의 힘이 약화될 것이고, 그것은 아테나이가 바라던 것이라고 했으며, 아테나이인은 이들의 말을 믿었기 때문이었다.

같은 해 4월 말경, 아테나이 의회는 제 2차 사신을 파견하기로 하고, 제 1차 때와 같은 이들을 보냈다. 데모스테네스의 제안으로, 당시 트라케에 가 있는 필리포스를 가능한 한 신속하게 만나 평화조약에 대한 그의 맹세를 받기 위해 배로 이동하기로 했다. 그런데 알 수 없는 이유로 출발이 지연되었고, 해로 아닌 육로로 이동하여, 마침내 23일이 지나 펠라에 닿았고, 거기서 필리포스가 올 때까지 27일을 앉아서 기다렸다. 그러고도 바로 그의 맹세를 받지 못하고, 다시 필리포스를 따라 테살리아로 내려와서, 마침내 페라이에서 맹세를 받게 되었다.

이런 과정에서 데모스테네스가 반발했는지 여부는 알려져 있지 않다. 이 같은 지연의 부정적 의미를 그가 나중에야 깨달았을 가능성도 없지 않다.

급기야 필리포스는 아테나이인의 온갖 기대를 저버리고, 중부 헬라스로 진출했으며, 테바이의 힘을 약화시키기는커녕, 보이오티아 도시들을 테바이로 넘기고, 그들의 동맹국이 되었다. 그리고 포키스 군대 사령관 팔라이코스가 투항하도록 유인했고, 포키스 땅을 유린하고, 신성동맹의 성원이 되기에 이르렀다. 그 후 테살리아에 정주하고, 테살리아 공동체[5]의 종신 지배자[6]라는 칭호를 가졌으며, 그곳을 4분할했다. 에우보이아의 오레오스, 에레트리아에서는 반아테나이파를 지지했으며, 펠로폰네소스에서는 아르고스와 아르카디아와의 우호를 다지고, 엘리스에서 권력을 잡은 과두파에 편승했다.

아테나이는 데모스테네스를 포함한 사신을 펠로폰네소스로 보내어(344 B.C.), 필리포스의 위험성을 알리고, 헤게시포스를 선봉으로 한 사신단을 펠라로 보냈으나 소득은 없었다. 도시 내에서는 반마케도니아파는 친필리포스파를 유죄로 선고했다.[7] 또 아이스키네스를 델로스로 가는 사신으로 선출했으나, 아레오파고스 의회가 아이스키네스를 배반자로 규정하여 배척하고 히페레이데스로 교체했다.[8] 기원전 343년 히페레이데스는 346년 평화조약 체결 관련하여 필로크라테스를 탄핵하여 법정에 세웠고, 데모스테네스는 마침내 사신의 배임에 연루되어 아이스키네스를 법정에 세웠으나, 아이스키네스는 불과 30표의 차이로 무죄 방면되었다.

---

5   *koinos.*

6   *archon.*

7   참조, 이글 §132~133. 필리포스의 사주를 받은 안티폰이 선창에 불을 지르려고 하다가 발각되어 민회에 회부되었다가 풀려났으나, 아레오파고스 의회가 그를 다시 체포하여 민회에 다시 세우는 바람에 처형되었다.

8   참조, 이글 §134.

1. 아테나이인 여러분, 이 재판을 둘러싸고 이들이 얼마나 애를 쓰고 청을 넣으려 하는지 여러분 대부분이 익히 간파하셨으리라고 저는 봅니다. 조금 전 표결에 즈음하여 여러분에게 치근덕거리며 접근하려는 것을 보시면서 말입니다. 그러나 제가 여러분 모두에게 부탁드리는 것은, 청을 넣지 못한 이들에게도 공정한 대우가 이루어질 것, 다시 말하면, 여러분 하나하나가 공정해야 하고, 또 이 자리에 들어서면서 다졌던 맹세에 어긋나는 것을 그 어떤 기여에 대해서나 그 어떤 이에 대해서도 베풀어서는 안 된다는 점입니다. 여러분이 유념하실 것은, 한편으로 그런 것이 여러분 자신은 물론 도시 전체를 위하는 길이라는 것, 다른 한편으로 이 자리에 소환된 이들의 부탁과 자기주장은 사적 욕심에 기인한 것으로서, 바로 여러분이 이 자리에 모인 것은 그런 것을 경계하고 부당행위를 한 이들의 이익에 편승하지 않도록 하기 위한 것이라는 사실입니다.

2. 올바르게 공무에 봉사한 이는 이미 수행감사를 받은 상태에서도 여전히 책임을 져야 한다고 저는 알고 있습니다만, 여기 있는 아이스키네스는 완전히 그 반대입니다. 수행감사 자체는 물론이고, 그것을 받으려고 여러분 앞에 출석하기도 전에 그 수행보고9를 검토하려고 오는 이들 중 한 사람을 제거했고,10 또 다른 이들에게는 줄곧 협박을 가

---

9 *logon dounai.*

10 여기서 제거된 이는 티마르코스이다. 아이스키네스가 회계보고할 때, 티마르코스와 데모스테네스가 나타나서 그를 비난했다. 그러자 아이스키네스가 보복하여, 티마르코스가 과거에 매춘한 사실을 들추어냈다. 법에 따르면, 매춘한 이는 자격 박탈되어 민회에서 발언하지 못 한다. 이렇게 티마르코스가 제거되었다.

했어요. 그렇게 그는 정치체제에 가장 치명적이고 여러분에게 가장 해가 되는 전례를 세운 것이죠. 공직을 수행한 이가 자기를 비난하는 이를 공정함과는 동떨어진 공포를 불어넣어서 제거할 수 있다면, 여러분은 곧 공무에 대한 모든 통제권을 상실하게 될 것이기 때문입니다.

3. 여기 있는 이 사람이 비열한 수작을 많이 해서 엄벌에 처해야 한다는 사실을 저는 증명할 수 있다고 확실하게 자신합니다. 그런데 그런 확신에도 불구하고, 허심탄회하게 여러분께 말씀드리자면, 제가 염려하는 것이 있습니다. 여러분 앞에서 시비를 다투게 되는 모든 재판이, 아테나이인 여러분, 시간이나 여건에 의해 영향을 받습니다. 그래서, 사신 파견 이후 많은 세월이 흘렀으므로, 저의 염려는 이 같은 부당행위를 여러분이 망각하거나 타성적으로 묵인하는 것이 아닐까 하는 것입니다. 4. 그럼에도 불구하고 지금 여러분이 사리를 판단하고 공정하게 판결할 수 있도록 제가 생각하는 바를 말씀드리겠습니다. 여러분 스스로 성찰하여, 재판관 여러분, 사신에게 부여된 임무가 어떤 것인가를 생각해 보십시오. [11] 그 책임은 무엇보다 먼저, 보고 사항, 둘째, 조언 사항, 셋째, 지시받은 사항의 준수 여부 등입니다. 그다음에 시간의 문제가 있고, 그 밖의 사안들에서도 임무 수행 중 뇌물을 받은 사실이 있나 없나 하는 것 등을 살펴야 하는 것이죠.

---

11 이 문장에서 Loeb 판본과 Kaktos 판본의 본문 내용이 다르다. Loeb 판본에서는 "사신이 도시에 보고해야 하는 것은 어떤 것이어야 하는가를 생각해 보십시오(logisaisthe tinon prosekei tei polei logon para presbeutou labein)." Katos 판본에서는 "사신에게 부여된 임무가 어떤 것인가를 생각해 보십시오(logisasthe tinon prosekei logon para presbeutou labein)"이다. 전자의 경우 '도시에(tei polei)'가 첨가되어 있다.

5. 왜 이런 것들이 필요하겠습니까? 사신의 보고를 통해 여러분이 사리를 판단하기 때문입니다. 그래서 그 보고가 사실이라면 여러분은 올바른 판단을, 그렇지 않다면 그릇된 판단을 내리게 되는 것이죠. 사신들은 짐짓 그 임무를 통찰하고 있는 것으로 간주되므로, 그들의 조언은 더욱 믿을 만한 것으로 여러분이 받아들이게 됩니다. 그러니, 어떤 사신도 사기나 불이익을 조언하는 죄를 지어서는 절대로 안 됩니다. 6. 또 사신은 여러분이 언동(言動)에 대해 명을 내린 대로 수행하도록 분명하게 결정한 사항에 따라 임무를 수행해야 합니다. 그래야 하는 것이죠. 그런데 시간은 왜 문제가 되겠습니까? 아테나이인 여러분, 중요한 사안에서는 기회가 순간적으로 주어지기 때문이지요. 의도적으로 그런 기회를 놓쳐서 적에게 유리하도록 하여 (도시를) 배반한다면, 나중에 무슨 수를 써도 돌이킬 수가 없게 됩니다. 7. 그 다음, 뇌물을 받았느냐의 여부인데요. 도시를 음해하기 위해 뇌물을 받는 것은, 제가 아는 한 모든 이가 입을 모아, 여러분이 아주 분노할, 천인공노할 짓입니다. 그런데, 입법자는 이 문제에 대해 분명한 언급을 하지 않았어요. 그는 물론 뇌물 받는 것을 금지했지요. 제 소견에, 뇌물 받는 이는, 돈 때문에 타락하여, 도시에 이익이 되는 정책의 결정자로서의 신뢰를 받을 수가 없습니다.

8. 그러니, 제가 분명한 증거를 가지고 말씀드리는 것은, 피고인 아이스키네스의 보고가 전적으로 거짓이라는 것, 그리고 그는 제가 말하는 진실을 민중이 듣지 못하도록 방해한다는 것, 그가 조언하는 것은 여러분의 실제 이익과는 완전히 반대된다는 것, 그가 사신 임무를 수행함에 있어 여러분의 지시를 아무것도 이행한 것이 없다는 사실, 시

간을 허비함으로써 많은 중요한 사안에서 도시가 기회를 상실하게 했다는 것, 이렇듯 임무를 배반하면서 그는, 필로크라테스와 같이, 선물과 대가를 받았다는 사실 등입니다. 그러니 그를 유죄로 선고하시고, 그 부정행위에 맞는 처벌을 내리십시오. 제가 이 모든 혐의에 대해 증거를 대지 못하면, 저를 사기꾼으로 여기시고, 그를 방면하십시오.

9. 그(아이스키네스)를 미워하지 않을 사람이 한 사람도 없을 정도로 다른 많은 비열한 행위도 비난할 거리가 있지만, 아테나이인 여러분, 무엇보다 먼저 제가 말씀드리려 하는 것은, 여러분이 다음의 사실을 기억해 주십사 하는 것입니다. 실은 제가 일부러 말씀드리지 않아도 많은 분이 기억하실 줄로 압니다만, 그것은 아이스키네스가 처음부터 어떤 정치체제를 선호했는지, 필리포스에 반대하여 그가 적합하다고 생각해서 했던 발언입니다. 그가 처음 했던 행동과 말을 보면 지금 그가 뇌물을 받았다는 결정적 증거가 된다는 사실을 여러분이 깨달을 수 있기 때문입니다. 10. 아이스키네스는, 당시 자신의 발언에서도 거론했듯이, 필리포스가 헬라스인을 겨냥하여 음모를 꾸미고 아르카디아인 거물 중 일부를 매수하는 사실을 처음으로 간파했던 이입니다. 네옵톨레모스의 아들 이스칸드로스를 동반자로 하여[12] 그

---

12 네옵톨레모스는 고명한 비극배우였는데, 한번은 자기 형제인 아리스토데모스와 함께 마케도니아로 가서 연극을 상연했다. 필리포스는 이들을 이용하여, 자기는 아테나이에 우호적이라는 입장이라는 점을 아테나이인에게 전하게 함으로써, 민중을 기만했다. 아이스키네스가 이스칸드로스를 2류 배우로 이용했다는 데모스테네스의 말은 역설적이다. 데모스테네스의 조카인 데모카레스에 따르면, 아이스키네스는 이스칸드로스의 배우집단에 배우로 소속되어 있었다.

와 함께 의회13와 민회14에서 이 문제에 대해 발언하고, 여러 곳으로 사신들을 보내어 필리포스와의 전쟁을 논의하기 위해 이곳(아테나이)으로 모이도록 하자고 했던 것이 바로 이 사람(아이스키네스)입니다.

11. 그 후 아르카디아에 사신으로 갔다가 돌아온 후, 그는 필리포스를 옹호하는 히에로니모스15에 대한 응답으로 메갈로폴리스의 '1만 인'16 앞에서 여러분을 대변하여 발언했다고 자처하는 장광의 긴 연설문에 대해 보고했습니다. 동시에 그는 필리포스에게 팔려 돈을 받은 썩어빠진 위정자들이 자신의 조국뿐 아니라 온 헬라스를 음해하는 사실도 자세히 전해 주었지요. 12. 그래서 당시 드러난 그의 정치적 안목과 그가 보여 준 능력이 이러했고, 또 아리스토데모스,17 네옵톨레모스, 크테시폰, 또 다른 이들이 마케도니아에서 들여온 완전히 그릇된 소식을 여러분이 믿고 필리포스와의 평화협상을 위한 사신을 파견

---

13 *boule.*

14 *demos,*

15 히에로니모스에 대한 언급은 참조, Demosthenes, 18. 295. 필리포스에게 매수되어 그를 위해 자기 도시를 배반한 이들의 이름이 나오는데, 아르카디아에서는 케르키다스, 히에로니모스, 에우캄피다스가 소개되어 있다.

16 *myrioi* (1만 명). '*myrioi*'는 아르카디아의 정치적 집단으로, 아르카디아 공동체 (*koinos*) 이다.

17 아리스토데모스는 메타폰티스[에게해 동남부 '도데카니사(12개 섬)'에 속하는 섬, 오늘날 '시미'라 불리며, 로도스에서 약 19킬로미터(12마일) 떨어져 있는 곳] 출신의 고명한 비극시인이었는데, 아테나이에 오래 거주하여 시민권을 얻었다. 올린토스가 필리포스에게 함락된 후, 포로 해방을 요구하기 위해 필리포스에게 파견되었고, 귀환해서는 필리포스가 아테나이에 우호적 입장에 있는 것처럼 거짓 정보를 전했다.

했을 때, 그(아이스키네스)도 사신단의 일원으로 합류하게 되었던 것입니다. 그는 여러분의 이익을 배반하거나 필리포스와 내통하는 이로서가 아니라, 다른 이들을 감시하는 이로서 선출된 것이었어요. 그가 그전에 한 말, 또 그가 보여 준 필리포스에 대한 경계심을 본 여러분은 모두 그가 당연히 그렇게 할 줄로 생각했던 것이죠.

13. 그 후 그가 저에게 와서 제안하기를, 사신의 소임을 맡았으니 서로 화합하고 협조하고 또, 둘이 같이 저 파렴치하고 비열한 이, 필로크라테스 말인데요, 그 같은 이를 경계하자고 했어요. 1차 사신의 소임을 마치고 돌아올 무렵까지만 해도 적어도 저로서는 말이죠, 아테나이인 여러분, 그가 타락했고 이미 매수당했다는 그런 의심은 갖지 않았습니다. 제가 말씀드렸듯이 그전에 그가 했던 발언 이외에도, 여러분이 평화조약에 대해 두 번에 걸쳐 논의했을 때 그 첫 번째 민회18에서 그가 일어나서 다음과 같은 서두로 발언을 시작했거든요, 그가 한 말을 단어 하나 틀리지 않고 그대로 제가 여러분에게 옮겨드릴 수 있다고 저는 자신합니다. 14. "아테나이인 여러분, 필로크라테스가 화평을 깰 수 있는 최선의 방법을 오랫동안 모색해왔다면, 제 소견에, 현재의 제안보다 더 좋은 방법을 그가 찾아내지는 못했을 것 같습니다. 그러니, 저로서는, 아테나이인이 한 사람이라도 살아 있는 한, 우리 도시가 그 같은 평화조약을 체결하라는 조언은 하고 싶지는 않습니다만, 그럼에도 우리는 평화조약을 맺어야 한다고 생각합니

---

18 평화를 위한 첫 번째 회의는 엘라페볼리온달(3월 중순~4월 중순) 18일, 두 번째 회의는 같은 달 19일에 있었다.

다. " 그는 이렇게 짧고도 온당하게 말했어요.

15. 하루 전날 그가 이런 말을 한 것을 여러분 모두가 다 들으셨지요. 다음 날 평화조약 체결에 즈음하여, 저는 동맹국의 대의를 지지하여 대등하고 정당한 평화조약을 위해 애를 쓰고 있었고, 19 여러분도 저의 뜻에 동조했으며 비열한 필로크라테스의 발언을 들으려 하지 않았지요. 그때 그가 말이죠, 앞으로 나와서는 필로크라테스를 변호하면서, 16. 제우스와 모든 신들의 이름으로, 여러 번 죽어도 마땅한 말들을 한 겁니다. 여러분이 선조의 공덕을 망각하고, 전통의 승전비와 해전을 기리는 말을 하지 못하도록 하고, 20 그전에 여러분을 도운 적이 없는 헬라스인에게 도움을 주지 못하게 하는 법을 제정하도록 그가 여러분에게 종용한 것이죠. 이 뻔뻔한 불한당이 감히 이 같은 말을 내뱉을 때, 헬라스 여러 도시로부터 온 사신들이 지척에 서서 그 말을 듣고 있었어요. 아직 그가 매수되기 전에 그의 제안으로 여러분이 초청했던 그 사신들이 말이죠.

17. 그리고, 아테나이인 여러분, 여러분이 두 번째로 그를 사신으로 지명하여 비준의 맹세를 받으라고 파견했을 때, 어떤 방법으로 그가 다시 시간을 지체하고, 도시의 이익을 온통 저버렸으며, 또 이런 점 관련하여 그것을 막으려 한 저와 자꾸만 반목하게 되었는지 곧 말씀드리겠습니다. 한편, 비준의 맹세를 받기 위한 사신 길에서 다시

---

19 아이스키네스(3.65)에 따르면, 엘라페볼리온달 19일에는 아무도 발언한 이가 없다고 하고, 데모스테네스는 동맹국들의 제안에 반대했다고 주장한다(3.70~72).
20 참조, Aischines, 3.75~77.

돌아왔을 때, 지금 이루어지는 수행감사[21]가 바로 여기와 관련된 것인데요,[22] 여러분이 평화조약을 승인할 때 약속받는 것 혹은 기대한 다소간의 이득과 관련해서는 아무런 성과가 없었고, 온통 기만투성이뿐인 데다가, 이들은 엉뚱한 짓거리를 하고 민회 결의에 의해 부여된 사신의 임무를 배반하는 것으로 일관했습니다. 제가 여러분께 말씀드리려고 하는 사실을 아는 이들이 많은데요, 의회장에 일반 시민들이 가득했기 때문이죠. 18. 그때 제가 의회 연단으로 올라가서 모든 사실을 고했습니다. 이들(아이스키네스 무리)을 비난했고, 크테시폰과 아리스토데모스가 여러분에게 했던 보고에 의해 처음으로 품었던 희망에서부터 시작하여, 여러분이 평화조약을 체결할 때 그(아이스키네스)가 한 발언이 도시를 어떤 지경으로 몰고 갔는지, 또 포키스인과 테르모필라이인 등과 관련하여, 제가 조언한 바로서, 그들을 저버리지 말고, 전철을 밟지 말며, 공허한 희망과 약속에 좌우되어 사태가 극단에 이르도록 방관하지 말자는 것 등이었지요.

19. 그런데 민회가 소집되고 우리가 발언하게 되었는데, 그때 아이스키네스가 우리 모두를 제치고 제일 먼저 연단에 올라섰어요. 제우스와 신들의 이름으로 제가 진실을 말하는지를 여러분들이 함께 상기해 주시기를 청하는바, 바로 이 대목이 여러분의 현안을 완전히 교란하여 망가뜨린 계기가 되었기 때문입니다. 그는 사신의 임무에 대

---

21 *euthynai*.

22 두 차례 사신 파견에 대한 수행감사(*euthyne*)가 아이스키네스의 수작으로 편법으로 이루어졌다는 데모스테네스의 주장에 대해서는 같은 변론 §211~212 참조.

한 보고를 완전히 생략했고, 또 의회에서 거론된 것들이나, 제 발언의 진위 여부에 대해 그가 따진 일이 있는지 하는 사실 등을 여러분에게 전하지 않았습니다. 오히려 그는 굉장한 전망을 담은 유려한 발언을 하여 여러분을 모두를 현혹시켰어요. 20. 자신이 필리포스를 완전히 설득하여, 신성동맹국23은 물론 다른 모든 사안에서 우리 도시에 유리하게끔 해 놓았다고 장담했지요. 그리고는 여러분 앞에서 장황한 연설을 했어요. 그것은 테바이인을 매도하는 내용으로, 필리포스 앞에서 했던 것인데 그 취지를 요약하여 여러분에게 전하는 것이라고 하면서, 사신 임무 수행의 결과로서, 출병이나 다른 번거로움 없이 여러분이 집에서 기다리기만 하면, 이삼일 만에 소식이 들릴 것이라는 전망도 전했습니다. 테바이가 보이오티아의 다른 지역들로부터 고립되어 포위되고, 21. 테스피아이와 플라타이아에 다시 사람이 거주하게 될 것이고,24 신의 자금25이 포키스인이 아니라, 신전을 장악

---

23 *amphiktyonia*.

24 아테나이와 테바이 간 평화조약이 효력을 발생하던 기간 중인 기원전 374년, 라코니아(스파르타) 수비대가 철수하자 곧 테바이인이 플라타이아인에게 보이오티아 공동체(*koinon*)와 유대를 갖도록 회유했다. 독립하여 아테나이인의 동맹국으로 남으려 했던 플라타이아인이 그 제안을 거부하자, 테바이인은, 아테나이인이 채 대응을 하기 전에, 플라타이아 외곽 전원 지역 사람들을 포로로 잡으며 플라타이아 도시를 포위했고, 마침내 플라타이아인은 아티카로부터 유리되었다. 테바이인은 플라타이아를 떠나면서 그 도시를 해체했다. 조금 뒤에 테스피아이인도 보이오티아 공동체에 합세하기를 거부했다가, 독립을 상실하고 테바이에 종속된다.

25 제 3차 신성전쟁 당시 포키스인 필로멜로스(오노마르코스의 형제)는, 전권을 가지고 델포이를 점령했던 장군인데, 델포이 신전의 금고에서 이른바 '대부'를 받아서 군대 유지에 충당했다(Diodoros, 16. 56). 그 때문에 포키스에 우호적인 도시

하려는 의도를 품었던 테바이인으로부터 반환되었다는 소식 말입니다. 그(아이스키네스)에 따르면, 그런 마음을 먹는 이는 그 자체만으로도 실제로 장악한 이와 같은 신성모독을 범한 것이라고 필리포스에게 말해 주었고, 그 때문에 테바이인이 자신을 노려서 현상금을 걸었다고 했습니다. 22. 또 일부 에우보이아인들이 필리포스와 아테나이인 간의 우호에 완전히 놀라서 다음과 같이 말하는 것을 들었답니다. "사신 여러분, 여러분이 필리포스와 맺은 평화조약의 내용을 우리가 빠짐없이 다 알고 있으며, 여러분이 암피폴리스를 필리포스에게 양도하고, 또 그는 여러분에게 에우보이아를 넘기기로 한 사실도 알고 있습니다"라고요. 아이스키네스는 스스로 또 다른 일도 해결한 것이 있지만, 지금으로서는 아직 발설하지 않는 것이 좋은 것 같다고 했지요. 그 동료들 가운데 일부가 이미 그를 질투하고 있기 때문이라나요. 그렇게 오로포스 사태[26]를 빗대어 표현한 것이지요.

23. 이 같은 사안에서 공을 세운 것처럼 생색을 내고, 최고의 연사, 굉장한 인물인 것처럼 거들먹거리면서 연단을 내려왔어요. 그때

들이 분개했고 그들의 적이 이 같은 분노를 이용하게 되었다. 기원전 355년 그 뒤를 이른 오노마르코스가 다시 신전의 금속을 녹여 무기와 화폐를 만들었다 (Diodoros, 16. 32~33).

26 오로포스는 아티카(아테나이가 위치한 반도)와 보이오티아 사이에 놓인 지역으로 그 관할권을 두고 양자 간에 분쟁이 있었다. 기원전 375/4년 아테나이인이 그 시민들을 추방했다. 쫓겨난 이들이 보이오티아 공동체로 가서는 그곳 참주 테미손이 거느린 용병의 도움을 받아서, 기원전 366년 여름 오로포스를 장악하여 보이오티아 공동체로 넘겨주었다. 아테나이인은 동맹국들의 도움으로 대응하려 했으나 동맹국들은 동참하기를 거부했다.

제가 일어나서 그런 일은 알지 못하는 것이라고 하고, 의회에서 제가 거론한 것들에 관해 몇 가지를 말하려 했습니다. 그러나 이 사람(아이스키네스)과 필로크라테스가 저를 두고 양쪽에서 고함을 지르고 방해했으며 급기야 조소를 퍼부었어요.[27] 여러분은 웃음을 터뜨리면서, 저의 말은 들으려고 하지 않았고, 아이스키네스가 한 말 외에 제 말은 믿으려고 하지 않았지요. 24. 사실, 신의 이름으로, 여러분의 반응은 아주 당연한 것이죠. 굉장한 득(得)을 볼 것 같은 기대에 찬 사람이 그런 득을 보지 못할 것이라고 찬물을 끼얹고, 도리어 그 시혜자의 처사를 비난까지 하는 연사를 어떻게 용납할 수 있었겠습니까? 당시 제가 생각한 것은, 모든 것이 여러분 앞에 제시된 희망과 기대의 그늘에 묻혀 버리는구나 하는 것이었습니다. 그에 반대되는 말은 한갓 소음과 악의에 불과한 반면, 그가 제시한 청사진은 도시에 굉장한 이득을 가져올 것처럼 보였던 것이죠.

25. 제가 무엇보다 이같이 지난 일을 먼저 거론하는 이유가 무엇이겠습니까? 아테나이인 여러분, 그 첫 번째 주요 목적은, 악랄하고 상상을 초월하는 이 같은 수작에 대해 저의 말을 들으면서 곤혹스러워하며, "왜 그때 바로 말해서 우리에게 알려 주지 않았느냐?"고 묻는 이가 없었으면 하는 것입니다. 26. 다른 한편으로, 이들(아이스키네스 일당)의 약속이 여러분으로 하여금 다른 이의 말을 귀담아듣지 못하도록 번번이 방해했다는 사실, 또 그의 허황한 청사진이, 여러분에게 끼친 온갖 다른 피해에 더하여, 희망, 기만, 공허한 약속으로 들뜬 여러분으

---

27 필로크라테스의 조소하는 발언 관련하여 참조, 이 변론 §46.

로 하여금 적시에 필요한 때에 진실을 직시하지 못하도록 했다는 사실을 깨닫도록 하려는 것입니다. 27. 이것이 제가 지금까지 발언한 내용의 첫 번째 주요 목적이었습니다. 그러면, 첫 번째에 버금가는 중요성을 가진 두 번째 이유는 무엇이겠습니까? 그가 뇌물로 타락하지 않았을 때, 필리포스에 대해 얼마나 공격적이고 경계심을 가지고 있었는지[28] 그 정치적 행적을 기억하시고, 그러다 그 후 갑자기 신뢰와 애정으로 바뀌게 된 점에 유의하시라는 겁니다. 28. 만일 그의 말이 현실이 되고 모든 것이 성과를 거두었다면, 그 진실로 인해 도시에 이득이 생긴 것이라 생각하시되, 그의 말과는 반대로 상황이 귀결되고, 도시에 치욕과 위험이 잔뜩 초래되었다면, 이 사람(아이스키네스)이 탐욕과 돈 때문에 진실을 배반하고 변절한 것이기 때문입니다.

29. 이 같은 지난 이야기와 같은 맥락에서, 저는 무엇보다 먼저 이들이 포키스인의 사태를 여러분의 통제 범위에서 벗어나도록 몰고 간 과정을 말씀드리려 합니다. 재판관 여러분, 여러분 중 아무도 제가 비난하고 혐의를 두는 사건의 내용이 이 사람(아이스키네스)에 대한 판결의 범위를 넘어서는 것이라고는 생각하지 말아 주십시오. 유념하실 것은, 누구라도 여러분에 의해 그이(아이스키네스)가 수행한 것과 같은 직책에 임명되고 유사시에 대처하도록 권한을 위임받은 이가, 그이가 한 것같이, 매수되어 여러분을 속이고 농락하려 한다면, 그이가 한 것과 똑같은 재앙을 도시에 초래하게 될 것이라는 사실입니다. 30. 자주

---

28 참조, 이 변론 §10. 데모스테네스에 따르면, 필리포스로부터의 위험을 처음으로 간파한 것이 아이스키네스이다.

여러분이 변변찮은 이를 공직에 등용하기도 하지만, 세상에 대해 우리가 책임져야 하는 바의 그 사안이 하찮은 것이란 뜻이 아닙니다. 절대 아니지요. 한편, 제가 보기에, 포키스인을 박살낸 것은 필리포스이지만, 이들이 거기 협조했습니다. 면밀하게 검토하고 살펴야 하는 것은, 그가 혼자서 포키스인을 파멸시켰다는 것이 아니라, 이들(사신) 무리가 사신의 권한으로 포키스인을 구원할 수 있는 모든 기회를 의도적으로 제거하고 무산시켰는지 하는 것입니다. 어떻게 한 것일까요?

31. 저의 보고에 기초하여 의회가 채택한 예비의제,[29] 그리고 그때 그것을 기록한 이의 증언을 여기 가져와 주십시오. 제가 그때 침묵하고 있다가 지금 와서 행한 바를 배반하는 것이 아니라, 바로 비난에 나섰고 앞날을 경계했으며, 제가 말하는 진실을 방해 없이 들었던 의회는 이들 무리를 지지하지 않았고, (회식을 위해) 행정부[30]로 초청하려고도 하지 않았지요. 소문에, 아테나이 도시가 성립된 이후 어떤 사신들도 이 같은 명예를 박탈당한 이가 없었다고 합니다. 민회에 의해 사형선고를 받은 티마고라스[31]조차 말이죠. 그런데 이들은 그런 벌을 받았어요. 32. 증언과 의회의 예비의결을 재판관들에게 읽어 주십시오.

---

29 *probouleuma.*

30 *prytaneion.* 행정부(*prytaneia*)가 행정을 맡아보는 곳.

31 기원전 367년, 아테나이 사신으로서 수사로 파견되었던 티마고라스는 동료 사신이었던 레온에 의해 고발당했다. 테바이인 펠로피다스와 은밀하게 내통하고 또 페르시아 왕 아르타크세르크세스에게 유리하도록 배반했다는 혐의였다. 고발장에 따르면, 티마고라스는 40탈란톤(혹은 1만 도리스 화폐)의 뇌물을 받은 혐의로 사형에 처해졌다. Xenophon, *Hellenika*, 7. 1. 38 참조.

증언. 의회 예비안건 의결

여기에 찬사도 없고, 또 의회에 의해 사신들이 행정부로 (회식을 위해) 초대받는 그런 것도 없어요. 만일 그이가 그런 일이 있었다고 주장하면 증거를 대야 할 것이고, 그러면 제가 연단에서 내려가겠습니다. 그러나 그는 증거를 못 댑니다. 우리가 모두 똑같은 자세로 임무를 수행한 것이라면, 의회는 아무에게도 명예를 수여하지 않는 것은 당연한 겁니다. 모든 면에서 임무를 그르쳤기 때문이에요. 그러나 일부는 바르게, 또 다른 일부는 비루하게 수행한 경우라면, 전자는 후자가 야기한 불명예에 같이 묻히게 되겠죠. 33. 이때 여러분은 누가 비루한 이인지 도대체 어떻게 쉽게 가려낼 수 있겠습니까? 여러분 스스로 기억하는 바에 따라, 누가 임무 수행에 대해 처음으로 비난하고 나섰는지를 찾으십시오. 부당행위를 한 이는 입을 다물고 자신의 행위에 대해 해명하려고 나서지 않습니다. 그러나 마음에 거리낌이 없는 이는, 뻔뻔하고 비열한 행위에 연루된 것으로 비칠까 봐 조바심이 나서 침묵할 수 없어요. 처음에 그들을 비난한 것이 저였고, 그들이 저를 비난한 것이 아니었습니다.

34. 의회의 예비안건 의결은 이와 같았어요. 이어서 민회가 열렸을 때는, 이미 필리포스가 테르모필라이32까지 들어와 있었던 겁니다.

---

32 마케도니아로 파견된 제2차 사신은 필리포스의 맹세를 받으려는 목적을 제때에 달성하지 못했다. 필리포스는 다음 차례 포키스를 치기 위해 먼저 할로스를 공격하고 있었으므로, 그를 따라가, 급기야 페라이에서 맹세를 받을 수 있었다. 할로스는, 포키스인 오노마르코스가 패배(353 B. C.) 한 다음, 프티오티스(프티아:

이것이 이들이 최초로 부당행위를 한 대목인데요. 필리포스가 기선을 제압하도록 통제권을 넘겨주었기 때문이지요. 상황에 대해 보고받고 토의 결정하고, 그다음 그 결정에 따라 행동하는 것이 상례이지만, 이번 경우는 여러분이 상황을 보고받는 동시에 필리포스가 이미 지척에까지 진출해 있었으므로, 어떻게 대처해야 할지 조언하는 것도 쉽지 않았어요. 35. 더구나 의회가 의결한 예비안건을 민회에 보고하는 이가 아무도 없었고, 민중은 듣지도 못 했어요. 그런 상황에서 아이스키네스가 일어서서는, 그와 관련하여 제가 방금 여러분께 말씀드렸듯이, 자신이 여기로 오기 전에 필리포스를 설득하여 여러분에게 여러 가지로 굉장한 이득이 되는 일들을 하도록 했고, 그 때문에 테바이인이 그를 노려서 현상금을 걸었다고 발언한 겁니다. 그때 여러분은 무엇보다 필리포스가 접근해왔다는 사실에 놀랐고, 또 이들이 그런 정보를 알려 주지 않은 데 대해 분노하며 어안이 벙벙해졌으면서도, 다른 어떤 이보다 더 양순해졌고 또 여러분이 원하는 것을 실제로 얻을 수 있다는 희망으로, 제 말도 다른 누구의 말도 들으려고 하지 않았어요.

36. 그다음 필리포스의 서신이 낭독되었는데, 그것은 우리 사신들을 따돌린 채,[33] 노골적이고도 분명하게 이들 자신이 저지른 부정행

테살리아 남부) 지역에서 아테나이 동맹국으로 남아 있던 유일한 도시였다. 아테나이 사신들은 할로스인들을 건드리지 말도록 필리포스에게 종용했으나, 필리포스는 며칠 후에 할로스를 장악하여 파르살로스인에게 넘겨주어 버렸다. 그런 다음 필리포스는 계속 진군하여, 스키로포리온달 13일에 테르모필라이에 당도했다. 그날은 아테나이 사신들이 아테나이에 닿은 날이었다.

각을 변명하려고 쓴 것이었어요. 서신 내용에 따르면, 필리포스가 이들(아이스키네스 일당)을 방해했으나, 이들이 도시들을 다니면서 맹세를 받아 냈고, 또 필리포스가 할로스인이 파르살로스인과 화친하도록 주선하는 데 이들이 협조하도록 자신들을 억류했다고 합니다. 이렇게 이들은 자신의 부정행각 부담을 온통 필리포스에게 전가했어요. 37. 그런데, 포키스인, 테스피아이인, 혹은 이 사람(아이스키네스)이 여러분에게 고하는 사안에 관한 것은 한마디도 없어요. 이와 같은 상황은 정상이 아니에요. 여러분이 투표로 결정하여 내린 지시를 이행하거나 추진하지 못한 것과 관련하여 여러분이 이들을 처벌해야 하는 사안에서, 이 사람(아이스키네스)은 필리포스에게 모든 책임을 전가하고 있습니다. 아이스키네스가 자신의 소치를 두고 필리포스 때문이라고 하지만, 제 소견에, 여러분은 물론 필리포스를 벌할 수 없어요. 38. 실로, 그(필리포스)가 여러분을 속이고 도시를 장악하려고 한다는 것과 관련한 모든 정황이 아이스키네스의 입을 통해 여러분에게 전달된 것이므로, 여러분은 훗날 절대로 그(필리포스)를 고발하거나 비난할 수 없는 겁니다. 그가 보낸 서신이나 또 다른 문서에 그런 내용이 없거든요. 이 사람(아이스키네스)이 작성하고 저이(필리포스)가

---

33 데모스테네스(19. 175)에 따르면, 사신들은 페라이에서 필리포스와 헤어졌는데, 그곳에서 아이스키네스가 밤에 필리포스와 회동했고, 그 사실에 대한 증인으로 동료 사신 데르킬로스를 언급한다. 한편, 데모스테네스의 이 변론과 같은 제목을 가진 아이스키네스의 변론(2(사신의 배임에 대하여). 124~125)에 따르면, 데모스테네스가 이 은밀한 회동과 서신의 작성이 펠라에서 이루어졌다고 주장한 것으로 묘사되어 있다.

발송한 그 서신을 읽어 주십시오. **34** 그 내용이 제가 말씀드린 대로라는 사실을 알게 될 것입니다. 읽어 주시죠.

<h2 align="center">편지 낭독</h2>

39. 들으셨지요, 아테나이인 여러분, 이렇듯 품위 있고 정다운 서신 말입니다. 그러나 포키스인, 테스피아이인, 그 외 아이스키네스가 언급한 다른 사안에 대해서는 한마디도 없어요. 여기에는 조금의 진실도 담겨 있지 않은 것이고, 그런 사실을 여러분은 단번에 꿰뚫어 볼 수가 있어요. 이 사람(아이스키네스)이 한 말에 따르면, 그(필리포스)가 그들(사신)을 억류한 이유가 그 자신이 할로스인과 화해하도록 도움을 받기 위한 것이었다고 했지요. 그런데, 할로스인과의 화해라는 것이 그들을 고향에서 쫓아내는 것이었고 그들 도시를 파괴하는 것이었어요. 포로 문제와 관련하여, 그들을 자유롭게 풀어 줄 생각은 하지 않은 채, 어떻게 여러분의 환심을 살까 그 방법만 찾고 있는 그(필리포스)가 말이에요, 40. 제가 그들을 해방하기 위해 1탈란톤을 가지고 갔지요. 실로 수차례 여러분 민회**35** 앞에 그 증거를 제출하기도 했습니다만, 지금도 증거를 다시 제출합니다. 그런데 이 사람(아이스키네스)이

---

34 아이스키네스(3. 124~125)에 따르면, 서신은 본인에 의해 적힌 것이 아니었다. 필리포스에 의해 쓰인 것이 아니라면, 비잔티온 출신 피톤에 의한 것이라고 한다. 피톤은 고명한 연사로서 이소크라테스의 제자였는데, 기원전 343년 필로크라테스 평화조약의 내용을 재조정하도록 아테나이인에게 제안했다.

35 *demos*.

저의 가상한 행적을 지워 버리려고, 필리포스로 하여금 쓰도록 종용한 말이 있는데요. 이것이 다른 무엇보다 중요한 사안인 바, 그(필리포스)는 우리가 이곳으로 가지고 온 지난번 서신에서 다음과 같이 썼던 거예요. "만일 동맹이 확실하게 성사될 것이라는 사실을 내가 확신하는 경우, 내가 여러분에게 큰 혜택을 베풀려 한다는 점을 분명하게 적게 될 것이오"라고. 그런데, 지금 동맹이 맺어진 상태에 있잖아요. 그런데도 이 사람(필리포스)이 어떻게 여러분에게 무엇을 베풀어야 할지 모른다고 말하는 것이에요. 자신이 약속한 사실조차 잊어버렸다는 겁니다. 그가 우리를 속이는 것이 아니라면, 그것을 알고 있었을 거란 말이에요. 그러나, 그 당시 그가 그렇게 썼던 사실을 증명하기 위해 지난번 서신의 해당 부분을 들고 제 앞에서 읽어 주십시오. 읽으세요.

서신 중 발췌 부분

41. 평화조약 체결 이전에 그(필리포스)가 적어 보낸 바로는, 여러분이 그와 동맹36을 맺으면, 우리 도시에 큰 은덕을 베풀겠다고 약속했어요. 그런데 평화조약도 맺고 동맹도 체결된 지금에 와서 말하기를, 여러분에게 무엇을 베풀어야 할지 모른다고 하고, 만일 여러분이 그에게 알려 주면 뭐라도 하겠다는 거예요. 파렴치하거나 불명예를 안는 일이 없도록 하겠다는 거예요. 이 같은 면책성 발언을 통해 그는, 여러분이 어떤 의견을 말하거나 제안을 할 경우, 어물쩍 빠져나

---

36 *symmachia*.

갈 구멍을 만들어 놓는 것이죠.

42. 테스피아이와 플라타이아 관련 건, 그리고 테바이인이 곧 처벌될 것이라는 기대 등이 진실을 가리지만 않았더라면, 이 같은 속임수나 또 다른 많은 것들이 바로 가시화되어 여러분이 상황을 감지했을 것이고 그대로 방치하지 않았을 거예요. 더구나, 필리포스의 말이 거짓이고 우리 도시가 그 말에 속아 넘어갈 것 같으면 언급할 필요가 있는 것이지만, 정말로 현실화할 전망에 있는 것이라면 언급 자체를 안 하는 것이 더 나을 뻔한 것이었어요. 또, 만일 사태가 이미 너무 진척되어 버려서, 테바이인이 알게 되었을 때 더는 어떤 조치를 취할 수 없는 부득이한 상황에 봉착한 것이었다면, 왜 그런 사실이 여태 현실로 구체화되지 않는 걸가요? 다른 한편, 만일 그들이 적시에 정보를 얻어서 적절한 조치를 하는 바람에, 그(필리포스)의 계획을 봉쇄해 버린 것이라면, 그 정보를 흘린 이는 누구일까요? 43. 그이(아이스키네스)인 걸까요? 그게 아닌 것이, 그는 실로 그런 상황이 되도록 해야 하겠다는 의지도 없고, 애초에 그런 것을 원하지도 않아요. 그러니 정보를 누설했다고 그를 비난할 필요도 없는 것이죠. 그러니, 이 모든 거짓말은 여러분이 그런 말에 속아 넘어가도록 하고, 또 진실을 전하는 제 말을 들으려 하지 않도록 하는 것, 이곳 고국에 앉아서 포키스를 방기하는 결의를 통과시키는 것, 그런 목적으로 조작하고 발언한 것이에요.

44. 그가 내뱉는 허황한 기약의 말을 들으면서 그것이 거짓임을 제가 어떻게 간파했는지, 여러분께 말씀드리겠습니다. 첫째, 필리포스가 평화조약에 대한 비준의 맹세를 하려 할 즈음, 이들이 말하기를,

포키스인이 평화조약에서 제외되었다는 겁니다. 만일 그들(포키스인)이 안전을 확보하는 상황이라면, 당연히 그대로 내버려두고 괜히 문제 삼을 필요가 없었겠지요. 37 둘째, 이런 사안은 필리포스의 사신들이나 서신이 전혀 언급한 바가 없고, 이 사람(아이스키네스)이 한 말인 것이었어요.

45. 그래서 제가 깨달은 바가 있어 일어서서 연단으로 올라가서는 그의 말을 반박하려 했지요. 그런데 여러분이 제 말을 들으려고 하지 않으려 하므로, 제우스와 신들의 이름으로, 여러분이 기억하시겠습니다만, 저는 입을 다물면서 혼잣말로 넋두리를 했지요. 저는 알지도 못했고, 통정한 바도 없으며, 그들을 신뢰하지도 않는다는 말도 덧붙였어요. 38 "그들을 신뢰하지 않는다"는 제 말에 여러분이 분노했지요. 그래서 제가 첨언하기를, "만일 이들이 한 언질 중에 어느 것이든 진실로 드러나는 것이 있다면, 아테나이인 여러분, 칭송과 명예와 화관을 제가 아니라 이들에게 드리십시오. 그러나 그 반대인 것으로 드러나면, 여러분의 분노는 그들에게 돌아간다는 사실을 양지하십시오. 저는 손을 떼겠습니다"라고. 46. 그러자 아이스키네스가 제 말을 끊으면서 말했지요. "지금은 말이죠, 지금 손 떼지는 마시죠, 이다음에 어깃장 놓지 말고." 그래서 제가 대꾸했어요. "제우스의 이름을 빌려, 그럴 일 없소이다." 그때 필로크라테스가 일어나 거만하게 말하기를, "복잡

---

37 평화조약의 성원에서 포키스인을 제외하는 조항이 민회에 의해 무효가 되자 (Demosthenes, 19. 159), 아이스키네스 일당이, 조약 비준의 맹세를 하는 기회를 타서, 그 조항을 복구하기 위해 극단으로 노력했다.

38 Demosthenes, 5. 10 참조.

하게 생각하지 마십시오, 아테나이인 여러분, 저와 데모스테네스가 생각이 다를 뿐입니다. 그(데모스테네스)는 물, 저(필로크라테스)는 포도주를 마시는 것이죠"라고 했어요. 39 그랬더니 여러분이 웃었지요.

47. 그 후 필로크라테스가 기초하여 제안한 의결 사항을 보십시오. 듣기에 참으로 좋습니다. 그런데 그 제안 배경과 함께 그때 그이가 한 언질을 생각해 보면, 그 취지가, 단지 손을 뒤로 묶지만 않은 것이지, 포키스인을 필리포스와 테바이인에게 넘기자는 것에 다름 아니었죠.

투표

48. 보십시오, 아테나이인 여러분, 얼마나 많은 찬사와 환호로 가득 차 있는지를. "필리포스와 그 후손과 동맹국에 다 같은 평화가 깃들 것이다", "올바르게 처신하기로 약속했으므로, 필리포스에게 찬사를 드린다" 같은 것입니다. 그러나 필리포스는 최소한으로도 아무것도 약속하지 않았습니다. 오히려 어떻게 여러분에게 은덕을 베풀지를 알지 못한다고 했어요. 필리포스를 대신하여 그같이 약속한 것은 이 사람(아이스키네스)이었지요. 49. 다른 한편, 여러분이 아이스키네스의 말을 받아들이려 한다는 낌새를 채고 필로크라테스가 결정문에 문장 하나를 첨가했는데, "만일 포키스인이 올바르게 처신하지 않

---

39 고대 헬라스에서는 포도주를 마시지 않는 이는 차고 무미건조하고 생기 없는 사람인 것으로 회자되었다. 포도주와 인성 간 상호관련에 대한 언급으로는 참조, Aristophanes, *Sphekes* (벌), 80 (포도주에 대한 사랑은 올바른 사람의 병) ; *Hippes* (기병), 34 ; Loukianos, *Rhetoron didaskalos*, 9 ; Demosthenes, 2. 30.

고 (델포이) 신전을 신성동맹 의회에 양도하지 않는다면, 아테나이 민중40은 군대를 파견하여 방해자들을 처단할 것"이라는 내용이었어요. 50. 그렇게, 아테나이인 여러분, 여러분은 출병하지 않고 집에서 미적거리고, 라케다이몬인은 속은 사실을 알고는 철수해 버렸고, 신성동맹 구성원 가운데서는 테살리아인과 테바이인을 제외하고는 아무도 나타나지 않은 가운데, 41 그(필리포스)는 최고의 정중함을 갖추어서 신전을 양도하라고 제안했습니다. 그 대상이 '신성동맹인들에게'42란 것이었는데요. 거기에는 테살리아인과 테바이인을 빼고는 아무도 없었어요. 그는 "신성동맹 의회가 소집되어야 한다"든가, "신성동맹 의회가 열릴 때까지 작전은 중지되어야 한다"든가, "프록세노스를 포키스로 파견하자"든가, "아테나이인이 파병한다"든가, 그런 표현은 없었어요. 51. 필리포스가 서신을 두 번 보내서 여러분을 소환하긴 했는데, 실제로 파병하라는 뜻은 아니었어요. 그게 확실한 것

---

40 *demos*.
41 참고로, 할로스 함락 이후, 필리포스는 테르모필라이를 향해 나아가 스키로포리온달(6월 중순~7월 중순) 13일에 그곳에 도착했다. 그곳은 이미 팔라이코스가 8천 명 용병을 거느리고 지키고 있었다. 그 몇 주 전에 팔라이코스는 프록세노스 휘하 아테나이인과 아르키다모스가 거느린 라케다이몬인의 도움을 죄다 거절했다. 당시 프록세노스는 말리아코스만(에우보이아섬 북쪽 연안)을 관할하면서 오레오스에 작전 기지를 두고 있었다. 팔라이코스는 전쟁을 중단하고 싶었던 것으로 보인다. 그러나 그 반대파에서는 아테나이와 라케다이몬의 원조를 받고 싶어했고, 이들 간에 의견의 대립과 갈등이 있었다. 마침내 팔라이코스는 스키로포리온달 23일 테르모필라이에서 군사를 뺐고, 그 기회를 틈타서 필리포스와 보이오티아인이 포키스로 진군하게 된다.
42 *tois Amphiktyosi*.

이, 그런 것이 아니었다면, 그가 여러분을 소환하기도 전에 출병의 기회를 말살해 버리지는 않았을 것이고, 또 제가 집으로 돌아오려고 할 때 저를 억류하거나, 아이스키네스로 하여금 여러분이 출병하지 못하도록 저의가 깔린 발언을 하도록 지시하지도 않았을 거란 말이죠. 오히려, 그의 목적은, 필리포스가 여러분이 원하는 모든 것을 가로챌 것이라는 생각에 그에게 부담을 주는 결정은 하지 못하도록 하고, 또 포키스인이 여러분의 지지를 믿고 맞서서 저항하는 일 없이, 완전히 희망을 잃고 무조건 항복하도록 하려는 것이었어요. 필리포스의 서신들을 여기서 읽어 주십시오.

서신들

52. 이 서신들은 여러분을 소환하는 것인데, 신의 이름으로, 바로[43] 오라는 겁니다. 여기에 만일 진심이 담겨 있는 것이라면, 그들 (아이스키네스 일당)은 여러분이 출병하도록 촉구하고, 또 그곳 지역에 머무는 줄로 알고 있는 프록세노스가 당장에 필리포스를 돕도록

---

43 *ede* (부사). 여기서는 Kaktos 판본을 따라 '바로(*amesos*)'라고 옮겼으나, Loeb 판본에는 '*ede ge*'로 하고 그 뜻이 애매하다고 주를 달고 있다. Loeb 판본의 편역자인 C. A. & J. H. Vince는 '마침내'로 변역하고(필리포스가 아테나이인이 신속하게 출병하기를 원하지 않았다는 뜻), C. R. Kennedy (*The Olynthiac and other public orations of Demosthenes*, trans. with notes, London, 1870, Bohn's classical library)는 '처음으로'로 번역한다(아테나이가 처음으로 마케도니아의 지시를 받았다는 뜻).

연락을 취했을 테지요. 그러나 실제로 그들이 취한 조치는 아주 반대되는 것으로 드러났어요. 당연한 것이, 그들은 필리포스가 편지에 써 놓은 내용이 아니라, 필리포스가 머리에 무슨 생각을 가지고 글을 썼는지 알고 있었던 것이어요. 그렇게 그들은 복심(腹心)으로 내통하고 협조한 것이었지요.

53. 이렇게, 포키스인이 민회에서 여러분(아테나이인)이 결정한 사항을 접하고, 필로크라테스 조령을 통보받고, 아이스키네스의 보고와 언질들을 전해 듣게 될 즈음, 그들의 파멸은 예정된 것이었습니다. 생각해 보십시오. 포키스의 일부 영리한 이들이 필리포스를 불신했습니다. 그런데 상황이 그들마저 그를 믿게끔 만들게 된 것이었어요. 왜냐고요? 그들 생각에, 필리포스가 그들(포키스인)은 10번이라도 속일 수가 있지만, 아테나이 사신, 아테나이인을 감히 속이려 들지 않을 것이고, 아이스키네스의 보고가 사실이며, 파멸이 자신들이 아니라 테바이에 내릴 것이라고 보았기 때문이에요. 54. 일부에서는 어떤 위험에도 끝까지 저항하려고 결심한 이들이 있었는데, 이들도 생각을 누그러뜨리게 되었지요. 필리포스가 자신들에게 우호적인데, 만일 자신들이 버티게 되면, 자신들이 도움을 얻어내야 할 여러분(아테나이인)이 등을 돌릴 수 있다고 생각했기 때문이었어요. 또 다른 이들은 여러분이 필리포스와 맺은 평화조약에 유감을 가졌다고 생각했는데, 여러분이 조약 적용 범위를 필리포스의 후손들에게까지 확대했다는 소식을 듣고는, 여러분으로부터 도움을 기대하는 것을 접게 되었습니다. 이들 무리(아이스키네스 일당)가 이 모든 조항들을 한 조령44에 집어넣은 이유가 바로 여기에 있었던 겁니다. 55. 제가 판단하기로, 이들은 더할 수 없는

치명적인 해를 여러분에게 끼친 것이에요. 한 유한한 인간과 맺은 일시적 효력의 평화조약을 우리 도시에 영원한 치욕의 계약으로 변질시켰고, 다른 것은 물론이고 도시가 누려왔던 행운의 은덕을 빛바래게 해 버렸고, 극치에 달한 비열함은 현재뿐 아니라 미래의 아테나이인들에게까지 해악을 끼치게 되었으니, 이것이 가공할 범죄가 아니겠습니까? 56. 아이스키네스가 전한 약속을 믿지 않았다면, 여러분은 "(필리포스의) 후손들도"라는 표현을 나중에 추가하는 일은 없었을 테지요. 포키스인들도 그 말에 넘어가서 파멸했습니다! 스스로 필리포스에게 항복했으니까요. 자진하여 도시를 그 앞에 갖다 바쳤던 거예요. 그 후 그들의 처지는 아이스키네스가 한 언질과는 딱 반대로 되어 버렸습니다.

57. 그 파멸이 이들(아이스키네스 일당)의 음모로 이렇게 초래되었다는 점을 여러분이 분명하게 이해하시도록, 제가 몇 가지 사건을 날짜별로 말씀드리겠습니다. 이들 중에 누구라도 이의가 있으면, 제게 주어진 발언 시간에도 괜찮으니 하라고 하십시오. 엘라페볼리온달[45] 19일 평화조약이 맺어졌고, 그 후 만 석 달을 비준의 맹세를 받기 위해 해외에 있었는데, 그동안 포키스는 아무 일 없었습니다. 58. 스키로포리온달[46] 13일 우리가 (필리포스의) 맹세를 받고 돌아왔는데, 그때 이미 필리포스는 테르모필라이에 와 있었고, 포키스인에게 무슨 제안을 하고 있었는데, 그들은 그 말을 믿으려 하지 않았죠. 그 증거로, 만일 그 말

---

44 *psephisma*. 민회의 결의를 통해 만들어진 시행령.
45 아티카 달력 3월 중순~4월 중순이다.
46 아티카 달력 6월 중순~7월 중순이다.

을 믿었더라면, 여러분에게 의지하려고 하지 않았을 겁니다. 그 후 민회가 열려 거짓과 감언으로 이들(아이스키네스 일당)이 상황을 엉망으로 만들어 놓은 것이 스키로포리온달 16일이었어요. 59. 그로부터 만 나흘[47] 사이 여러분 동정이 포키스인에게 알려지게 된 것으로 보입니다. 그쪽 사신들이 와 있어서 저이들(아이스키네스 일당)이 무슨 말을 하는지, 여러분이 어떻게 결정하는지를 예의주시하고 있었거든요. 그러니 같은 달 20일에는 포키스인이 여러분의 거취를 파악한 걸로 보입니다. 16일[48] 민회가 있은 지 나흘이 지난 날이거든요. 그다음 21, 22, 23일[49]이죠, 그즈음 포키스인이 (필리포스와) 평화조약을 맺었고, 그로서 모든 것을 상실하고 종말을 고하게 된 것입니다. 60. 이런 사실이 어떻게 증명되냐고요? 27일[50] 해군 공창(工廠)[51] 문제로 페이라이에우

---

47 원문에는 다섯 번째(*pamptaia*) 날로 표기되어 있고, 이것은 만 나흘의 기간으로 풀이할 수 있다.

48 원문에는 바로 전에 쓰인 것처럼 '16일에(*tei hektei epi deka*)'가 아니라 그냥 6일(*res hejtes*)이라고 되어 있으나, 앞뒤 문맥으로 10(*epi deka*)이 생략된 것으로 보아 16일로 옮긴다.

49 원문에 '10일, 9일, 8일(*dekate, enate, ogdoe*)'이라고 되어 있는데, 이 경우 그 뜻은 스키로포리온달의 마지막 30일부터 계산하여 '10일, 9일, 8일'이란 뜻이다. 다시 말하면, 한 달이 끝나는 시점을 기준으로 며칠이 모자라는지(*phthinontos*)를 말한다. Loeb 판본에서는 이를 21, 22, 23일로, Kaktos 판본에서는 20, 21, 22일로 달리 옮겼다. 모자라는 날짜를 계산할 때, 모자라는 날의 첫 번째 날(*prote*)을 29일로 보는지, 30일로 보는지에 따라 달라지는 것이다. 여기서는 전자를 따랐다.

50 원문에는 달 끝에서 '4일째(*tei tetradi phthinontos*)'라고 했는데, Loeb 판본에서는 27일, Kaktos 판본에서는 26일로 옮겼다. 여기서는 전자를 따랐다.

51 여기서 해군 공창(工廠)이란 배를 건조하고 수리하는 것뿐만 아니라 정박하는 공간을 아울러 표현한 것이다.

스에서 민회가 열렸는데, 그때 데르킬로스가 칼키스에서 와서는, 필리포스가 모든 사태의 재량권을 테바이인의 손에 넘겼다고 하고, 그것이 평화조약이 맺어진지 4일 후52라고 했거든요. 그러니까 날짜로 23, 24, 25, 26, 26, 27일53이 지나서 달의 끝에서 나흘째54가 되는 것이죠. 이들 날짜와 함께, 이들이 보고하고 제안한 내용을 종합해 보면, 모든 면에서 이들이 필리포스와 공모했고 포키스인의 파멸을 초래하는 데 함께 연루되어 있음을 드러냅니다.

61. 포키스인 도시들 가운데 그 어떤 것도 포위나 공격 등 힘에 부쳐 망한 것도 아닌데, 합의에 의해 모든 것이 파멸하게 되었다는 사실은 이들의 설득에 넘어가서, 필리포스가 자신들을 구해 줄 것이라 믿었기 때문에 이 같은 변을 당했다는 가장 분명한 증거입니다. 그들이 필리포스와 모르는 사이도 아니었으니까요. 포키스인이 여러분과 맺은 동맹조약, 그리고 성벽을 허물게 된 그들의 결정을 여기로 가져와 주십시오. 그들이 여러분과 어떤 관계를 가졌으며, 신들의 적인 이들 때문에 어떤 변55을 당했는지 여러분이 아시도록 말이죠. 읽어 주십시오.

---

52 원문에는 '5일째(pempte)'라고 되어 있다.

53 원문에는 달 끝에서 헤아려서 '8일, 7일, 6일, 5일, 4일(ogdoe, ebdome, hekte, pempte, tetras)'라고 되어 있다. Loeb 판본에서는 23, 24, 25, 26, 27일, Kaktos 판본에서는 22, 23, 24, 25, 26일로 옮기고 있고, 여기서는 전자를 따랐다.

54 원문에는 '5일째(pempte)'.

55 필리포스에게로 파견된 아테나이 사신단이 칼키스에 있을 때, 필리포스가 테르모필라이를 통과한 사실을 전해 듣고는, 아테나이로 돌아와 이 사실을 민회에 보고했다. 며칠 후 필리포스의 서신이 아테나이에 도착했고, 거기서 필리포스는 필로크라테스 평화조약에 의거하여 군대를 파병해 줄 것을 청했고, 아테나이인은 이

포키스인과 아테나이인의 동맹

62. 이렇듯 여러분과 그들 사이의 관계는 우정, 동맹, 협조로 이루어졌습니다만, 지금 여러분이 도움을 주지 못하도록 방해한 이 사람(아이스키네스)에 의해 그들(포키스인)이 처하게 된 상황에 대해 들어 보십시오. 읽어 주십시오.

필리포스와 포키스인 간 협상

들으셨지요, 아테나이인 여러분, 협상은 "필리포스와 포키스인 간 협상"이라고 언급하는 것이지, 테바이인과 포키스인, **56** 혹은 테살리아인과 포키스인, 혹은 로크리스인, 그 외 현존하는 다른 어떤 종족이라고 하지 않았습니다. 또 "포키스인은 그 도시들을 필리포스에게 양도한다"라고 할 뿐, 63. 테바이인, 테살리아인이나 그 밖의 다른 어떤 나라에 대해서가 아닙니다. 왜냐고요? 이 사람(아이스키네스)이 여러분에게 "필리포스가 포키스인을 구하러 왔다"고 말했기 때문입니다. 그들은 전적으로 그를 믿었고, 전적으로 그에게 기대를 걸었으

를 거부했다. 얼마 후 필리포스는 두 번째 서신을 보내서, 평화조약을 파기하면 응분의 대가를 치를 것이라고 통보했다. 그런 가운데 필리포스는 포키스 도시들을 파괴하고 그 주민들을 예속하고, 신성동맹의 결정이라는 형식을 빌려, 다른 조건들과 함께 1천 탈란톤의 벌금을 포키스인에게 부과했다.

56 이 무렵에는 필리포스가 아직 신성동맹 성원으로 가입하지 않았다(이 변론 §111 참조). 포키스인을 빼고 그 대신 필리포스와 그 후손들에게 신성동맹 회의 성원으로서의 자격을 주고, 필리포스가 피티아 제전 의장이 된 것은 기원전 346년이었다.

며, 그를 보고 평화조약을 맺은 것입니다. 남은 부분을 마저 읽어 주십시오. 그리고 여러분은 그들이 무엇을 믿었고 무슨 변을 당했는지를 보십시오. 이들의 처지가 도대체 이 사람(아이스키네스)이 전한 내용과 같거나 비슷한 데가 있습니까? 읽어 주십시오.

암픽티오니아 신성동맹인들[57]의 결정

64. 아테나이인 여러분, 이보다 더 기막히고, 더 심각한 사태는 여러분 헬라스인에게 발생한 적이 없었고, 제가 아는 한, 그전 시기에도 없었습니다. 이렇듯 대단하고 엄청난 사태의 원인 제공자는 이들의 수작을 앞세워 이용한 필리포스 단 한 사람이었죠. 헬라스인을 선도한 전통을 잇고 이 같은 사태를 절대로 간과하지 않는 아테나이인의 도시가 건재한 이때 말입니다. 도대체 어떤 과정으로 이 불운한 포키스인이 파멸하게 된 것인지, 65. 이런 결정들[58]뿐 아니라, 아테나이인 여러분, 실제로 발생한 곤혹스럽고 참담한 지경의 상황을 보면 누구라도 알 수 있습니다. 요즈음 우리가 델포이[59]로 가다 보면, [60] 모든 것들을 보지 않을 수 없어요. 망가진 집들, 허물어진 성벽, 황폐한 들판, 소

---

57 *amphyktyones*.

58 바로 위에서 언급된 신성동맹 성원들의 결정을 가리킨다.

59 데모스테네스가 필라고라스(*pylagoras*: *pylaia*라 불리는 델포이에서 열리는 신성동맹 의회에 참석하는 각 도시의 대표)로서 델포이로 가는 길에 포키스를 들렀을 수도 있다. 참조, Aischines, 3. 113~114.

60 아마 데모스테네스가 필라고라스로서 일행과 델포이로 가는 길에 포키스를 지나간 사실을 뜻하는 것으로 추정된다. 참고, Aischines, 3(*Kata Ktesiphontos*), 113~114.

수의 아낙네와 아이들, 침울한 노인네들 말이죠. 지금 그곳의 참담한 광경은 말로 다 표현할 수 없어요. 그런데 여러분 모두가 하는 말을 제가 듣기로, 지난날 우리를 예속하자고 테바이인들이 제안할 때 이들(포키스인)이 그들에게 반대표를 던졌다고 합니다. 61 66. 아테나이인 여러분, 우리 선조들이 다시 살아온다면, 이들(포키스인)에게 이 같은 파괴를 자행한 이들에 대해 어떤 판결 혹은 판단을 내렸을 것 같은가요? 제 소견에는, 직접 손으로 그들을 돌로 쳐서 죽인 이들도 살인죄가 없다고 결정했을 겁니다. 그런데, 그때 우리 편을 들어 표를 던졌던 이들이 저들(아이스키네스 일당) 때문에 반대의 대가를 받고, 다른 어떤 헬라스도 겪어 보지 못한 그 같은 곤경에 처해 있는데도 우리가 정작 못 본 척하는 것이 참으로 수치스러운 일, 아니 그보다 더한 표현이 있다면 그 이상의 것이라도 되는 것 아니겠습니까? 그러면 이 같은 질곡을 초래한 것은 누구일까요? 누가 이 같은 사기극을 연출한 것입니까? 이 사람(아이스키네스)이 아니라면 누구겠습니까?

67. 아테나이인 여러분, 많은 사안에서 누구라도 필리포스의 행운을 축복할 수 있겠으나, 제가 보기에, 그 행운이 세상에서 제일가는 것이라, 남녀 신들의 이름으로, 우리들 가운데 다른 어떤 이도 범접할 수 없는 것이 있습니다. 많은 도시를 점령하고 많은 땅을 취하고, 이 모든 것이, 제가 보기에, 부러움과 경탄을 자아내는 것입니다. 당연

---

61 기원전 404년 아이고스포타모이 해전에서 아테나이인이 결정적으로 패배하여 펠로폰네소스 전쟁이 끝났을 때, 라케다이몬인(스파르타인), 테바이인, 코린토스인이 모여 아테나이에 대한 조치를 의논했을 때를 말한다.

한 것이겠지요. 그런데 그 같은 경우는 다른 많은 이들에게서도 볼 수 있는 것이에요. 68. 그러나, 제가 보기에, 다른 이 아닌 필리포스에게서만 볼 수 있는 특별한 행운이 있습니다. 무엇이냐고요? 그가 일을 도모하여 비열한 이들이 필요할 때, 자신이 원했던 것보다 더 비열한 이들을 손에 넣었던 것이죠. 이들(아이스키네스 일당)을 어떻게 이런 식으로 규정하지 않을 수 있습니까? 필리포스 자신은, 명운이 걸린 일이라 해도, 자신이 적어 보낸 서신에도, 또 파견한 사신들도 일언반구 한 적이 없는 거짓말을 이들이 매수되어 대신하고 여러분을 현혹했기 때문이지요. 69. 실로, 안티파트로스와 파르메니온은, 그 주인을 위해 일하고 또 훗날 여러분과 다시 만날 일은 없을 것 같은 상황에서도, 여러분을 기만하는 역할은 사양했습니다. 그런데, 가장 자유로운 도시 아테나이인인 이들이, 사신으로 임명되어서는, 여러분을 속이는 일을 맡은 겁니다. 그 후로도 만나서 서로 얼굴을 봐야 하고, 수행한 업무를 보고해야 하는 여러분에게 말입니다. 이보다 더 비열하고 아주 막돼먹은 이들이 어디 있단 말입니까?

70. 여러분이 이 같은 이를 저주해왔고, 또 이 같은 거짓말쟁이를 무죄방면 하는 것이 얼마나 큰 신성모독이며 불경한 것인지 여러분이 아시도록, 저주의 주문62을 소개해 주시고, 법에 규정된 바의 그 같은 저주도 들고 읽어 주십시오.

---

62 민회나 의회는 기도 형식을 빌려 시작되고, 이때 나라의 적을 저주하는 표현이 들어간다. 저주의 주문은 남아서 전해지지 않지만 그것을 풍자한 글은 참조, Aristophanes, *Thesmophoriazusai*, 331 이후.

저주

아테나이인 여러분, 법에 따르면, 이것은 민회가 열릴 때마다, 또 의회가 개최될 때마다 여러분들을 위해 서기[63]가 외우는 것입니다. 이 사람(아이스키네스)은 이것을 잘 알지 못한다고 말할 수 없어요. 여러분(민회)의 서기로, 또 의회에서 봉직할 때 그 같은 법을 서기에게 알려 주곤 했으니까요. 71. 권력이 여러분 손에 있는 지금, 신이 여러분을 위해 대신해 주도록 기다리면서, 여러분이 할 수 있는 것을 스스로 외면한다면, 어리석고도 터무니없는 일 아닌가요? 그 씨족과 집안을 같이 절멸하도록 신들에게 빌어야 할 판에, 여러분 스스로가 그들을 방면하려 하십니까? 절대로 아니지요. 여러분에게 드러나지 않는 죄인은 신들이 처벌하도록 내버려두되, 스스로 찾아낸 이는 신들에게 맡기면 안 됩니다.

72. 제가 듣기로, 그의 뻔뻔함과 방자함이 도를 넘어서, 모든 것을 잘 알고 있는 여러분이 아닌 다른 어떤 이들 앞에서 재판을 받는 것처럼, 자신이 한 보고, 약속, 도시에 대한 기만 등 모든 행위를 안 한 척할 것이고, 먼저 라케다이몬인, 다음 포키스인, 그다음 헤게시포스를 비난할 요량이라고 합니다. 이것은 웃기는 일, 오히려 뻔뻔함의 민낯을 드러내는 것이죠. 73. 포키스인 혹은 라케다이몬인 혹은 헤게시포스[64]에 대해 그가 뭐라고 하든, 그들이 특별대우영사를 받아들

---

63 *keryx.* 외교에서는 전령관으로 풀이된다.
64 포키스인과 라케다이몬인 관련 발언이 이 변론 §76~77에 나온다. 수니온 출신 헤

이지 않았다든가, 경건하지 못하다든가, 그 밖에 그들을 뭐라고 폄하하든 말이죠, 그 모든 상황은 그들이 사신 길에서 아테나이로 돌아오기 전에 일어난 일이었고, 그래서, 누가 말하는 것과 같이 그렇게 포키스인을 구하는 데 방해가 되었던 사안들이 아니었습니다. 그런데 누가 그렇다고 합니까? 여기 아이스키네스예요. 74. 당시 그는 라케다이몬인이 아니었다면, 그들이 프록세노스의 수용을 거부하지 않았더라면, 헤게시포스가 아니었다면, 이러저러한 이유가 아니었다면, 포키스인이 변을 당하지 않았을 것이라는 주장을 편 적이 없었어요. 이런 점들을 모두 고려해 볼 때, 그는 분명히 포키스인의 안전을 도모하도록 필리포스를 설득해 놓고 이곳으로 왔고, 보이오티아인을 다시 고향으로 정착시킬 것이며, 우리에 대해서도 필리포스가 호의를 베풀 것이라고 말했고, 이런 것들이 이삼일 안에 현실화될 것이고, 이 때문에 테바이인이 그에게 현상금을 건 것이라고 했어요.

75. 그러니 라케다이몬인 혹은 포키스인 운운하는 것은 그가 돌아와 보고하기 전의 일이므로, 여러분이 그런 말을 귀담아듣지 마시고, 그런 말을 하는 것을 참고 있지 말며, 포키스인을 두고 비열한 이들이라고 비난하도록 내버려두지도 마십시오. 지난날 여러분이 라케다이몬인을 구했고 저 저주받을 에우보이아인[65]과 또 다른 많은 이들을

게시포스, 그 형제 헤게산드로스, 히페레이데스 등은 필리포스에 대적하기를 원했고, 그와 협상하려 하지 않았다. 기원전 348/7년 반마케도니아 공동 전선의 구축이 실패하고 난 다음에도 여전히 같은 노선을 취했다.

65 테바이 전쟁 기간 중인 기원전 369년, 그리고 테바이의 에파메이논다스가 펠로폰네소스를 공략하고 만티네이아 전투가 있던 362년, 아테나이는 라케다이몬을 원

구한 것은 그들이 덕성을 가졌기 때문이 아니었고, 다만 그들의 안전이 우리 도시에 득이 되었기 때문인바, 지금 포키스인의 경우도 그러합니다. 포키스인이나 라케다이몬인, 혹은 여러분이나 다른 어떤 이가 아이스키네스가 보고한 다음 어떤 잘못을 범했기 때문에, 그가 여러분에게 한 약속이 실천이 안 된 것이겠습니까? 그에게 물어보십시오. 그렇다고 대답하지는 못할 테니까요. 76. 그는 작심하고 거짓 보고를 했고, 여러분이 그것을 믿었으며, 포키스인도 그 말을 전해 듣고 항복했다가 파멸한 것, 이 모든 것이 불과 닷새 만에 일어났어요. 여기서 포키스인의 파멸은 기만과 조작의 합작품에 다름 아닙니다. 필리포스는 평화조약 때문에 진주하지 않았고, 이미 작전을 진행하고 있는 가운데, 라케다이몬인에게 사자를 보내어 그들에게 온갖 편의를 약속했어요. 그것은 포키스인이 혹시라도 여러분의 중재로 그들의 도움을 받는 일이 없도록 하려는 것이었지요. 77. 그런데 필리포스가 테르모필라이에 닿게 되고 라케다이몬인이 속았다는 사실을 깨닫고 철수하자, 필리포스는 다시 여러분을 속이기 위해 그(아이스키네스)를 앞세워 이용했어요. 필리포스가 테바이인 편에 섰다는 사실을 여러분이 깨닫게 되면, 포키스인은 방어에 나서고 여러분은 그들을 돕게 될 테니, 그 같은 전투와 소모전으로 지체되는 일이 없도록 하기 위해서였지요. 이렇게 필리포스는 전투 없이 모든 것을 장악하

조했다. 또 테바이에 반기를 든 에우보이아를 원조하여 에우보이아 도시들이 아테나이 동맹국으로 들어왔다가, 기원전 349/8년에 에우보이아가 다시 동맹에서 탈퇴했다.

기를 원했던 것이죠. 그 계획은 적중했어요. 그러니, 필리포스는 라케다이몬인과 포키스인을 속인 것이지만, 아이스키네스는 여러분을 속였으니, 그는 처벌을 피할 수 없는 것이에요. 처벌받지 않는다면 부당하니까요.

78. 포키스, 테르모필라이, 그 외 다른 도시가 파괴된다 해도, 케르소네소스가 우리 도시 측에 남아 있어서 상쇄된다고 하는 이가 있다면, 제우스와 신들의 이름으로, 아테나이인 여러분, 그 말을 곧이듣지 마십시오. 그(아이스키네스)의 사신 임무 수행과 관련하여 여러분이 입은 피해에 더하여, 그의 변명에 속아 넘어가서 우리 도시가 비난을 얻어먹는 피해를 또 당해서는 안 되겠습니다. 여러분 자신의 재물은 은밀하게 챙기면서 여러분 동맹국의 안전은 나 몰라라 내팽개친다는 비난 말이지요. 여러분은 그 같은 수작은 하지 않았습니다. 평화조약은 이미 체결되었고, 케르소네소스는 안전하고요. 넉 달 동안 안전지대에 있던 포키스가 그 후 이 사람(아이스키네스)이 거짓말로 여러분을 속이는 바람에 파멸로 치닫게 된 것입니다. 그 후, 지금에 와서 케르소네소스는 79. 그때보다 더 큰 위험에 직면해 있음을 아시게 될 것입니다. 그곳을 침략한 데 대해 필리포스를 응징하는 것이 언제가 가장 용이할 뻔했겠습니까? 이전 우리 도시를 지지하던 세력을 우리에게서 앗아가기 전이었을까요 아니면 지금일까요? 제 소견에는, 전자가 훨씬 더 쉬웠던 것이었어요. 케로소네소스를 해치려고 덤비는 이가 더 이상 두려움과 위험을 느끼지 않는 상태가 된다면, 그곳(케르소네소스)이 우리에게 남아 있은들 무슨 소용이 있겠습니까?

80. 또 제가 듣기로, 이 사람(아이스키네스)이 이렇게 주장할 수도

있다고 하네요. 자신(아이스키네스)을 비난하는 것이 도대체 왜 포키스인 누군가가 아니라 데모스테네스이냐고 말이죠. 제가 그 배경을 말씀드리겠습니다. 쫓겨난 포키스인 가운데 가장 훌륭하고 가장 품위 있는 이들이 망명객으로 곤경에 처하여 조용히 지내며, 공동의 불행과 관련하여 아무도 사적 원한을 유발하지 않으려 하는 것이죠. 한편, 보수를 받고 일해야 하는 이들은 그런 일에 돈을 지불해 줄 이는 없다는 사실을 알고 있는 겁니다. 81. 적어도 저로서는 여기 제 곁에서서 그 곤경에 대해서 떠들도록 돈을 주는 일은 없을 것입니다. **66** 진실과 사실이 그 자체로서 상황을 입증하기 때문이지요. 실로 포키스 민중은 이같이 열악하고 비참한 상황에 처하여, 아테나이의 공직 수행감사에서 고소인으로 와서 발언할 형편이 아니에요. 그들을 촌락으로 내쫓고 무장 해제한 상황에서 착취해서 먹고사는 테바이인과 필리포스의 용병들 아래서 노동하고 두려움 속에서 죽어가고 있으니까요.

82. 그러니 (아이스키네스로 하여금 왜 포키스인이 아니라 데모스테네스가 비난에 나서느냐는) 그런 식의 말을 하도록 내버려두지 마시고, 오히려 포키스인이 파멸하지 않았다거나 아니면 필리포스가 포키스인을 보호할 것이라는 언질을 전한 적이 없다는 사실을 그(아이스키네스)로 하여금 증명하도록 하십시오. 사신의 임무에 대한 수행감사**67**

---

66 데모스테네스는 아이스키네스에 대해서 증언하기 위해 출석하려는 이들(참조, Aischines, 3. 143.)은 그에 의해 매수되었다는 것을 에둘러 표현한다.

67 *euthynai.*

에서 이루어져야 하는 질문은 수행한 일이 있는지, 당신(아이스키네스)이 무슨 보고를 했는지 하는 것이에요. 만일 그것이 진실이라면 방면되는 것이고, 거짓이면 처벌되는 것이죠. 포키스인이 이 재판정에 나와 있는지 여부가 무슨 관련이 있습니까? 당신이 포키스인을 곤경으로 밀어 넣는 데 일조하는 바람에, 그들은 자신의 친구를 돕지도, 적을 쫓아내지도 못한 상황에 처해 있는 판에 말이죠.

83. 이런 수작에 따르는 수치와 불명예와는 별도로, 이들이 도시를 큰 위험으로 몰아넣고 있다는 사실은 쉽게 증명됩니다. 포키스인의 용기와 테르모필라이 협곡의 통제권이 테바이의 위협으로부터 우리를 보호하고, 또 필리포스나 테바이인이 펠로폰네소스나 에우보이아 혹은 아티카를 쳐들어오지 못하도록 막아 주었던 사실을 여러분 가운데 모르는 이가 있습니까?[68] 84. 그러나 이들의 사기와 기만에 놀아나서 여러분은 우리 도시의 위상과 여건이 지켜왔던 안전막을 저버렸어요. 그것은 무기, 지속적 전쟁, 거대 동맹국 도시들, 넓은 땅으로 확보되는 것인데, 여러분은 이런 것들이 파괴되는 것을 용납해 버린 것이지요. 그래서 지난날 병사들이 사적으로 소비한 경비까지 감안하면 200탈란톤 이상 투입했던 테르모필라이 원정이 수포로 돌아갔고, 그로써 테바이인에게 여러분이 가졌던 희망도 사라졌어요. 85. 그런데 이 사람(아이스키네스)이 필리포스를 위해 한 많은 수치스런 수작 가운데서, 실로 우리 도시와 여러분 모두를 가장 크게 능멸한

---

68 참조, 이 변론 §75. 아테나이가 라케다이몬과 에우보이아를 원조하는 것은 테바이 세력의 확장을 막기 위한 것이다.

사안에 대해 제가 여러분께 말씀드리겠습니다. 필리포스는 처음부터 테바이인을 위해 해왔던 모든 작업을 일사불란하게 추진하기로 작정하고 있었어요. 그런데 이 사람이 여러분에게 사실과 반대로 보고하고, 테바이인에 대한 여러분이 혐오감을 공개적으로 표방하도록 사주하면서, 테바이인을 향한 여러분의 적의와, 그들에 대한 필리포스의 호의를 더욱 조장했어요. 어떻게 이보다 더 크게 여러분을 기만할 수 있단 말입니까?

86. 그러면 디오판토스 조령[69]과 칼리스테네스 조령[70]을 들고 읽어 주십시오. 거기에는, 여러분이 마땅히 해야 할 일을 했을 때, 여러분 자신과 또 다른 이들로부터 제물과 찬사를 받는다고 되어 있습니다. 그러나 여러분이 이들에게 현혹되어, 평화 시기인데도 처자식을 성 밖 전원에서 성안으로 데려와서는 성벽 안에서 헤라클레스 축제[71]를 벌이도록 했어요. 전통에 따라 신들에게 드려야 할 범절도 뭉개 버린 이를 여러분이 벌하지 않고 놓아준다면, 저로서는 아연할 따름이겠습니다. 조령을 읽어 주십시오.

---

69 기원전 353년, 필리포스가 테르모필라이에서 추진한 작전이 성공하지 못했을 때 통과된 것이다.

70 기원전 346년, 포키스인이 패배하여 항복한 다음의 것이다. 칼리스테네스 조령에 대한 언급은 참조, Aishines, 3. 37.

71 *Herakleia*. 여기서 헤라클레스 축제라 함은, 아테나이의 키노사르게스가 아니라 마라톤에서 벌어지는 것을 뜻하는 것으로 추정 가능하다.

조령

아테나이인 여러분, 당시에 여러분이 이룬 업적에 걸맞게 의결했습니다. 이어서 그다음 조령을 읽어 주십시오.

조령

87. 여러분이 이 조령을 의결했는데요, 그것은 이들 때문이었습니다. 여러분이 처음에 평화조약과 동맹의 취지를 담았다거나, 나중에 "(필리포스의) 후손들도"라는 조항을 여기 첨가하게 된 것은, 지금 같은 조악한 결과가 아니라, 이들 덕분에 엄청난 득이라도 볼까 하는 기대 때문이었습니다. 그런데 그 후, 여러분 모두가 기억하시겠습니다만, 몇 번에 걸쳐 필리포스의 병력과 용병72이 포르트모스(해협)73 혹은 메가라에 자리 잡았다는 소식을 듣고 놀라셨지요. 아직은 그가 아티카에 발을 들여놓지 않았다고 해서, 그 점만 믿고 있거나 경계를 늦추어서는 안 되죠. 이들(아이스키네스 일당)을 통해 그(필리포스)는 언제나 원할 때 그렇게74 할 수 있는 힘을 가지고 있습니다. 여러분은 이 같은 점을 인지하고, 그 같은 위험에 예상하는 동시에, 그 같은 권력을 그(필리포스)에게 주선해 넘겨준 원흉인 이를 질책하고 처벌하십시오.

---

72 *xenoi*(이방인). 이때 이방인이란 용병을 뜻한다.
73 *Porthmos*(해협). 여기서 포르트모스는 에우보이아의 작은 항구이다. 에레트리아의 민주파가 이곳으로 피신해 왔다.
74 아티카로 들어오는 것.

88. 그런데 제가 알기로, 아이스키네스는 혐의에 대해 즉답을 피하고, 가능한 한, 사실을 가리고 여러분을 현혹하기 위해, 평화가 온 세상 사람들에게 가져올 엄청난 혜택, 또 그에 반대되는 전쟁의 폐해에 대해 장광설을 늘어놓으며, 온통 평화를 찬양하는 것, 그런 것으로 변명을 대신할 것 같습니다. 그러나 그 같은 변명이 바로 그 주장의 허점을 드러내는 것이에요. 평화가 다른 이들에게 혜택을 가져오는 반면, 우리들에게는 많은 문제와 질곡의 원인이 되는 것이라면, 이들이 매수되어 원래 좋은 것을 나쁜 것으로 왜곡시켰다는 사실밖에, 달리 누가 어떤 말을 할 수 있겠습니까? 그가 이렇게 말할 수도 있겠지요, "왜 그래요? 89. 평화조약 덕분에 여러분은 삼단노전선 300척과 그 부속 장비들을 자금으로 온전하게 보유하고 있으며 앞으로도 그럴 전망에 있지 않습니까?"라고요.

이런 말을 들으시면서 여러분은, 필리포스도 평화조약 덕분에 무기, 땅, 수세 등 물자 면에서 훨씬 더 풍족해졌고, 엄청 강화되었다는 점을 유념해야 합니다. 90. 그 같은 맥락에서 우리도 다소간 득을 봤다고 할 수 있죠. 그러나 모든 이가 스스로 혹은 더 강한 자에 편승하여 온갖 편익을 확보하게 되는 장비나 동맹국 등의 여건에서 본다면, 우리 측의 것은 이들(아이스키네스 일당)에 의해 매도되어 사라졌거나 약화된 반면, 그(필리포스)의 것은 가공하리만치 엄청나게 증가했습니다. (91)[75] 그러니, 이들 때문에 필리포스는 동맹국을 확대하고 세수가 늘어난 데 반해, 우리가 다소간에 평화조약을 통해 얻은 이익이 있다면, 그것을 이

---

75 이후 §109까지 괄호 안의 숫자는 Loeb 영어 판본에 따른 고대 필사본 쪽수 것이며, Perseus Digital Library(Department of Classical Studies, Tufts University) 및 Kaktos 그리스 판본과 원문 쪽수 표기를 달리한다.

들이 팔아먹은 것과 상쇄하여 계산하는 것으로, 실로 부당한 것이죠. 우리가 얻은 것은 우리가 잃은 것에 대한 보상이 아니기 때문이에요. 절대 그런 것이 아닙니다. 이들이 허튼 수작을 부리지 않았다면, 원래 우리 것은 그대로 우리 것으로 남고, 없던 것이 새로 더 보태졌을 것이니까요.

91(92). 일반적으로, 아테나이인 여러분, 실로 여러분도 동의하시겠습니다만, 우리 도시에 많은 불운이 닥치더라도, 아이스키네스가 그와 관련하여 아무런 잘못이 없다면야 당연히 그에게 질책할 일이 없을 것이고, 또 마땅히 해야 할 일을 다른 이가 감당해낸 것을 가지고 이 사람의 공인 것으로 돌려도 안 된다는 것입니다. 그가 한 행위에 비추어 공이 있으면 마땅히 감사해야 하겠지만, 반대로 과오를 범한 것으로 드러나면 질책해야 하는 것이죠. 92(93). 그러면, 어떻게 바르게 판단할 수가 있겠습니까? 여러분은 그가 장군들의 부당행위, 필리포스와의 전쟁, 평화의 이득 등을 서로 엮어서 얼렁뚱땅 둘러대도록 놔두지 말고, 하나하나를 각기 따로 따져 보도록 하십시오. 예를 들면, 우리가 필리포스와 개전 상태에 있습니까? 그렇지요. 그런 상황에 대해 아이스키네스를 원망하는 이가 있습니까? 전쟁의 실제 상황과 관련하여 그를 비난하는 이가 여기 있습니까? 한 사람도 없어요. (94) 그러니, 적어도 이 점과 관련해서는 해당 사항이 없으므로 그(아이스키네스)가 입 댈 일이 없습니다. 피고는 혐의에 연루된 사실에 대해 증인을 부르고 증거를 대는 것이지, 명백한 사실에 대해 변명하면서 기만하려고 해서는 안 됩니다. 그러니 전쟁에 대해서 당신(아이스키네스)은 어떤 것도 언급해서는 안 되는 것이죠. 누가 그와 관련하여 당신을 비난한 이가 없으니 말입니다. 93(95). 그 후, 우리가 평화조약을 맺는 것이 좋겠다

는 의견을 낸 사람들이 있었지요. 우리는 그 의견을 받아들여서 사신들을 파견했고, 그들이 평화조약 체결권을 가진 이들을 이곳으로 오도록 했어요. 76 이런 과정에서 누구라도 아이스키네스를 비난할 것이 있습니까? 그가 평화조약 체결을 주도했다던가, 아니면 평화조약 체결 권한을 가진 이들을 오도록 할 때 잘못한 것이 있다고 하는 사람이 있습니까? 아무도 없어요. 도시가 평화조약을 체결한 데 관련하여 이 사람은 아무것도 입 댈 것이 없습니다. 그의 소관이 아니었거든요.

94(96). 그렇다면, 아무라도 제게 묻겠지요, "이보게, 도대체 어느 시점부터 그를 나무라야만 하는 거요?"라고. 아테나이인 여러분, 여러분이 평화조약을 맺을까 말까 선택하는 것이 아니라, 이미 이 문제는 결정이 나 있었기 때문이죠. 오히려 어떤 내용으로 평화를 맺을까를 생각하고 있을 때입니다. 그때 이 사람이 올바른 말하는 이들의 말에 반대하고, 사람들을 매수하여 자신을 지지하도록 했어요. 이어서, 비준의 맹세를 하려 할 무렵, 그는 여러분이 지시한 바를 눈곱만큼도 따르지 (97) 않고서, 동맹국 가운데서 전쟁에서도 살아남은 이들은 모조리 파멸로 몰아넣었으며, 어떤 이도 따라갈 수 없는 전무후무할 정도의 수많은 터무니없는 거짓말을 했습니다. 애초부터, 평화체결을 위한 담화에서 필리포스가 기선을 제압할 때까지, 기만을 앞서서 주도했던 것이 크테시폰과 아리스토데모스였습니다. 현안이 실행될 즈음에 이들은 필로크라테스와 이 사람(아이스키네스)에게 그 역할을 물려주었고, 이들

---

76 이때 데모스테네스도 제 1차 사신단에 속하여, 처음에는 평화조약을 체결하자는 의견을 지지하고 받아들였다.

은 그에 부응하여 모든 것을 파멸시켰던 것이지요. 95(98). 이런 상황과 관련하여 이 사람은 이실직고하고, 처벌을 받아야 하는 것입니다만, 제 소견에, 교활하고, 신들의 적이며, 일개 서기였던 이 사람은 평화조약 체결 자체와 관련한 현안으로 재판받는 것처럼 변론할 것 같습니다. 그 이유는, 이 사람에게 주어진 혐의를 벗어나서 폭넓게 다루려는 것인데, 그렇게 하는 것 자체가 어리석은 소치이겠습니다만 딱히 그런 것만은 아니에요. 다만, 스스로 자신이 행한 바를 돌아보아도 잘한 것은 없고 온통 부당행위뿐이고 다른 변변한 것이 없으니, 평화조약과 관련하여 언급함으로써 자신을 호의적 인간인 것으로 내보이려 하는 것이죠.

96(99). 제가 염려하는 것은, 아테나이인 여러분, 이 평화조약으로 인해, 우리가 깨닫지 못하는 가운데, 우리가 아주 비싼 대가를 치르는 것이 아닌가 하는 것입니다. 돈을 빌리는 사람들같이 말이죠. 이들이 평화조약에 의해 안전과 보증을 약속받은 포키스인과 테르모필라이인을 배반했기 때문입니다. 더구나 처음에 우리가 평화조약을 맺게 된 것은 이 사람 때문이 아니었어요. 제가 지금 말씀드리려는 것은 의외의 것이지만, 참 사실입니다. 진실로 평화를 반기는 이라면, 모든 이가 비난하는 저 장군들에게 감사해야 할 거예요. 만일 그들이 여러분이 원하는 만큼 전과를 올렸다면, 여러분은 평화란 말만 들어도 불쾌해했을 것이니까요. 97(100). 이렇듯, 평화는 그들 덕분에 온 것이나, 여기 돈에 팔린 이들 때문에 위험에 처하고 동요하며 불확실한 것이 된 거예요. 그러니, 가만 놔두지 마십시오, 그가 평화에 대해 말하도록 가만 놔두지 마시고, 자신의 행위에 대해서만 말하도록 하십시오. 이 아이스키네스는 평화조약 체결과 관련하여 재판

받는 것이 아닙니다. 아니지요. 오히려 그 평화가 아이스키네스 때문에 훼방을 받았습니다. (101) 그 증거가 있지요. 평화가 성립한 다음 여러분이 속지도 않고 또 동맹국 가운데 어느 곳도 파멸하는 일이 없었다면, 어느 누가 평화조약 때문에 애석해하는 이가 있겠습니까? 그 평화조약이 그다지 자랑스럽게 이루어진 것이 아니라는 점을 별도로 한다면 말이죠. 바로 이 점과 관련해서도 정작 필로크라테스를 지지했던 이 사람(아이스키네스)에게도 책임이 있어요. 구제불능의 사태는 벌어지지 않을 수도 있었겠지만, 지금, 제가 보기에는, 이 사람이 그 같은 (구제불능의) 많은 사안에 연루되어 있습니다.

98(102). 이렇게 모든 것이 이들 때문에 치욕과 열악함 속에 완전히 파멸에 이르렀음을 여러분 모두가 알고 있다고 저는 봅니다. 그럼에도, 저로서는, 재판관 여러분, 이런 사안에서 누구를 음해하거나 여러분에게 그렇게 하도록 종용한 적이 결코 없습니다. 그래서, 만일 우둔, 순진 등 무지로 인한 잘못이라면, 저는 아이스키네스를 용서하고 또 여러분도 그렇게 해 주십사 부탁드렸을 겁니다. 99(103). 그렇지만 이 같은 양해는 정치판에서는 타당한 것이 되지 못합니다. 정치에 관여하도록 여러분에 의해 요구받거나 강요된 이는 아무도 없기 때문이에요. 누군가가 자신의 설득력을 가지고 등장하면 여러분은 온갖 덕성과 호의를 갖춘 이가 배려하는 범절로서 질시하지 않고 그를 맞아들이고, 또 그를 지지하고 우리 자신의 공무에도 동참하게 합니다. 100(104). 그래서 성공을 거두면 칭찬을 듣게 되고 대다수 사람들보다 더 많은 것을 얻게 되지요. 그러나 실패하면 양해를 구하고 변명하면 될까요? 그러면 공정하지 못하죠. 파멸에 처한 우리 동맹국들, 그 처자식과 그 밖의 사람

들에게, '나'의 실수 때문에, 우선 '그'의 실수라고 적시하지 않기 위해 '나'라고 해두기로 하고, 그런 불행을 겪게 되었다고 변명하는 것으로서 끝날 일이 아니기 때문입니다. 절대로 그건 아니지요. 101 (105). 그럼에도 불구하고, 만일 소홀이나 무지에 의해 그랬던 것이라는 사실이 밝혀진다면, 아이스키네스의 이 같은 가공할 뜻밖의 처사에 대해서도 여러분이 양해할 수도 있겠습니다. 그러나 돈과 선물을 받고 악의에 의한 것이고, 이런 사실이 상황 자체에 의해서 명백히 드러나는 경우라면, 바로, 가능한 한, 처형하도록 하시고, 77 그렇게 못하면, 다른 이들에게 살아 있는 경종의 예가 되도록 하십시오. 이 사건과 관련된 증거들이 타당성이 있는지 여러분이 스스로 검토해 보십시오.

102 (106). 아이스키네스가 여기 여러분 앞에서 부득이 해명해야 하는 것은 포키스인, 테스피아이인, 그리고 에우보이아와 관련한 것입니다. 정말 매수된 것이 아니고 고의로 여러분을 속인 것이 아니라면 말입니다. 둘 중 하나인 것이죠. 그렇게 추진하여 일을 성사시키기로 필리포스에게 분명히 약속하고는 그에 따랐거나, 아니면 다른 사안에서 필리포스가 짐짓 보여 준 인도적 처신에 현혹 기만되어, 이번에도 그럴 것이라고 순진하게 기대했거나 한 것이란 말입니다. 103. 그 외 다른 가능성은 전혀 없습니다. (107) 그런데, 이 두 가지 중 어느 쪽이든 간에, 그는 세상 사람들 가운데서 필리포스를 가장 미워해야 정상입니다. 왜냐고요? 필리포스 때문에 그가 최대의 질곡과

---

77 사신 티마고라스의 처형(이 변론 §31) 외에도 에피크라테스에 대해서는 참조, 이 변론 §277.

불명예에 봉착했기 때문이지요. 그가 여러분을 기만했고, 평판이 나빠졌고, 마땅히 죽을죄를 지어서 재판을 받게 되었으니까요. 제대로 했더라면, 그는 오래전에 탄핵[78]에 처해져야만 했던 것이었어요. 그러나 지금, 여러분의 소박함과 양해로 인해 그 행위에 대해 수행감사에만 임하고 있습니다. 그것도 그가 원하는 때에 말입니다.

108.[79] 여러분 가운데 누구라도, 그(아이스키네스)가 한마디라도 필리포스에 해가 되는 말을 하는 것을 들어 본 이가 있습니까? 뭐라도 그런 게 있습니까? 그가 필리포스를 비판하든가 뭐 그런 유의 말을 하는 것을 본 이가 있는지요? 109.[80] 한 사람도 없어요. 오히려 온 아테나이인이 나서서 필리포스 욕을 하기에 여념이 없을 뿐 아니라, 손톱만치도 사적으로 피해를 본 적도 없는 이까지도 그러하거든요. 만일 그가 매수당한 것이 아니라면, 다음과 같이 말해야 한다고 저는 봅니다. "아테나이인 여러분, 저는 여러분의 처분에 따르겠습니다. 제가 믿었던 도끼에 발등 찍혔습니다. 제가 잘못했음을 인정합니다. 그(필리포스)를 경계하십시오, 아테나이인 여러분, 그는 배신자, 사기꾼이며 비열합니다. 저에게 무슨 수작을 했는지, 어떻게 저를 기만했는지 보시지 않았습니까?" 그런데 이런 말은 전혀 들을 수가 없어요.

---

78 *eisangelia*(탄핵). 탄핵은 공적 · 사적 사안을 불문한다.
79 Loeb 판본에서만 §108로 되어 있고, Perseus Digital Library에서는 이 부분이 앞부분에 이어서 같이 §103에 속해 있다.
80 Kaktos 판본에서는 §103 말미에서부터 시작하여 104~109 끝까지의 원문이 뭉뚱 그려져 있고, Perseus Digital Library에서는 앞부분 §104~§108이 누락된 채 §103에서 §109로 바로 이어진다.

저는 물론 여러분도 말이지요. 110. 왜 그렇겠습니까? 그가 현혹되고 기만당한 것이 아니라, 매수된 연후에 발언하고 우리를 배반하여 필리포스에게 팔아넘겼기 때문입니다. 그는 필리포스에게는 훌륭하고 쓸모 있는 피고용인이었으나, 여러분에게는 사신과 시민의 신분으로 배반했으니 세 번을 죽어 마땅한 이가 된 것입니다.

111. 그의 모든 발언이 매수되어 사주받은 것이라는 증거는 이뿐이 아닙니다. 언젠가[81] 테살리아인인 필리포스의 사신과 함께 여러분에게 와서는, 필리포스가 암픽티오니아 신성동맹의 성원이 되는 데 찬성표를 던져 달라고 요구했어요. 온 세상 사람들 가운데, 누가 제일 먼저 그들에게 반대해야 하는 것이겠습니까? 바로 아이스키네스이지요. 왜냐고요? 자신이 여러분에게 한 보고가 필리포스의 행동에 상반되는 것이었기 때문입니다. 112. 그가 여러분에게 고한 바로는, 필리포스가 테스피아이와 플라타이아의 방어를 강화할 것이고 포키스인을 해치지 않을 것이며, 테바이인의 공격을 저지할 것이라고 했어요. 그런데 필리포스는 테바이인을 보통 이상으로 더 강화하고, 포키스인을 완전히 파멸시켰으며, 테스피아이와 플라타이아에서는 성벽

---

81 여기서 언급되는 필리포스의 사신들은 〈평화에 대하여〉(Demosthenes, 5)가 쓰인 배경이 되었다. 기원전 346년 가을에 아테나이로 들어왔는데, 그것은 (델포이) 신성동맹(Amphictyones)이 필리포스를 구성원으로 받아들인다고 결정한 직후였다. 이때 아테나이인과 스파르타인은 신성동맹 구성원의 변화에 반대하여 대표(*theoroi*)를 파견하지 않았다. 필리포스는 포키스인을 대신하여 신성동맹의 구성원이 되었다. 일설에 따르면, 이때 Perraiboi인과 Dolopai인 가운데 표 하나를 빼서 필리포스에게 주고, 포키스인 표는 델포이인의 도시로 넘어갔다고도 한다.

을 쌓아올리지 못 하도록 한 것은 물론, 오르코메노스와 코로네이아를 종속시켰거든요. 이런[82] 괴리보다 더 심한 것이 있을 수 있습니까? 그럼에도 그는 필리포스를 비난하지 않았어요, 입도 뻥긋하지 않았으며, 한마디 이의도 제기하지 않았던 겁니다. 113. 이런 것 자체도 흉물스럽지만, 그보다 더한 것이 있어요. 온 도시 사람들 가운데 그만이 (필리포스가 파견한 사신들의 취지에) 동조한 것이었어요.[83] 비열한 필로크라테스도 적어도 그런 짓은 감히 하려 하지 않았는데, 여기 아이스키네스가 했던 것이죠. 여러분이 고함을 지르면서 그의 말을 더 들으려 하지 않자, 연단에서 내려오면서 옆에 있던 필리포스의 사신들 앞에서 짐짓 생색을 내면서, 고함을 쳤는데, 실로 여러분도 기억하시겠지요. "고함치는 이는 많은데, 필요할 때 싸우는 이는 적어요"라고요. 제가 보기에, 바로 그 자신이 그 같은 훌륭한 전사라는 것이겠지요. 제우스의 이름으로 맙소사!

114. 또 다른 예도 있어요. 사신들 가운데 누군가가 무언가를 받았다는 사실을 증명할 수 없다면, 혹은 그런 사실이 모든 이들 앞에 명백히 드러난 것이 아니라면, 부득이 고문[84]이나 그 같은 것에 의지할

---

82 아이스키네스의 보고와 필리포스의 행위.

83 첫 번째 회의에서 아이스키네스만 필리포스 사신들의 제안에 지지했으나, 그 후 주전파였던 데모스테네스가 온건 노선을 취했다. 도시가 동맹국과 물자가 변변치 못한 상황에서 델포이 문제로 전투에 돌입하는 것은 무리라고 판단했기 때문이다.

84 고문은 증거를 얻기 위한 한 방법이다. 자유인에게는 금지되고 예속인의 경우에만 가능하다. 본인의 증언이 진실임을 증명하기 위해 자기 하인(예속인)을 고문하도록 내주거나, 상대소송인의 하인을 고문에 부치도록 제안(proklesis)한다.

수밖에 없겠지요. 그런데 필로크라테스가 민회에서 여러분에게 여러 번 실토했을 뿐만 아니라, 여러분 앞에 증거를 남겼어요. 밀을 사들이고, 건물을 짓고, 미처 그를 임명하기도 전에 (마케도니아로) 갈 것이라고 말하고, 나무[85]를 수입하고, 은행에서 공공연히 금을 교환한 것 등에서 말이지요. 스스로 이실직고하고 또 증거를 남긴 마당에, 실로 그는 뇌물을 받지 않았다고 말할 수가 없는 겁니다. 115. 사람이 얼마나 소갈머리 없고 주변머리가 없으면, 뇌물은 필로크라테스가 받았는데, 자신이 자격 박탈되어 궁지에 처하며, 자신은 혐의 없는 이들 가운데 끼일 수 있는데도 그들과 불화하고, 오히려 필로크라테스의 편에 붙어 비난을 자초한답니까? 제가 보기에는 그런 이는 세상에 없습니다. 이 모든 변명을 여러분이 바로 검토해 보기만 한다면, 아테나이인 여러분, 그이(아이스키네스)가 뇌물을 받은 사실과 관련한 중요하고도 분명한 증거를 찾게 될 것입니다.

116. 그가 필리포스로부터 뇌물을 받은 사실과 관련하여 최근의 일이지만 중요성이 적지 않은 증거를 하나 소개하겠습니다. 여러분도 아시겠으나, 얼마 전 히페레이데스가 필로크라테스를 탄핵했을 때, 제가 일어서서 발언했지요. 한 가지 점에서 저는 탄핵에 찬성하지 않는다고 했어요. 그 탄핵에는 온갖 중대한 비행이 필로크라테스 한 사람에 의해서만 자행되었고, 나머지 9명의 사신들은 무관한 것처럼 되어 있으나, 저는 그런 일은 있을 수 없다는 점을 지적했습니다. 그 동료들 중 일부가 협조하지 않는 한, 필로크라테스 혼자서는 움직

85　아테나이 사신들에게 주어진 선물과 관련한 것으로는 참조, 이 변론 §145.

일 수 없었을 것이기 때문이지요. 117. 제가 이렇게 말했어요. "저는 어느 누구를 무죄방면하거나 비난하거나 하지 않으렵니다. 명백한 사실에 근거하여 죄 있는 이와 없는 이가 가려지기를 원할 뿐입니다. 그러니 누구라도 원하는 이가 일어나 여러분 앞으로 나와서, 자신은 필로크라테스의 수작에 관여한 바 없고 그를 지지하지도 않는다고 선언하도록 하십시오. 그렇게 하는 이가 있다면, 적어도 저로서는 그를 무죄로 간주하겠습니다"라고요. 여러분도 그때 상황을 기억하시리라 믿습니다. 그런데 아무도 연단에 오르는 이가 없었고, 그런 뜻을 비친 이도 없었어요. 118. 여러 사람이 제각기 변명을 늘어놓았는데, 어떤 이는 책임자가 아니었다고 하고, 86 다른 이는 그 자리에 없었다고 하고, 또 다른 이는 그(필로크라테스)의 친척이라고 했어요. 그러나 아이스키네스는 이런 사유와 무관하죠. 그는 완전히 스스로를 팔아 버렸던 것이었어요. 지난날에만 돈에 팔린 것이 아니라, 만일 지금 무죄 방면된다면, 앞으로도 여러분을 배반하고 필리포스의 하수인으로 남을 것입니다. 그래서 한마디라도 필리포스에게 해로운 말을 하기를 꺼려서, 사람들이 그를 석방한다 해도 스스로 석방되기를 원하지 않고, 필리포스가 싫어하는 짓을 하기보다는 차라리 명예를 잃고 재판에 회부되고, 여러분 처분에 따라 어떤 벌이라도 받으려하는 것이죠.

---

86 테네도스 출신 아글라오크레온을 말하는 것으로 추정된다. 이 사람은 동맹국의 사신으로 봉직했으나, 아테나이 민회에 회계보고서를 제출하지 않았고, 그 증인으로 아이스키네스가 소환되었다. 참조, 이 변론 §126.

119. 그럼에도 필로크라테스를 옹호하는 무리들, 이 많은 배려는 도대체 어떻게 된 것입니까? 그가 최선으로 온통 득이 되도록 사신의 임무를 수행해 놓고, 다른 이(필로크라테스)가 실토했던 것처럼, 임무 수행 중에 돈을 받아 챙겼다고 이실직고한다면, 매수되지 않은 사신이 그와의 연관을 부인하기 위해서 엄청나게 노력하게 되었을 것입니다. 그러나 아이스키네스는 그렇게 하지 않았습니다. 아테나이인 여러분, 여기서 상황은 분명해지지 않습니까? 이런 정황들을 통해 아이스키네스는 돈을 받아 챙겼고, 우둔, 무지, 실수 등이 아니라, 시종 돈 문제와 관련하여 약은 이라는 사실이 저절로 드러나는 것이 아니겠습니까?

120. 그가 이렇게 말할 수 있겠지요. "내가 뇌물을 받았다는 것을 어떻게 증명할 건가요?"라고. 바로 적중한 질문입니다. 아이스키네스 씨, 모든 것 가운데 가장 확실한 것은 사실입니다. 그 사실에 대해 어느 누구에게 치우친 것이거나 유리한 것이라고 왈가왈부하고 비난할 수가 없고, 당신이 배반과 부패로서 자행한 수작이라는 것이 조사를 통해 드러나는 것이죠. 나는 그 사실들 이외에도 또 다른 증거를 가지고 있는데, 그것은 바로 당신 자신이오. 이쪽으로 와 서서 내게 대답해 주시오. 당신이 경험이 없어서 대답할 것이 없다고는 물론 변명할 수 없어요. 연극을 지어내듯이 새 사건을 만들어 기소하며, 증인도 없이 정해진 시간에 상대를 유죄로 모는 당신은 비상한 능력을 가진 것이 분명하기 때문이오.

121. 이 아이스키네스가 자행한 많은 무도한 비행 가운데서, 제 소견에, 여러분 모두가 알고 있는 아주 비열한 행위, 어떤 것도 그보다

더 무도한 것은 있을 수 없으며, 그가 뇌물을 받고 모든 것을 팔아넘긴 사실을 그보다 더 분명하게 증명하는 것은 없다고 보는 사실에 대해 말씀드리겠습니다. 이 사람(아이스키네스)이 약속한 유익하고 근사한 결과를 기대하면서 여러분이 다시 세 번째 사신을 필리포스에게 파견했을 때, 이 사람(아이스키네스)과 저를 포함하여 다수를 그 전과 거의 동일한 이들로 임명했지요. 122. 그때 저는 바로 단상으로 올라가서 맹세로서 임명의 철회를 요구했습니다. 일부에서는 고함을 치면서 저에게 (사신으로) 가도록 했지만, 저는 떠나지 않겠다고 했어요. 그러나 아이스키네스의 사신 임명은 여전히 유효했어요. 민회 해산 이후, 사신으로 임명된 이들이 만나서 누가 남을 것인가를 의논했어요. 상황이 불투명했고, 미래는 불확실했으며, 온갖 회합과 토론이 광장[87]에서 이어졌지요. 123. 그들이 염려한 것은, 비상 민회가 갑작스레 소집되어, 저로부터 진실을 듣기라도 하면, 여러분이 포키스에 유리한 어떤 적절한 결정을 내리지나 않을까, 그래서 필리포스가 기선(機先)을 빼앗기게 되지나 않을까 하는 것이었습니다. 한 번의 작은 여러분의 결정이 한 줄기 희망이 되어 그들을 구원할 기회가 있었던 것이에요. 여러분이 함정에 빠지지만 않았더라면, 필리포스가 테르모필라이에 머무는 일도 없었을 거고요. 그럴 수가 없었죠. 그곳에는 양식이 없어요. 전쟁 때문에 밭을 갈 수 없었던 것이죠. 그리고 여러분의 함대가 그곳에서 바다를 통제하는 한, 양식을 수송해 들이는 것도 불가능했던 것이고요. 포키스에는 도시들이 많아서, 장

---

87 *agora*.

기간 포위하지 않고서는 쉬이 정복할 수가 없어요. 하루에 한 도시를 장악한다 해도, 22개 도시가 있었거든요.

124. 이런 온갖 상황들 때문에, 혹여 여러분이 속았던 사실을 깨닫고 결정을 번복할까 봐 그들이 아이스키네스를 이곳에 남겨 두었던 것이었어요. 이유도 없이 임명된 바를 맹세로 거부하는 것은 터무니없고 참으로 수상한 일이었죠. "무슨 말이요? 당신이 그렇게 굉장하고 그렇게 득이 된다고 말한 것을 두고 당신 자신이 안 가고, 사건의 임무를 저버린단 말이요?" 그러나 그는 여기 남아 있어야 했던 것이죠. 왜냐고요? 짐짓 아프다고 핑계를 댔고, 그 형제가 의사 엑세케스토스를 대동하고 의회[88]에 나타나서는 그가 아픈 것이 맞다고 맹세로 보증하고는 그를 대신하여 사신으로 선출되었어요. 125. 그로부터 대엿새 후 포키스인이 망해 버렸고, 그로써 이 사람에게 주어졌던 역할이, 다른 어떤 것들과 함께, 완수된 무렵에, 데르킬로스가 칼키스에서 돌아와서는, 페이라이에우스에서 열린 민회에서 여러분에게 포키스인이 파멸했다는 소식을 전했던 겁니다. 여러분은, 아테나이인 여러분, 그들의 처지에 적이 당황했고, 또 여러분 자신을 염려하여, 처자식을 전원에서 빼내는 동시에, 요새를 복구하고 페이라이에우스에 성벽을 건조하고, 도시(아테나이 도심)[89]에서는 헤라클레스에게 제사를 올렸던 것이죠.[90] 126. 당시 형편은 이러했고, 도시가 그 같

---

88 *boule.*
89 *asty.* 페이라이에우스와 구분하여 아테나이 도심을 'asty(도시)'라고 불렀다.
90 참조, 이 변론 §86.

은 혼동과 격랑에 휩싸였을 때, 이 영악하고 뻔뻔하며 달변의 이 친구
는, 의회도 민회도 그를 선출한 바 없는데도, 이 모든 상황을 초래한
이(필리포스)를 향해 스스로 사신이 되어 갔습니다. 맹세코 사신으로
임명된 바를 아프다는 핑계로 거절해 놓고, 그 대신 다른 이로 하여금
사신으로 뽑혀가도록 했으며, 그 같은 꼼수를 부린 이들에 대해 법이
사형으로 다스린다는 사실 등에도 아랑곳하지 않았지요. 127. 또 테
바이인이 보이오티아 전역에다 포키스까지 통제하고 있는 마당에,
테바이인이 자신에게 현상금을 걸어 놓았다고 고한 이가 대놓고 테바
이인은 물론 테바이인 군대가 있는 곳 한가운데를 가로질러 갔다는
사실은 참으로 어이가 없는 것이죠. 그럼에도 그는 넋 나간 사람같
이, 이득과 뇌물에만 열중하여 이 모든 것을 나 몰라라 무시하고는 떠
나갔어요.

128. 당시 상황이 이러했습니다. 그런데 이 사람이 그곳으로 가서
한 수작은 더 기막힙니다. 지금 여기 있는 여러분은 물론 다른 아테나
이인들 모두가 불행한 포키스인의 처지가 너무 혹독하고 참담하다고
여겨서, 의회 대표91는 물론이고 법무관92도 피티아 제전93에 파견하
지 않았으며, 전통에 따라 파견하던 대표도 보내지 않았어요. 그런데
이 사람은 테바이인과 필리포스가 전쟁의 승리와 종전을 기념하는 제
식에 가서 연회에 참석하고는, 그(필리포스)가 주관하여 여러분 동맹

---

91 *theoroi.*
92 *thesmothetai.*
93 아폴론을 주신으로 하는 펠포이에서 4년마다 개최되는 제전.

국의 요새, 영토, 무력이 파멸하도록 비는 제주(祭酒)와 기원 의식에 동참했고, 또 필리포스에게 화관을 수여하고 찬양의 노래를 불렀으며 장수를 기리는 잔을 들었습니다.

129. 이런 상황에 대해 이 사람(아이스키네스)이 저와 다른 말을 할수가 없어요. 그가 사신 지명을 거부한 사실 관련하여 공무원[94]이 공문서고(메트로온)[95]에 보존하는 공문서 기록에 그 이름이 적힌 결정문이 있습니다. 그가 한 행위는 그곳에 있었고 바로 제게 상황을 이야기해 준 동료 사신들이 전해드릴 것입니다. 저로서는 그들과 동행하지 않았고 맹세로서 임명된 바를 거절했기 때문입니다. 130. 자, 저를 위해 결정문을 읽어 주시고 증인들을 불러 주십시오.

결정문, 증인들

필리포스가 제주를 바치며 신들에게 어떤 기원을 했을 것이라 여러분은 생각하십니까? 또 테바이인은요? 아마도 자신들과 그 동맹국들이 기선을 제압하고 승전하고, 포키스인은 그 반대가 되라고 한 것이 아닐까요? 그런데 여기에 그가 함께했고, 자신의 조국에 저주가 내리

---

94 *demosios.*

95 메트로온(Metroon)은 신들의 어머니 키벨레(혹은 데메테르) 여신전이었다. 아테나이인은 페르시아 전쟁 이후 이 신전을 지었으며, 이때부터 프리기아의 키벨레 여신의 제사를 들여온 것으로 추정된다. 도시 한가운데 500인 의회 부근, 하르모디오스와 아리스토게이톤 조각상 맞은편에 있었다. 메트로온은 1년에 두 번 문을 열고, 도시의 공문서를 저장한다.

기를 기원했던 것이죠. 지금 여러분은 그 저주를 그 자신에게로 되돌려 주어야 하는 것이겠습니다.

131. 그는 출발하면서 법을 어겼으며, 법은 그 같은 행위를 사형으로 처벌합니다. 임지에 도착해서는 사형에 맞먹는 또 다른 수작을 벌인 것이 드러났습니다. 그전에도 이들[96]을 위해 자행한 수작과 사신으로서의 배임행위를 한 적이 있으므로, 그는 당연히 처형감에 해당합니다. 그러니 여러분은 어떤 벌이 이 모든 부당행위에 상응하는 마땅한 보복이 될 수 있는지를 생각하셔야 합니다. 132. 실로, 아테나이인 여러분, 어떻게 수치스러운 일이 아니겠습니까? 여러분 모두와 온 민중이 나서서 평화조약 체결을 둘러싸고 벌어진 온갖 사태에 대해서 공적으로 비난하고, 또 암픽티오니아 신성동맹 행사에도 동참하지 않은 필리포스에게 분노하고 의심하면서 그 행위가 온통 신성모독과 수치로 점철한 것일 뿐 아니라 여러분에게도 해를 끼치는 것으로 간주해야 하는 마당에, 그런 수작과 관련한 수행감사 판정을 위해 이 법정으로 들어섰고, 도시를 위해 서약의 맹세를 한 여러분이, 이 모든 부당행위의 원흉이며 그 같은 행위를 자행하는 현장에서 적발되어 여러분이 재량하에 두고 있는 이를 무죄방면한다면 말이지요. 133. 다른 시민들 가운데, 아니 모든 헬라스인이라고 하는 것이 더 좋겠지요, 어느 누가 여러분에게 당연히 손가락질하지 않는 이가 있

---

96 '이들'이 누구를 가리키는지는 여러 가지 해석이 가능하나, 여기서는 아테나이에 적대적인 필리포스와 테바이인을 뜻하는 것으로 볼 수 있겠다. 문맥으로 볼 때, 이들을 위해 아이스키네스가 아테나이인을 속인 것으로 데모스테네스가 비난하고 있기 때문이다

겠습니까? 전쟁에 이어 평화조약을 맺으면서 사람을 매수하여 원하는 바를 달성함으로써 많은 결례를 범한 필리포스에게 분노하는 여러분이, 여러분의 이익을 비열하게 배반한 이(아이스키네스)를 방면함으로써, 그 같은 행위를 극형으로 처벌하도록 한 법까지 무시하는 것을 본다면 말이지요.

134. 여러분이 평화조약 체결을 위해 사신으로 간 이에 대해 유죄 선고를 한다면, 필리포스의 적의를 유발할 수 있다고 이들이 주장할 수도 있겠지요. 만일 이런 주장이 사실이라면, 제가 피고를 비난하는 데 있어 그 이상의 중차대한 이유를 찾을 수가 없다고 봅니다. 평화를 구하기 위해 돈을 뿌리는 주군이 이렇듯 대단하고 강력한 이로 거듭나서, 여러분은, 맹세와 정당함은 무시하고, 그를 흡족하게 하기 위해서 무엇을 해야 할지를 생각해야 할 정도가 된다면, 그의 힘을 이렇듯 불리는 데 기여한 이들에게 어떤 벌을 내려야 마땅하겠습니까? 135. 더구나, 그들을 벌하는 것이 더 확실한 유익한 우정의 기초가 된다는 점을 제가 여러분에게 증명하도록 하겠습니다. 여러분이 유념하셔야 할 것은, 아테나이인 여러분, 필리포스가 여러분의 도시를 결코 얕잡아 보지 않는다는 사실입니다. 그가 여러분보다 테바이인을 선호하는 것은 여러분이 쓸모없다고 보아서가 아니라, 그들로부터 배우고 들은 것이 있기 때문입니다. 이런 이야기는 제가 이미 민회에서 여러분에게 한 적이 있고, 이들 가운데 아무도 반박하지 않았던 것이죠. 136. 그것은 민중이란 세상에서 가장 불안정하고 가장 일관성 없는 것으로, 되는대로 치는 바다의 성난 파도 같다는 것이었어요. 하나가 오면 다른 이는 가고, 아무도 공동체에 대해서 관심을 갖

거나 고려하지 않는다는 것 말입니다. 그러나 누군가가 필리포스에게 이곳(아테나이)에 친구들을 만들어 놓아야 한다고 귀띔해 주었던 것이에요. 매사에 그를 위해 수작을 부리고 그가 원하는 대로 상황을 조작할 수 있도록 말이지요. 이렇게 기초작업이 이루어지면, 원하는 것을 쉬이 달성할 수 있다는 것이었지요.

137. 필리포스가 그 같은 말을 자신에게 해 준 이들이, 이곳으로 돌아오자마자, 바로 처형되었다는 소식을 듣게 된다면, 제 짐작에, 페르시아 왕이 했던 것과 같이 처신했을 것 같습니다. 페르시아 왕이 어떻게 했냐고요? 왕이 티마고라스에게 속아, 소문에 따르면, 40탈란톤을 내주었는데, 그가 이곳 여러분에 의해 처형[97]되었으며, 그가 왕에게 해내겠다고 약속한 일은 고사하고 자신의 생명조차 보존할 수 없었다는 사실을 전해 듣고는, 통제력도 갖지 못한 사람에게 돈을 주었다는 사실을 왕이 깨닫게 되었지요. 그래서 먼저 그전에 왕이 자신의 동맹국이자 우방국으로 편입시켰던 암피폴리스를 여러분에게 되돌려 주었고, 그 이후 아무에게도 돈을 내주는 일이 없어졌어요. 138. 필리포스도 그같이 하지 않을까 하는 것인데요. 만일 이들(아이스키네스 일당) 가운데 누가 처벌받게 되고, 그런 사실을 지금 알게 된

---

97 *apotympanismos*. 처형을 뜻하는데, 말 그대로 풀면, '나무에 매어 처형한다'는 뜻이다. 고문을 통한 처형이나 십자가형 같은 것이 될 수 있다. 이와네스 크리소스토모스(Ioannes Chrisostomos)는 이것을 '목을 자르는 것'이라 했으나, 이는 잘못된 것으로 보아야 한다. 다만 '*apotympanismos*'가 꼭 어원 그대로의 뜻이 아니라, 보편적·상징적으로 처형을 뜻하는 것으로 확대되어 사용된다고 할 때, 나무와 무관하게 다른 방법으로 처형되는 경우에도 사용할 수 있다.

다면 그같이 할 것이란 말이지요. 그러나 이들이 발언하고 여러분의 신임을 얻으며, 다른 이들을 재판에 회부하고 하는 것을 보면, 그(필리포스)가 어떻게 하겠습니까? 소액만으로도 융통되는 곳에 많은 돈을 쓰려 하겠습니까? 두세 명만 구워삶으면 되는 곳에 모든 사람의 마음을 사려고 애쓰겠습니까? 그렇다면 정신 나간 짓이지요. 테바이인 도시의 경우에도 필리포스가 공적으로 호의를 베풀려고 작정한 것이 아니었어요. 절대 그런 것이 아니었고, 그 호의는 사신들이 요구하는 바에 따른 것이었지요. 139. 어떻게 된 일인지 제가 여러분께 말씀드리겠습니다. (테바이에서) 사신들이 그(필리포스)에게 왔을 때, 여러분에 의해 파견된 우리도 거기에 있었어요. 그(필리포스)가 그들에게 돈을, 그것도 소문에 따르면, 아주 많이, 주려고 했다지요. 그런데 테바이 사신들이 그것을 거절하고 받지 않았다고 해요. 그 후 제전과 향연이 이어지는 동안, 필리포스가 같이 술을 마시고 이들에게 살갑게 굴면서, 다른 여러 가지, 포로나 그 같은 것, 그리고 마침내 은잔, 금잔을 그들에게 제공했으나, 이들은 그 모든 것을 거절하고 굽히지 않았어요.

140. 마침내 그들 사신 가운데 한 사람인 필론이 발언했는데, 아테나이인 여러분, 그 말은 테바이인이 아니라 여러분을 위해 할 가치가 있는 그런 것이었죠. 그 발언 요지는, "필리포스가 우리들에게 그렇게도 관대하게 또 친절하게 대해 주어서 감사하고 기쁘다. 우리들은 그 같은 선물이 없어도 이미 그(필리포스)의 친구이며 손님이 되었다. [98] 그의 호의를 당시 그가 추진하는 도시의 공적 사안으로 돌려주고, 또 우리는 물론 테바이인을 위해서 도움이 되는 일을 좀 해 줄 수

있는가? 만일 그렇다면, 그들은 그(필리포스)에게 우리들(테바이 사신들)은 물론 모든 테바이인의 우정을 그에게 약속할 수가 있다"는 것이었지요. 141. 여러분께서는 이러한 곡절 끝에 마침내 테바이인이 어떤 것을 얻게 되었는지를 유념하시고, 이 같은 진실로 나라 팔아먹기를 거부하는 것이 얼마나 득이 되는 것인지를 보십시오. 첫째, 테바이인은 평화를 얻었습니다. 전쟁의 곤경과 실패의 위험 등 질곡에 처한 상황에서 말이죠. 둘째, 그들의 적 포키스인을 완전히 제거하고 모든 요새와 도시들을 파괴했습니다. 이것뿐이겠습니까? 제우스의 이름으로, 아닙니다. 그 외에도 오르코메노스, 코로네이아, 코르시아, 틸포사이온,99 원하는 만큼 포키스인의 땅을 손에 넣었지요.

142. 평화조약이 테바이인에게 미친 상황은 이와 같았고, 그들은 그 이상을 원하지 않았습니다. 그런데 테바이 사신들이 얻은 것은 무엇일까요? 아무것도 없었어요. 조국을 위해 이룬 것에 대한 만족 이외에는 말이죠. 아! 아테나이인 여러분, 덕성과 영광을 가져오는 그 같은 훌륭함과 품위를 이들(아이스키네스 일당)이 뇌물을 받고 팔아버렸어요. 평화가 아테나이인의 도시와 아테나이인 사신들에게 각각 초래한 결과를 서로 비교해 보면, 그 양편에 유사성이 있는지 여부를 깨닫게 될 것입니다. 143. 도시의 경우 재물과 동맹국들이 온통 사라졌고, 그 대신 누구라도 그것을 회복하려는 이는 여러분이 그를 혼쭐

---

98 크세노폰(Xenophon, *Kyrou Anabasis*, 7. 3. 26 이후)은 세우테스 궁전의 회식 장면을 묘사한다. 거기서 왕과 참석자들 간에 선물이 오간다.

99 이들 지역은 죄다 보이오티아 서부에 위치해 있다. 코로네이아, 틸포사이온(틸푸시온)은 코파이스 호수 남쪽, 오르코메노스는 동쪽, 코르시아는 북쪽이다.

내며, 여러분에게 여러분 것을 돌려주려는 이는 적이요 교전대상으로 간주하며, 오히려 여러분의 것을 도둑질하는 이가 동맹국이며 친구가 되는 것이라는 사실을 필리포스에게 맹세해야 하는 것이에요. 이런 것이 아이스키네스가 지지하고 144. 그 공모자 필로크라테스가 제안한 것입니다. 첫날, 저는 승기를 잡고 여러분을 설득하여, 동맹국들의 제안을 가결하고 필리포스의 사신들을 소환하도록 하려 했지요. 그러나 이 사람(아이스키네스)은 이 현안을 다음 날로 연기하고 필로크라테스의 제안을 채택하도록 여러분을 설득했는데, 거기에 이런 내용과 그보다 더 열악한 많은 다른 것들이 적혀 있었거든요. 145. 평화조약을 통해 도시가 얻은 것은 이런 것이었는데, 그보다 더 수치스러운 것은 달리 찾을 수가 없어요. 그런데 이 같은 행위를 한 사신들의 경우는 어떨까요? 집, 목재, 곡식 등 여러분이 직접 본 것은 제가 생략하겠습니다. 그러나 패망한 여러분 동맹국 땅에 재물과 넓은 농지에서 1탈란톤의 수익이 필로크라테스에게, 30므나의 수익이 아이스키네스에게로 들어옵니다.

146. 실로, 아테나이인 여러분, 여러분 동맹국의 재앙이 여러분 사신들의 이득으로 돌아온다는 사실, 같은 평화조약이 사신을 파견한 도시에 대해서는 동맹국의 파멸, 재물의 박탈, 영광 대신 수치를 가져오고, 도시를 배반한 사신들 자신에게는 소득, 편안함, 재물, 극도의 빈곤 대신 부유함을 가져왔어요. 제 말이 진실임을 증명하기 위해 올린토스인 증인들을 불러 주십시오.

증인들

147. 장군들이 전투를 망쳤기 때문에 제가 요구한 조건으로 평화조약이 유리하게 체결될 수가 없었다고 그가 여러분에게 말할 용기를 갖는다면, 저로서는 낭패할 일이 없습니다. 그런 말을 하는 경우, 신들의 이름으로 제가 여러분에게 부탁드리는 것은, 잊지 마시고 그에게 이렇게 물어 주십시오. 그가 다른 도시의 사신이었는지 아니면 우리 도시의 사신이었는지를 말입니다. 만일 다른 도시를 대표한 것이라면, 전쟁에 승리하고 유능한 장군이 있어서 재물을 취하였다고 주장할 수 있겠지요. 그러나 우리 도시를 대표하여 간 것이라면, 어떻게 그를 보낸 도시는 재물을 잃는 반면, 그 자신은 선물을 받아서 재물을 불린단 말이오? 사신을 파견한 도시와 그로부터 파견된 사신들은 상식으로 볼 때 마땅히 같은 처지에 있어야 하는 것이 정상이지요. 148. 또 생각하셔야 하는 것으로, 아테나이인 여러분, 여러분 보시기에, 전투 상황에서 포키스인이 테바이인에 대해 갖는 힘과 필리포스가 여러분에 대해 갖는 힘 중에서 어느 쪽이 더 우세했겠습니까? 제 소견에는 포키스인이 테바이인에 대해 갖는 힘인 것 같습니다. 전자는 오르코메노스, 코로네이아, 틸포사이온100을 보유했고, 또 네온101에 있는 테바이인을 포위했으며, 헤딜레이온102에서는 250명을 죽이

---

100 참조, 이 변론 §141.
101 네온은 파르나소스산 북쪽, 포키스 지역의 도시.
102 헤딜레이온산맥은 보이오티아의 오르코메노스와 엘라테이아 사이에 위치해 있다.

고 승전비를 세웠으며, 기병으로 승기를 잡음으로써, 일리아스의 비극이 테바이인을 덮쳤던 것이죠. 149. 여러분은 그런 상황에 처하지 않았고, 앞으로도 그런 일은 없기를 바랄 뿐입니다. 필리포스와의 전쟁에서 더한 질곡은 여러분이 그에게 가하려 했던 만큼의 타격을 실천하지 못했던 것이지만, 그럼에도 여러분은 스스로 피해당하지 않도록 만반의 조치를 취했습니다. 그런데 전투에서 패배한 테바이인이 어떻게 그 같은 평화조약을 체결해 냈고, 자신의 땅을 되찾았을 뿐 아니라 적의 땅까지 차지한 데 반해, 여러분 아테나이인은 평화조약 체결의 호기를 놓쳤을 뿐만 아니라 전쟁 당시 보유했던 것들마저 잃게 되었을까요? 그것은 그들 땅은 그 사신들에 의해 팔려 넘어가지 않았고, 여러분 것은 이 사람들이 팔아먹었기 때문입니다. 사실이 이와 같음을 여러분은 다음의 사실에서 더 확실히 이해할 것입니다.

150. 이 사람(아이스키네스)이 지지 발언한 필로크라테스 평화조약이 체결되었을 때, 필리포스의 사신들은 맹세를 통해 비준하기로 약속하고 떠났지요. 그때까지만 해도 어떤 부정적 기류는 감지되지 않았습니다. 평화조약은 실로 우리 도시에 누추하고 어울리지 않는 것이었으나, 그 대가로 굉장한 이득이 우리에게 돌아올 뻔했어요. 제가 여러분에게 청하고 이들 사신에게 당부한 것은, 가능한 한 빨리 헬레스폰토스로 함대를 출동시킴으로써, 필리포스가 그동안 그곳 지역들 가운데 어떤 곳도 장악하지 못하도록 하자는 것이었어요. 151. 제가 잘 알고 있었던 사실은, 전쟁이 끝나고 평화조약이 체결되는 순간, 이미 등한시한 것들은 등한시한 이의 것으로 귀속되지 않는다는 것입니다. 보편적 조건으로 평화조약 체결에 동의한 이가 그전에 등한시

한 것을 되찾기 위해서는 다시 전쟁을 시작해야 하는 것이에요. 선점한 이가 그것을 점유하고 있기 때문이지요. 그 외에도 제 소견에, 그곳(헬레스폰토스)으로 함대를 파견하면, 우리 도시가 두 가지 이득 가운데 하나를 얻게 되는 것이었어요. 우리가 그곳에 가 있는 상황에서 평화조약에 따라 그(필리포스)의 비준의 맹세를 받게 되면, 그가 아테나이로부터 빼앗은 땅을 돌려주고 나머지로부터도 손을 떼든가, 152. 그렇지 않고 만일 그가 거부하면 그런 그의 입장을 바로 이쪽으로 통보하게 되고, 멀리 떨어져 상대적으로 비중이 덜한 그곳에서 그가 보여 준 탐욕과 흑심을 여러분이 보고는 가깝고 더 중요한 사태와 관련하여 소홀하지 않게 될 테니까요. 포키스와 테르모필라이의 경우가 그렇다는 말인데요, 그(필리포스)가 그 땅을 선점하지 않고 또 여러분을 속이는 일이 없다면, 여러분은 그곳의 안전을 확보하고, 필리포스도 알아서 공정하게 행동할 것입니다.

153. 당연히 그럴 것이라고 저는 보는 것이죠. 당시 실제 상황이 그랬듯이 포키스인이 안전하게 테르모필라이를 통제하고 있는 한, 필리포스가 안하무인으로 여러분이 정당한 요구를 하지 못하도록 협박하는 일은 없었을 것이거든요. 그가 육지로 진군해 들어오거나 제해권을 장악함으로써 아티카로 들어오는 일은 없었을 것이니까요. 그가 공정하게 처신하지 않으려 했다면, 여러분은 당장에 그 항구를 폐쇄하고 자금줄도 끊고 다른 사안들에 대해서도 봉쇄를 감행했을 테니까요. 그래서 여러분이 아니라, 바로 그이야말로 평화가 가져다주는 편익에 의지하게 되었을 겁니다. 154. 이런 전망은 제가 없는 이야기를 만들어 내거나 일이 벌어지고 난 다음에 둘러대는 것이 아니

라, 그 당시 바로 생각하고 여러분을 위해 전망한 것이며, 이들(사신)에게도 이야기한 것으로서, 다음의 사실에서 여러분이 주지하실 것입니다. 정기 민회가 끝나고 다른 민회가 소집될 것도 아닌 상황에서, 사신들이 당장 떠나지 않고 계속 아테나이에서 빈둥거리고 있는 것을 보면서, 제가 의원의 한 사람으로서 조령103 하나를 제안했고, 민회가 그것을 가결함으로써, 사신들이 지체 없이 떠나도록 했고, 또 장군 프록세노스로 하여금 필리포스가 머무르고 있는 것으로 파악한 곳으로 사신들을 수송하도록 했어요. 그 제안은 지금 제가 말씀드린 바의 진술과 정확하게 일치합니다. 저를 위해 결정문104을 들고 읽어 주십시오.

결정문

155. 이렇게 저는 여기에서도 이들(아이스키네스 일당의 사신)의 뜻에 반대했는데, 그러한 사실은 그다음 그들의 행적에서 쉬이 아시게 되겠습니다. 우리가 오레오스105에 도착하여 프록세노스와 합류했을 때, 그들은 지시받은 바에 따라 바다를 건너서 목적지로 바로 나아가지 않고, 서두르지 않고 이곳저곳을 다 둘러서 마케도니아에 닿는 데 23일이나 걸렸어요. 그리고 그 후에도 필리포스가 돌아올 때까지 펠

---

103 *psephisma*.
104 *psephisma*.
105 오레오스는 에우보이아 북쪽 연안의 도시로 기원전 5세기 이전에는 '히스티아이아(Histiaia)'로 불렸다.

라에 머물면서 여러 날을 온통 허비하여, 배 타고 오는 데 걸린 날을 합치면 모두 50일을 보냈던 것이죠. 156. 그사이 평화와 휴전 기간임에도 불구하고, 필리포스는 도리스코스, 트라케, 트라케의 요소들, 히에론 오로스106 등 모든 것을 다 장악했어요. 저로서는 계속 많은 말을 하고 주의를 환기했지요. 처음에 함께 의논하듯이 했고, 다음엔 모르는 이를 가르치듯이 했으며, 마지막에는 조금의 유보도 없이 그들을 돈에 팔린 가장 사악한 이로 취급하면서 말이지요. 157. 그때 대놓고 저에게 반대하고, 제 충고는 물론 여러분이 공적으로 결정한 사안을 무시한 것이 아이스키네스였습니다. 그의 행동에 동료 사신들 모두가 동의했는지 여부는 여러분이 곧 아시게 되겠습니다. 당분간 저는 누구도 지목하지 않을 것이고 어떤 비난도 개진하지 않으렵니다. 그들 각자가 오늘, 아무런 강요도 없는 가운데, 부당행위에 관여하지 않았던 사실을 스스로 밝히게 될 것입니다. 그 행위는, 여러분 모두 주지하듯이, 몰염치하고 악랄하며, 매수에 의한 것이었지요. 거기에 연루된 이는 사실에 의해 밝혀질 것입니다.

158. 그러나, 제우스의 이름으로, 그사이에 동맹국들로부터 비준 맹세를 받았다거나, 혹은 다른 불가피한 사안들을 처리했다고 할 수도 있었겠지요. 그러나 전혀 그렇지 않습니다. 그들이 출장을 가서 비용으로 여러분에게서 1천 드라크메를 받아 가서 썼던 그 석 달 동안 내내, 어떤 도시로부터도 맹세받은 일이 없으니까요.107 어디로 간

---

106 에게해 서북쪽 연안의 길고 좁다란 반도.
107 필리포스와 함께 그 동맹국들은 대리인을 통해 페라이에서 맹세를 했다. 그러나

적도 없고, 여기로 돌아온 것도 아니고, 디오스쿠로이 신전108 앞에 있는 여관에서 맹세가 이루어졌던 것이에요. 여러분 중에서 페라이에 가 본 분은 제가 말하는 곳을 아실 거예요. 그때, 아테나이인 여러분, 필리포스는 군대를 거느리고 이곳으로 오던 길이었고, 그 맹세의 의식은 이렇듯 날치기로 여러분의 위상에 어울리지 않게 이루어졌던 것이에요. 159. 더구나 필리포스는 다음과 같은 방식으로 일을 도모한 데 대해 상응하는 대가를 치러야 하는 겁니다. 평화조약 관련하여, 이들109은 처음에 "할로스인과 포키스인을 제외한다"는 내용을 넣으려 시도했으나, 그러지 못했어요. 여러분은 그런 표현을 없애고 그 대신 "아테나이인과 아테나이인의 동맹국들"이라고 분명히 표현하도록 필로크라테스에게 지시했거든요. 필리포스는 그 같은 내용의 평화조약에 대해 자신의 동맹국들 어느 곳도 서명하는 것을 원하지 않았어요. 왜냐하면, 여러분 관할하에 있었던 것이나 현재로서 필리포스가 장악하는 땅들을 그가 강제 병합하려 할 때, 그 동맹국들이 조약을 맺었다는 핑계로 동참하지 않을 수도 있기 때문입니다. 160. 또 필리포스로서는 평화를 수립한 것이 조약 때문이라는 사실을 아무에

아테나이 사신들이 본국으로부터 받은 지시에 따르면, 동맹국 각각의 통치자(아르콘, 장관)들로부터 직접 서명을 받아야 하는 것이었다. 참조, 이 변론 §278.

108 디오스쿠로이(Dioscouroi) 신전. 디오스쿠로이는 카스토르(Kastor)와 폴리데우케스(Polydeukes), 두 신을 뜻한다. 이들은 아버지를 달리하는 쌍둥이 신으로서, 어머니는 레다, 카스토르의 아버지는 틴다레오스, 폴리데우케스의 아버지는 제우스이다. 이들 두 신은 빛의 신이며, 항해하는 이들을 보호한다.

109 여기서 '이들(houtoi)'이란 필리포스뿐 아니라 아이스키네스 등 그에게 부화뇌동하는 이들을 일컫는 것이라 볼 수 있겠다.

게도 알리고 싶지 않았고, 결국 아테나이인이 전쟁에서 진 것이 아니었고, 평화를 실제로 원한 것이 바로 필리포스 자신이며 그 평화를 위해 아테나이인에게 큰 양보를 하려는 입장에 있다는 사실이 세상에 알려지는 것을 원치 않았습니다. 그래서 필리포스는 이들(아이스키네스를 비롯한 사신)이 어디로 나다니는 것 자체를 싫어했어요. 제가 말씀드린 그런 사실이 널리 알려지는 일이 없도록 말이죠. 한편, 이들도 이 모든 상황을 양해하고 만족해했으며 그에게 과잉 아첨을 떨었어요. 161. 이들 사신이 이 모든 일탈과 관련하여, 시간을 허비하고 트라케를 방기했으며, 여러분 지시에 상응하거나 이득이 되는 조치는 전혀 취하지 않았고, 또 이곳으로는 거짓말 보고의 서신까지 보낸 데 대해 책임이 있는 마당에, 어떻게 이 사람(아이스키네스)이 참으로 사려 깊고 또 맹세한 바에 상응하려 하는 재판관으로부터 무죄로 풀려날 수 있단 말입니까? 제가 한 말이 진실임을 증명하기 위해, 먼저 비준의 맹세를 받으라고 결정한 조령을, 그다음에 필로크라테스의 조령과 민중의 결정을 읽어 주십시오.

조령, 서신, 조령 및 결정

162. 저의 조언을 따르고 또 여러분의 결정에 준하는 명을 이들(사신)이 이행하기만 했어도, 헬레스폰토스에서 필리포스를 저지할 수 있었던 사실과 관련하여, 당시 그곳에 있던 증인들을 불러 주십시오.

나중에 그곳에 도착한 에우클레이데스[110]에게 필리포스가 한 대답과 관련한 다른 증언을 읽어 주십시오.

증언

163. 이들이 필리포스를 위해 수작을 부린 사실은 부인할 수 없다는 점 관련하여 제 말을 들어 보십시오. 평화조약 체결을 위해 첫 번째 사신으로 우리가 출발했을 때, 여러분은 우리 통행의 안전을 도모하기 위해 양해를 구하는 전령을 파견했지요.[111] 그런데 이들(사신)이 오레오스[112]에 닿은 다음, 전령과 합류하기 위해 잠시도 머물지 않았어요. 당시 할로스[113]가 포위공격당하는 상황이었음에도, 이들은 바다 건너 그곳으로 향해 갔고, 그곳을 거쳐 다시 포위공격을 자행하던 파르메니온으로 갔지요. 거기서 다시 적의 병력이 있는 곳을 통과하여 파가사이로 갔고, 마침내 라리사에서 전령을 만났어요. 이렇듯 급히 막무가내로 길을 서두르던 이들이 164. 평화가 성립되고 여행이 안전해지고

---

110 필리포스가 트라케 왕 케르소블렙테스의 땅을 침범한 데 대해 항의하기 위해, 에우클레이데스가 아테나이에서 그곳으로 파견되었다.

111 전령은 전쟁 시나 적의 영토를 지나갈 때 그 안전이 보호된다. 사신들이 적의 땅을 안전하게 지나갈 수 있도록 전령이 앞에서 미리 주선한다.

112 에우보이아섬 북쪽 연안 도시.

113 에우보이아섬 북쪽 연안 오레오스에서 해협 건너편, 테살리아 동남쪽 해안 도시.

또 여러분의 지시를 재빨리 수행해야 할 때가 되니까, 오히려 길을 재촉하지도 않고, 배를 타고 이동하려는 생각조차 하지 않았어요. 도대체 왜 그랬을까요? 그것은 지난번 사신 길에서는 필리포스를 위해 서둘러 평화를 체결하려 했으나, 이번에는 비준의 맹세가 이루어질 때까지 가능한 한 많은 시간을 벌려고 했던 것이지요. 165. 저의 말이 사실임을 증명하기 위해, 다음의 증거를 여기에 소개해 주십시오.

증거

같은 여정인데도, 여러분을 위해서 서둘러야 할 때는 미적거리고, 전령이 오기 전에는 떠나지 말아야 하는데도 그가 오기도 전에 서둘러 길을 떠난 사실, 이런 사실보다 더 명백하게 이들이 오직 필리포스를 위해서 갖은 수작을 도모한 죄가 있음을 증명하는 것이 달리 있겠습니까?

166. 그 후 그곳 펠라114에 있는 동안, 우리 각자가 지향하는 노선이 어떻게 달랐는지 들어 보십시오. 저는 포로들을 찾아서 구하려고 개인 돈을 썼고, 그가 우리에게 베푸는 선물에 들어가는 돈을 가지고 그들 몸값으로 대신하고 석방하라고 청을 넣었지요. 그러나 그(아이스키네스)가 시종 무엇에 관심을 두었는지 들어 보십시오. 그것이 무엇인지 아십니까? 필리포스가 우리에게 주는 공동 선물이었어요. 167. 여러분이 유념하셔야 하는 것은 이미 필리포스가 우리 모두를

---

114 마케도니아의 수도.

회유하고 있었다는 사실입니다. 어떤 식으로요? 개별 접촉을 통해, 아테나이인 여러분, 엄청난 금을 보내온 것이어요. 그런데 어떤 이는 그런 수작에 응하지를 않았는데, 그게 저라고 제가 말하는 것은 경우가 아닌 것 같고, 상황과 결과에서 드러나게 될 것입니다. 그런데도 그(아이스키네스)는 공동 선물이 유보 없이 수령된 것으로 간주했어요. 모두가 공동으로 선물을 받는 데 다소간에 연루된다면, 돈에 팔린 이들이 가려지게 되어 안전을 도모할 수 있게 되는 것이죠. 이렇듯 환대를 한다는 명분으로 선물이 주어졌어요. 168. 거기에 제가 제동을 걸자, 이들은 다시 자기네끼리 그것을 나누어 가졌지요. 제가 그 재물을 포로를 위해 쓰자고 필리포스에게 청했을 때, 그는 어정쩡하게 그들(동료 사신)을 폄하하거나, "누가 그것을 가지고 갔어"라고 말하지 않았고, 또 돈 용도에 대한 저의 제안을 거부하지도 않았어요. 오히려 제 말에 동의하고, 당장에는 판아테나이아 제전 때까지 그들(포로)을 돌려보내겠다고 유보했어요. 아폴로파네스의 증언, 그리고 그곳에 있었던 또 다른 이들의 증언을 읽어 주십시오.

증언

169. 이제 제가 석방되도록 한 포로가 몇 명이나 되는지 여러분께 말씀드리겠습니다. 부재한 필리포스가 아직 돌아오지 않은 가운데 우리가 펠라에 머무르고 있었을 때, 포로 중 몇 명이 보석금을 지불하고 자유를 얻었어요. 제 생각에, 이들은 제가 필리포스를 설득해 낼 것이라고 믿지 않았던 것 같아요. 이들은 스스로 자유를 사고 싶고 필

리포스의 시혜에 의지하고 싶은 마음이 없다고 했거든요. 이렇게 해서 한 사람은 3므나, 다른 이는 5므나, 또 다른 이들은 각기 상응하는 금액을 빌려 갔어요. 170. 그 후 필리포스가 나머지 포로들을 해방시키는 데 동의하게 되었을 때, 저는 사비로 돈을 빌려 주었던 이들을 불러서 이 같은 상황을 알려 주고는, 빌려간 보석금은 갚지 않아도 된다고 했어요. 그들이 성급했던 나머지 불이익을 당했다거나, 혹은 다른 이들은 필리포스의 시혜를 바라고 있는 동안 자기들은 가난한데도 자기 돈으로 자유를 산 사실에 괘념치 않도록 하려는 것이었어요. 제 말이 사실임을 증명하기 위해, 이 증언들을 읽어 주십시오.

증언들

171. 이렇게 저는 사비를 들여서 불행한 동향인들을 위해 희사했습니다. 그런데 이 사람(아이스키네스)이 바로 제 말을 받아서 여러분에게 이렇게 말할 수가 있지요. "데모스테네스 씨, 내가 필로크라테스를 지지 발언한 사실로부터 우리들 수작이 부당하다는 것을 깨달았다면, 왜 두 번째 사신 길에도 거부하지 않고 맹세를 하고는 다시 따라나섰던 거요?"라고. 그러면, 여러분이 기억하셔야 하는 것은, 제가 자유를 얻게 해 준 포로들과 약속한바, 보석금을 가져가서 그들을 구해 내는 데 최선을 다하겠다고 한 사실입니다. 172. 제가 약속을 어기고 역경에 처한 동향 시민을 저버린다면 몹쓸 짓이 되겠지요. 제가 사신의 직을 맹세로써 거부하고 개인 신분으로 마케도니아로 가는 것은 전혀 바람직하지 않고 안전을 도모할 수도 없게 됩니다. 이들(포

230

로)을 석방하려는 의도가 아니고, 만일 이들 동료 사신들과 같이 엄청난 재물을 바라고 사신의 직을 맡은 것이라면, 저는 제 명(命)을 재촉하여 영영 파멸에 이르고 말 것입니다. 여러분이 두 번이나 저를 사신의 직에 임명했으나 제가 두 번을 다 고사했고, 다시 세 번째로 저를 지명했던 것이 바로 그 증거입니다. 더구나 이번 사신 길에서 제가 모든 사안에서 이들과 각을 세웠던 사실도 그러합니다.

173. 제가 맡은 임무 중에서 제가 전권을 가졌던 사안은 여러분의 이익에 부응하여 수행된 반면, 이들(아이스키네스 일당)이 주관했던 사안은 그 수가 더 많았는데도 죄다 실패했어요. 실로 제 충고가 먹혔들었다면, 다른 사안들도 모두 좋은 결실을 거두었을 텐데요. 다른 이들이 돈을 얻는 것을 보면서도 저는 여러분의 명예를 지키기 위해 제 돈을 쓰는 한편, 돈을 쓰지 않아도 되고 또 도시 전체에 굉장한 이득을 가져올 수 있는 일은 마다하는 그런 천치 바보가 아닙니다. 아테나이인 여러분, 저는 무척 노력했으나, 이들이 저를 압도했던 것이죠.

174. 이와 관련하여 이 사람(아이스키네스)이 어떻게 했고, 필로크라테스가 어떻게 했는지를 여러분이 살펴보도록 하십시오. 저의 경우와 비교하면 더 분명하게 드러납니다. 무엇보다 먼저, 여러분이 결의한 조령과 그들이 여러분에게 해왔던 약속에 반하여 포키스인과 할로스인은 물론 케르소블렙테스[115]를 조약 적용 대상에서 제외시켜 버렸어요. 그다음, 우리 사신에게 임무를 부여한 그 조령을 변조하고

---

115 에게해 북쪽 연안 트라케의 왕.

전복하려 했습니다. 이어서 카르디아인[116]을 필리포스의 동맹국으로 넣었고, 또 투표를 통해 제가 쓴 서신이 아니라 그들이 사실을 왜곡하여 쓴 서신을 보내기로 결정했던 것이지요. 175. 그 후 저는 그들이 천해 보일 뿐 아니라 그들이 초래할 파멸에 저도 연루될까 걱정이 되어 그들에게 반대했습니다. 그랬더니 이 맹랑한 이가 저를 비난하기를, 여러분 민중의 힘을 해체하기로 제가 필리포스와 약속을 했다는 겁니다. 그러나 사실 내내 필리포스와 가까이 지냈던 것은 그 자신이었거든요, 다른 것은 놔두고 제가 딱 말씀드릴 것은, 페라이에 있는 동안, 제가 직접 나선 것이 아니라 데르킬로스가 제 하인에게 밤에 그의 동향을 주시하게 했는데, 그가 필리포스의 막사에서 나오는 것을 보았다는 겁니다. 그때 그(데르킬로스)가 제 하인에게 제게 알려 주라고 하고 또 그(하인) 자신도 기억하고 있으라고 말했답니다. 마침내 출발하기 전날에도 이 무례하고 뻔뻔한 이는 하루 주야를 온통 필리포스와 함께 보냈지요.

176. 이 사실을 증명하기 위해, 무엇보다 먼저 제가 직접 기록한 증언을 법적 책임[117]을 보증하는 증거물로 제출합니다. 그다음 다른 사신들도 소환하여 증언하거나 아니면 증언할 수 없다는 맹세를 하도록 하겠습니다. 만일 그들이 후자를 택한다면, 모두가 보는 데서 제가 그들을 위증으로 고발하겠습니다.

---

116 카르디아는 헬레스폰토스(오늘날 다다넬스) 해협 북쪽(유럽 쪽) 연안에 놓인 케르소네소스(오늘날 갈리폴리) 반도에 위치한 큰 도시이다.

117 증인은 서기가 증언을 낭독하면, 맞다고 시인(martyrein)하거나, 아니라고 거부의 맹세(exomnynai)를 해야 한다. 그렇지 않으면, 1천 드라크메의 벌금형에 처한다.

증언들

177. 사신으로 다녀오는 길 내내 제가 어떻게 악의와 괴롭힘에 시달렸는지 여러분이 아시게 되었습니다. 여러분은 그들이 자신들을 부리는 이(필리포스)가 바로 옆에 있는 그곳에서 어떻게 처신했는지를 추측할 수 있을 거예요. 상벌의 권한을 쥔 여러분이 보고 있는 이곳에서 하는 그들의 행동이 어떤 것인지 우리가 알고 있으니까 말이지요.

제가 처음부터 비난한 내용을 요약함으로써, 제 변론 처음에 여러분에게 약속한 바를 지켰다는 사실을 환기하도록 하겠습니다. 그(아이스키네스)의 말은 진실이 아니고 여러분을 속였다는 사실을 저는 말이 아니라 사실의 증언을 통해 여러분에게 밝혔습니다. 178. 여러분이 제 말을 들으려고도 하지 않은 것은 바로 아이스키네스 탓이며, 그것이 그가 전한 약속과 전망에 여러분이 속았기 때문이라는 것, 그가 한 조언은 올바른 정책과는 정반대였다는 것, 그가 동맹국이 제안한 평화조약 시안을 무시하고 필로크라테스의 안에 지지 발언을 했다는 것, 여러분이 원했다면 할 수 있었을 포키스인에 대한 원조를 방해하여 의도적으로 적기를 놓치게 한 점, 해외 사신 임무 수행 중 내내 그가 저지른 죄는 많고도 치명적이라는 것, 그가 모든 것을 배반하고 팔아넘기고 뇌물을 받고, 악행을 멈추지 않은 것 등입니다. 이런 것이 제가 처음 여러분에게 증명하기로 약속한 것들이고, 그렇게 증명해냈습니다.

179. 그다음 사태가 어떻게 진행되었는가에 여러분이 유념하십시오. 지금 제가 말씀드리려는 것은 명백하고 간단합니다. 여러분은 법

에 따라, 민중(민회)과 500인 의회의 법령에 따라 판결하겠다고 맹세했습니다. 사신의 직무에 임하면서 한 피고의 행위는 이 같은 법, 조령, 정의의 원칙들을 명백하게 위반한 것입니다. 그러니 그는 현명한 배심재판관에 의해 유죄 선고를 받아야 합니다. 다른 범죄행각을 저지르지 않았다 해도, 그가 범한 두 가지 사실만으로도 처형되어야 합니다. 포키스인뿐만 아니라 트라케를 배반하여 필리포스에게 넘겼기 때문이지요. 180. 육지로는 테르모필라이(포키스로 통하는 길목), 바다로는 헬레스폰토스(트라케가 있는 곳)보다 우리 도시에 더 중요한 두 개 지역을 아무도 들 수가 없습니다. 그런데 이 두 지역을 이들 무리(아이스키네스 일당)가 배반하여 필리포스의 손아귀에 넘겨준 것입니다. 다른 것은 다 관두고라도, 트라케와 트라케 요새들을 넘겨준 것이 얼마나 큰 범죄인지 제가 천 가지 이유를 들겠습니다. 또 그 같은 범죄로 처형되고 이 재판소에서 거액의 벌금형을 선고받은 많은 이들을 제가 들도록 하겠습니다. 에르고필로스, 118 케피소도토스, 119 티모마코스120가 그러하고, 또 예전에는 에르고클레스, 121 디오니시

---

118 에르고필로스는 장군으로 있다가, 기원전 363/2년 면직되고 벌금형을 선고받았다. 그러나 그 동료 칼리스테네스는 처형되었다. 참조, Demosthenes, 23. 167.
119 케피소도토스는 기원전 360/59년 장군으로 봉직했고, 3표 차이로 사형을 면하고, 3탈란톤의 벌금을 물었다. 참조, Demosthenes, 23. 167.
120 티모마코스는 기원전 367/6년과 361/0년 장군으로 봉직했고, 탄핵 절차에 의해 재판에 회부되었는데, 판결이 나기 전에 스스로 추방 길에 올랐다. 아테나이에서는 마지막 변론과 판결이 나기 전에 스스로 추방을 택하여 망명길에 오를 수 있다. 이런 제도는 어려운 현안에 대해 재판하는 이들의 판단의 어려움을 해소하는 주효한 방법이 될 수 있다.

오스,122 그 외 다른 이들도 있습니다. 제가 보기에 이들을 다 합쳐도 이 사람(아이스키네스)이 도시에 끼친 해악을 따라가지 못합니다. 181. 그러나, 아테나이인 여러분, 예전에는 여러분이 위기에 민감했고 주의를 게을리하지 않았어요. 그런데 지금은 당장에 여러분을 불편하게 하지 않거나 즉시 곤란을 초래하는 것이 아니라면, 여러분이 무시해 버리고는 여기서 되는대로 결정을 내리는 거예요. 필리포스가 케르소블렙테스에게도 맹세해야 한다는 것, 필리포스가 암픽티오니아 신성동맹에 관여하지 않을 것, 또 그가 평화조약을 수정해야 한다는 것 등이 그런 사례들이지요. 이 사람(아이스키네스)이 배를 타고 가서 주어진 임무를 수행하기만 했다면, 여러분이 그런 결정들을 내릴 필요가 없거든요. 그러나 그는 바다로 가면 얻을 수 있는 것을 육지로 가겠다고 고집함으로써, 또 진실을 말함으로써 얻을 수 있는 것들을 거짓말함으로써 상실한 겁니다.

182. 제가 얻은 정보에 의하면, 민회에서 발언한 이들 가운데 유일하게 그이가, 만일 자신이 수행감사 대상으로 걸리게 된다면, 그 길로 바로 항의할 것이라고 합니다. 돈을 받으려는 목적으로 무언가 발언한다면, 모두가 당연히 자신이 한 말에 대해 재판을 받아야 한다는 말은 제가 생략하겠습니다만, 다음과 같은 말을 해야 하겠습니다. 만일 아이스키네스가 사인(私人)으로서 객소리하고 실수를 범했다면,

---

121 에르고클레스는 기원전 390/89년에 장군으로 봉직했고, 처형되었다.
122 디오니시오스는 기원전 387/6년 장군으로 봉직했고, 안탈키다스의 함대를 격퇴하지 못한 죄로 고소되었다. 참조, Xenophon, *Hellenika*, 5. 1. 26.

아주 엄격하게 검증할 필요 없이 그냥 풀어 주고 용서하면 됩니다. 그러나 그가 사신의 직을 가지고 돈을 노려서 의도적으로 여러분을 속인 것이라면, 가만 놔두면 안 되고, 그저 말만 한 것을 가지고 재판에 회부할 것은 아니라고 그가 주장해도 그 말을 곧이들어서는 안 되는 것이죠. 183. 사신으로서 말한 것이 아니라면, 무엇을 가지고 시비를 가리겠습니까? 사신들에게는 삼단노전선, 주둔 지역, 중무장보병, 요새 등이 아니라, 그 말과 주어진 기회를 놓친 데 대한 책임이 주어집니다. 사신이, 도시에 유익한 기회를 허비하지 않았다면, 잘못한 것이 아니지만, 그것을 놓쳤다면 잘못을 범한 것이니까요. 사신의 보고가 진실하고 유익하다면 무죄가 되지만, 거짓말, 돈에 매수되고 해를 끼치는 것이라면 유죄가 됩니다.

184. 여러분에게 거짓말하는 것보다 더 큰 죄는 없습니다. 정치체제[123]가 말로 운영되는 것인데, 그 말이 진실하지 않다면, 어떻게 안전하게 정치를 할 수 있겠습니까? 그가 정말 뇌물을 받아먹고 적을 위해 발언한 것이라면, 여러분이 위험에 처하게 될 것 아닙니까? 또, 여러분의 기회를 빼앗는 것은 과두정체나 참주정체에서 기회를 뺏는 것과 비교할 때, 그 잘못이 등가가 아니라 더 큽니다. 185. 제가 볼 때, 후자의 정체에서는 모든 것이 명령에 따라서 신속하게 처리가 되지만, 여러분의 경우에는, 먼저 의회에 통보가 되어 모든 것이 예비결정[124]을 거쳐야 하고, 그것도 언제나 할 수 있는 것이 아니라 전령이

---

123 *politeia*
124 예심심리 관련하여 참조, 이 변론 §31.

나 사신에 관한 절차의 규정에 합당한 날, 의회가 민회를 소집하는데, 그 소집도 법의 절차에 따른 다음, 가장 참된 발언자들이 무지하고 부정직한 반대편을 누르고 이기게 되는 것입니다. 186. 이 같은 모든 절차를 거친 다음 결정이 나고 그 공정성이 증명되고 난 다음에도, 빈약한 다수 민중을 위해 필요한 것을 준비하고 결정을 실천할 시간이 주어져야 하는 것이죠. 실로, 우리들 정치체제에서 이 같은 절차가 진행되는 데 필요한 기회를 박탈한 이는, 단순히 기회만 빼앗은 것이 아니라, 사태에 대한 우리 통제력을 완전히 제거한 것이 됩니다.

187. 여러분을 속이려 하는 이들이 하나같이 되는대로 내뱉는 말이, "도시를 망치려는 이들이 필리포스가 우리 도시를 위해 선의를 베풀지 못하도록 방해한다"는 것입니다. 이들에 대해서는 제가 언급하지 않겠고, 다만 필리포스가 보내온 서신을 여러분께 읽어드리고, 여러분이 번번이 속아 넘어갔던 상황을 상기시킴으로써, 그(아이스키네스)가 가장 혐오스러운 존재라는 표현조차 충분치 않을 정도로 여러분을 기만하고 있다는 점을 알려 드리려 합니다.

필리포스의 편지

188. 사신 임무 수행 중 많은 비열한 행위와 여러분을 배반한 온갖 수작에도 불구하고, 그는 고개를 쳐들고 다니면서 이렇게 말하죠. "동료 사신을 비난하는 데모스테네스를 어떻게 생각해야 하나?"라고요. 그래요, 신의 이름을 빌려, 그들이 사신으로 나가 있는 동안 내가 줄곧 당신이 기획한 음모의 희생물이 되었고, 또 지금은 내게 당신

네 행위에 공범이 되든지 아니면 그것을 비난하든지 둘 중 하나의 길 밖에 없기 때문에, 내가 원하든 원하지 않든 무관하게, 비난하게 되는 것이오. 189. 나는 당신에게 동조하지 않았음을 밝히는 바이오. 사신의 임무를 수행하면서 당신은 많은 사악한 짓거리를 했으나, 나는 최선을 도모하려 했소. 필로크라테스가 당신과 함께 엮였고, 당신과 프리논이 그에게 동조했지요. 당신네는 그 같은 수작을 벌였고, 당신네 모두가 거기에 만족했어요. "소금125은 어디 있어? 식탁은 어디 있지? 성찬의 헌주(獻酒)는 어디 있는 거야?"라면서 말이죠. 그들은 사악한 행위가 아니라 바르게 행하는 이를 이 같은 친교의 배반자로 몰며 떠들고 다녔지요.

190. 제가 알기로, 당번 행정부 위원들126이 모임을 시작할 때마다 제사를 함께 지내고 같이 먹고 마십니다. 그러나 그런다고 해서 올곧은 이들이 교활한 이를 모방하는 것은 아닙니다. 그들은 자신들 가운데 부당행위자를 보면, 그 즉시 의회와 민회 앞으로 고발하니까요. 그같이 의회도 회의 시작에 즈음하여 의식을 치르고 공동의 향연을 갖습니다. 장군들도 헌주와 공동 제사에 참석하며, 간단히 말하면 각종 공직자가 더 그러합니다. 그런데 이런 의식을 행했다는 이유로 이들 불법을 저지른 무리들에게 면죄부가 주어지는 겁니까? 그건 절대로 아니지요! 191. 레온은 자신의 동료 사신인 티마고라스127를 4년

---

125 소금이라는 표현은 우정을 나눈다는 뜻이다. 현재 그리스 속담에도 "빵과 소금을 같이 먹었다"는 표현이 있다.

126 *prytaneis*. 한 부족의 50명 의회 의원(전체는 10개 부족 500명)이 1년에 10분의 1 기간 동안 돌아가며 행정부(*prytaneia*)를 맡아 사무를 본다.

동안이나 비난했습니다. 에우불로스도 그의 회식 동아리인 타렉스와 스미키토스128를, 또 예전의 저 고명한 코논은 동료 장군인 아데이만토스를 비난했지요. 129 아이스키네스 씨, 두 편 중에서 어느 쪽이 소금과 헌주를 저버린 것입니까? 배반하고 사신의 임무를 저버리고 뇌물에 팔린 쪽입니까? 아니면 비난하는 쪽입니까? 전자는 그냥 개인이 아니라 나라의 헌주를 명백히 짓밟은 것입니다.

192. 이들은 필리포스를 공적으로 방문한 이들뿐만 아니라, 사적으로 간 이들을 포함한 모든 이들 가운데서 가장 비열하고 교활한 이들이라는 점을 여러분이 깨닫도록, 사신 임무와 무관한 사소한 이야기를 하나 말씀드리겠습니다. 필리포스가 올린토스를 점령한 후, 올림픽 경기130를 개최하고는, 온갖 종류의 재주꾼들을 제전과 축제에 초대했지요. 193. 승리자에게 관을 수여하는 행사에서 고명한 희극배우 사티로스131에게 물었다고 합니다. 다른 이들 같지 않게 왜 그만이 어떤 특별한 혜택 받기를 요구하지 않느냐는 것이었지요. 그를 소심하다고 본 것일까요, 아니면 자신에게 무례하다고 본 것일까요? 소문에 따르면, 사티로스가 대답하기를, 자신은 다른 이들이 원하는 그

---

127 티마고라스 관련하여 참조, 이 변론 §31.
128 에우불로스는 타렉스와 스미키토스의 동료 의원이었다.
129 코논〔손자 (少) 코논과 구분하여 노(老) 코논〕은 아기오스포타모이 해전에서 배반 죄를 지었다는 혐의로 아데이만토스를 고소했다.
130 올림피아에서 4년마다 열리는 올림픽 경기가 아니라 지역 규모의 마케도니아 축제. 피에리아의 제우스를 기리는 행사로 기원전 5세기 말, 아르켈라오스 왕에 의해 시작되었다. 이 축제는 9일간 지속되고, 기원전 347년에 개최된 것으로 추정된다.
131 사티로스에 대해서 참조, Ploutarchos, *Demosthenes*, 7.

같은 선물을 바라는 것은 아니며, 다만 자신이 원하는 것은 필리포스가 아주 쉽게 들어줄 수 있는 것이지만, 그럼에도 부탁이 거절당할까봐 염려된다고 했답니다. 194. 필리포스가 청년의 너그러움으로 흔쾌하게 말하기를, 원하는 것을 말하라고 하면서 사티로스를 위해 해주지 못할 것이 아무것도 없다고 했다지요. 그러자 사티로스가 한 말이, 피드나의 아폴로파네스가 자신의 친구였는데, 그가 암살된 후 그 친척들이 놀라서, 아직 어린이들이었던 그의 딸들을 은밀하게 올린토스로 옮겼답니다. 그런데 올린토스가 (필리포스에 의해) 함락될 때, 이 딸아이들이 포로가 되어 있는바, 지금 필리포스의 손아귀에 있으며, 결혼 적령기에 있다는 것이었어요. 195. 그러니 "그 아이들을 제게 넘겨주시도록 당신께 부탁드립니다. 동시에, 만일 당신이 제 부탁을 들어준다면, 그 선물이 어떤 성질의 것인가도 당신이 이해할 수 있었으면 합니다. 그 선물은 제게 아무 이득을 주지 않아요. 오히려 제가 그들에게 지참금을 주어서 결혼하도록 주선할 것이고, 또 나는 그들이 나 자신이나 그들 아버지의 품위에 당치 않는 어떤 불이익을 당하도록 내버려두지 않으려 하니까요"라고 사티로스가 말했어요. 그러자 옆에 서 듣고 있던 객들이 박수를 치고 성원하는 바람에, 필리포스가 크게 감동을 받아서 그 부탁을 들어주었다고 합니다. 그 아폴로파네스는 필리포스의 친형제 알렉산드로스를 죽인 일당에 속합니다.

196. 사티로스가 참가한 향연과 이들 무리가 마케도니아에서 참석한 향연을 비교해 보면, 유사한 점이 있는지 여부를 여러분이 깨닫게 됩니다. 이들은 30인 참주132에 속했던 파이디모스의 아들 크세노프론133의 집으로 초대를 받았는데, 그들은 갔으나 저는 가지 않았습니

다. 술이 나왔을 때, 어떤 이가 어여쁜 올린토스 여인을 술자리에 들여놓았지요. 행동거지를 보아하니 자유인에다 지적 능력을 갖춘 여인이었어요. 197. 그 이튿날 이아트로클레스[134]가 제게 해 준 말에 따르면, 그녀가 들어올 때만 해도 부득이 조용히 술을 마시고 안주를 먹고 있었다고 해요. 그러나 시간이 가고 취흥이 오르자 그들은 그녀에게 기대어 앉아서 노래를 불러 달라고 청했답니다. 여인은 곤혹스러워하며 노래하고 싶은 마음이 없었고 할 줄도 몰랐는데, 아이스키네스와 프리논이 대뜸 말하기를, 그녀의 행동이 불손하며, 신의 적이며 악의 도시 올린토스 출신 포로가 그 같은 행동을 하는 것은 용납할 수 없는 일이라고 하고, "아이를 불러서 매를 가져오라고 해"라고 했답니다. 시중꾼이 가죽 채찍을 들고 나타났을 때, 제 생각에, 그녀를 괴롭힌 이들은 만취해서 아무런 반성 의식이 없는 상태에 있었고, 그녀가 뭐라 말하며 울기 시작했을 때, 시중꾼이 그녀의 옷을 찢어발기며 등에다 여러 번 채찍을 내리쳤다고 합니다. 198. 이같이 질곡과 곤경에 처한 여인은 정신 나간 듯이 벌떡 일어나서 이아트로클레스의 무릎으로 피하면서 상을 엎어 버렸다고 하고요. 이아트로클레스가 구해 주지

---

132 기원전 5세기 말 404~403년, 펠로폰네소스 전쟁이 스파르타의 승리로 끝났을 때, 아테나이에 8개월 남짓 짧게 수립되었던 30인 참주들의 과두정치 체제이다.

133 아이스키네스(2. 157)는 이 사람(크세노프론)을 크세노도코스라 칭한다. 역사가 크세노프론(*Hellenika*, 2. 3. 2.)이 전하는 목록에 파이디모스는 안 나오고 파이드리아스가 나온다.

134 이아트로클레스는 데모스테네스와 아이스키네스, 어느 쪽을 위한 증언도 하지 않았다. 아이스키네스는 데모스테네스가 올린토스의 아리스토파네스로 하여금 '거짓' 증언을 하도록 요구했다고 하면서 데모스테네스를 고소했다.

않았더라면, 술주정꾼에 의해 목숨을 잃었겠지요. 취중 행패란 끔찍한 것이니까요. 이 여인의 이야기는 아르카디아에까지 퍼져서, 그곳 1만 인[135] 회합에서도 회자되었다고 합니다. 아테나이에서는 제가 디오판토스에게 증언하도록 강요했을 때 그가 진술한 적이 있습니다. 테살리아에서는 방방곡곡 널리 퍼져 있는 이야기이고요.

199. 스스로 이런 작태를 기억에 간직하고 있는 이 추잡한 인간이 감히 여러분의 눈을 쳐다보면서, 곧 낭랑한 목소리로 여러분에게 자신이 흠 없이 살았다고 뻔뻔하게 이야기하려 하겠지요. 그런 것이 나를 분노로 질식하게 합니다. 당신은 배심재판관들이 당신에 대해 전혀 모르고 있는 줄 압니까? 첫째, 당신 어머니가 비의(秘儀)를 행할 때 당신은 주문을 듣고 읽어 주는 조수였다는 사실, 어릴 때부터 극단과 술주정꾼들과 어울려 다닌 사실 말이지요. 200. 그 후 당신은 관리의 말단 서기로 두세 푼 드라크메라도 벌겠다고 남의 밑에서 일을 했지요? 그러다가 마침내, 얼마 전까지만 해도, 다른 이가 돈을 대는 연극에서 삼류 연극배우[136]로 빌붙어 살았던 것이고요.[137] 그렇게 살아온 것으로 알려진 당신이 도대체 무슨 번듯한 삶을 어디서 살았다고 말하겠다는 것이오? 그 뻔뻔함으로, 그는 다른 이[138]를 매음으로 여러분 앞에 고소하기도 했어요. 아직 설명드리지는 않았으나, 증언들을 먼저 제시하도록 하겠습니다. 읽어 주십시오.

---

135 *myrioi*. 참조, 이 변론 11.
136 아이스키네스의 삶의 이력에 대해서는 *Aischines*, 3. 129~130 참조.
137 아이스키네스의 삶에 대해서는, Demosthenes, 18. 129~130, 259 이하 참조.
138 티마르코스와 연관된 사안으로 보인다.

증언들

201. 그렇게 여러 가지 사안에서 여러분에게 해악을 끼친 것으로 드러난 마당에, 재판관 여러분, 여기에 포함되지 않는 부당행위가 어디 달리 있답니까? 뇌물 받고, 아첨하고, 저주의 죄가 있으며, 거짓 말하고, 동족을 배반하는 등 모든 가공할 범죄를 다 범했습니다. 이들 범죄 중 한 가지도 변명의 여지를 허용하지 않으며, 그도 당당하고 솔직한 변명을 내놓을 것이 없어요. 제가 얻은 정보에 의하면, 그가 말하려고 하는 것이 정상이 아닌 것들이라고 합니다. 달리 당당하게 말할 것이 없는 이가 만사를 왜곡해서 말하지 않을 수가 없는 것같이 말이지요. 202. 제가 듣기로, 그가 말하려 하는 것이, 제가 비난하고 있는 모든 사안에 저 자신도 연루되어 있다는 것, 제가 그들을 지지했고, 그들과 협조했는데, 지금 와서 갑자기 마음을 바꾸어서 그를 비난한다는 것이랍니다. 발생한 사안과 관련하여 이 같은 변명은 정당한 것도 그럴듯한 것도 아니고, 저에 대한 비난일 뿐입니다. 만일 제가 그의 말같이 행동했더라면, 제가 형편없는 사람이 되는 것이지요. 그러나 그런 사실이 그와 관련한 상황을 조금이라도 더 낫게 만드는 것이 아니에요. 절대 그렇지 않지요.

203. 다만 그것은, 제 소견에, 제가 해결해야 할 문제를 던지고 있는 것이죠. 첫째, 그가 그런 주장을 한다면, 제가 그 주장이 거짓이라는 것, 둘째, 어느 것이 올바른 변명인지를 여러분 앞에 증명하는 것입니다. 올바르고 솔직한 변명이란 행했다고 주장하는 행동이 행해진 적이 없다는 것, 혹은 행해진 것이라면, 그것이 우리 도시에 득

이 된다는 것을 증명하는 것입니다. 그러나 그(아이스키네스)는 이 둘 중 아무것도 할 수가 없어요. 204. 포키스의 파멸 혹은 필리포스에 의한 테르모필라이 점거, 혹은 테바이의 강화, 에우보이아 침략, 메가라에 대한 음모, 혹은 평화조약 비준 거부 등이 우리 도시에 득이 된다고 그(아이스키네스)는 주장할 수가 없어요. 그는 정확하게 그 반대되는 사실이 여러분에게 득이 되는 것이라고 스스로 보고했기 때문이지요. 또 그는, 여러분이 직접 보고 잘 알고 있는 바와는 다르게, 이 같은 재앙들이 발생하지 않은 것이라고 여러분을 설득할 수도 없어요. 205. 제가 져야 할 또 하나의 책임은 그들이 한 어떤 행위에도 제가 그들과 연루되지 않았다는 사실을 증명하는 겁니다. 여러분은 제가 다른 이야기는 다 생략하기를 원하시나요? 민회에서 제가 그들에게 반대한 사실, 여행길에 그들과 동행하지 아니한 사실, 시종 제가 어떻게 그들에게 반대했던가 하는 사실, 그리고 그들 자신이 증인이 되는 사실로서, 그들과 나의 행동이 완전히 달랐던 것, 그들이 매수당하여 여러분을 위협했고, 나는 매수당하지 않았던 것들 말이지요. 자, 보십시오.

206. 여러분이 보기에, 어떤 시민이 가장 무뢰하고, 가장 뻔뻔하고 방자한 것 같습니까? 제가 확신하기로, 실수로라도, 필로크라테스 이외에 다른 사람을 대지는 않을 것 같습니다. 모든 이 가운데 가장 강하게, 또 원하는 것을 목소리로 가장 분명하게 말할 수 있는 것이 누구겠습니까? 제가 알기로는 이 자리에 있는 아이스키네스라고 봅니다. 이들 무리에 대해 용기 없고 비겁하다고 대중 앞에서 매도하지만,139 저에 대해서는 신중한 것으로 평가하는 이가 누구겠습니까?

바로 저입니다. 저는 한 번도 여러분을 교란하거나, 여러분이 원하지 않는 바를 하도록 강요한 적이 없기 때문이죠. 207. 특히, 제가 이들 무리에 대해 발언하는 모든 민회에서, 이들을 비난하고 또 고발하곤 하여, 이들이 뇌물을 받고는 도시의 이익을 온통 팔아넘긴다고 주장 하던 것을 여러분은 듣곤 하셨습니다. 그런데 이들 중 아무도 저에게 반박하거나 입을 떼거나, 모습을 드러낸 이가 없었어요. 208. 아테 나이에서 가장 방자한 이들, 목소리가 가장 큰 이들이, 다른 이들보 다 더 크게 말하지도 못하는 소심한 저에게 눌리는 일이 어떻게 벌어 지는 것이겠습니까? 진실은 힘을 가지는 것이고, 모든 것을 팔아넘긴 마음은 허약하기 때문입니다. 그 마음이 담대함을 없애고, 혀를 묶고 입을 막으며 그들의 목을 막아 침묵하게 하는 것이죠. 209. 실로 여 러분은 불과 며칠 전 페이라이에우스에서 일어난 최근 사태를 알고 계시지요. 여러분이 그가 사신으로 떠나지 못 하도록 하자, 큰소리로 고함을 지르면서, 저를 탄핵하겠다,140 재판에 회부할 거야141 운운 한 것 말이에요. 이런 송사는 흔히 긴 시간, 많은 송사와 논쟁의 씨앗 이 되겠지만, 어제 사들여온 머슴142이라고 해도 말할 수 있는 것으로 서, 간단하게 두세 마디로 정리할 수가 있는 거예요. "아테나이인 여 러분, 이상한 상황입니다. 여기 있는 이 사람은 자신이 연루된 사안

---

139 아이스키네스는 카이로네이아 전투에서의 데모스테네스의 행적에 대해 비판적이 었다. 참조, Demosthenes, 21. 189.
140 *eisagelei.*
141 *grapsetai.*
142 *anthropos.*

과 관련하여 저를 고소하고, 제가 돈을 받았다고 합니다만, 사실은 그 자신이 받아서 다른 이들과 나누어 가졌어요"라고요. 210. 그러나 그는 그 말에 아무 대답이 없었고, 여러분 중 아무도 그가 말한 것을 듣지 못했잖아요. 그런데도 마구 협박을 해대는 거예요. 왜냐고요? 그가 저지른 일에 죄책감을 느끼고 있고, 이런 말에 구애받기 때문이지요. 양심이 가로막으니, 그의 생각이 사실을 향해 다가가는 것이 아니라 오히려 피하는 거고요. 그런 와중에도 그가 막무가내로 비난하고 모독하는 것을 아무도 저지할 수가 없어요.

211. 가장 중요한 사안은 다음의 것인데, 이것은 그냥 빈말이 아니라 사실입니다. 제가 올곧게 하려고, 두 번 사신의 임무를 수행했으니 여러분에게 두 번 회계보고를 하려고 했어요. 그런데 아이스키네스가 한 무리의 증인들을 데리고 회계관들[143]에게 가서는, 그들이 나를 소환하지 못하도록 조치했습니다. 이유는 짐짓 제가 이미 회계보고를 마쳤으므로 할 필요가 없다는 것이었어요. 아주 우스꽝스러운 상황이었지요. 그 이유가 무엇일까요? 그 자신이 첫 번째 사신 임무에 대해 회계보고를 했을 때 아무도 그를 비난한 이가 없었는데, 이번 사신 길에 온갖 불법행위를 자행한 마당에 지금 검증받기 위해 다시 출석하기 싫었던 것이죠. 212. 그런데 제가 두 번 출석한다면 부득이 그 자신도 다시 출석해야 할 것 같으니까, 그래서 저까지 출석 못 하

---

143 추첨으로 선출된 10명 회계관(*logistai*)과 10명의 부관들이 공직을 마친 이들의 회계보고를 감사한 다음 재판소로 넘겨 시민들로부터 이의 신청을 받는다. 참조, Aristoteles, *Athenaion Politeia*, 54. 2.

게 조치한 것이었어요. 이 같은 처사는, 아테나이인 여러분, 동시에 두 가지 사실을 여러분에게 분명히 보여 줍니다. 하나는 그가 스스로를 유죄 선고를 내리고 있어서, 여러분 가운데 신을 두려워하는 이라면 아무도 그를 용서할 수가 없다는 것, 또 하나는 저에 대해서 그가 어떤 진실도 말하지 않을 것이라는 사실입니다. 그런 것이 아니라면, 그때 저의 소환을 막는 대신 저를 고자질하고 비난했을 것이니까요.

213. 제가 드린 말씀을 증명하기 위해, 증인들을 불러 주십시오.[144]

그런데, 만일 그가 저에 관하여 사신 임무와 무관한 험담을 한다면, 여러 이유로 여러분은 그것을 무시해야만 합니다. 오늘 제가 재판을 받는 것이 아니므로, 지금 이후 저의 발언을 위해 물시계로 시간을 재는 두 번째 기회는 없습니다. 정당성을 변호할 수 있는 기회가 없다는 것이 어떤 결과를 초래하겠습니까? 누가 재판을 받으면서 스스로 변명해야 하는 마당에, 오히려 다른 이를 비난하려 하겠습니까? 214. 또 이렇게도 생각해 보십시오, 재판관 여러분. 제가 재판을 받고 아이스키네스가 원고이고 필리포스가 판결을 내린다고 합시다. 제가 잘못한 것이 없다고 할 수가 없어서, 여기 있는 이 사람을 험담하고 비난하려 한다면, 여러분 생각에 필리포스가 분통을 터뜨릴 것 같지 않나요? 누군가가 그 앞에서 자신에게 잘해 주는 이들을 흉보니 말입니다. 그러니, 여러분은 필리포스보다 더 비열한 사람이 되지 말고, 그가 재판받는 현안에 대해서만 변명하도록 단속하십시오. 증언을 읽어 주십시오.

---

144 이다음 말은 증인이 나오기 전에 막간을 이용해 데모스테네스가 덧붙이는 말이다.

증언

215. 이렇듯, 저는 양심에 거리낄 것이 없으므로, 회계보고를 하고 법에 따라서 책임질 것이 있으면 져야 한다고 보았으나, 이 사람은 반대였어요. 그런데 어떻게 이 사람과 제가 같은 수작을 부린 것이 됩니까? 이 사람이 그전에는 전혀 불평하지 않던 사안을 두고 어떻게 여러분 앞에서 비난할 수 있습니까? 진실로 그럴 수 없지요. 그럼에도 그는, 제우스의 이름을 걸고 당연히, 비난해댈 것입니다. 여러분이 아시듯이, 인류와 형법이 처음 생긴 이래 범죄자가 죄를 실토하여 유죄 선고를 받는 것이 아닙니다. 그들은 뻔뻔하게 잡아떼고 부인하고 거짓말하고, 변명거리를 만들어 내고, 죗값을 치르지 않기 위해서 갖은 방법을 다 씁니다. 오늘 이 같은 상투적 수법에 걸려들지 마시고, 216. 사실에 입각하여, 여러분의 상식에 따라 판단하셔야 합니다. 저나 그이가 말로 하는 주장에 비중을 두어서는 안 되고, 또 필리포스를 전주(錢主)로 삼아 그가 끌어 모아서 무슨 증언이라도 할 수 있는 이들의 증언에 대해서도 그러합니다. 그들이 그이(아이스키네스)를 위해 막무가내로 기꺼이 증언하려 한다는 것을 여러분이 보게 될 것이니까요. 그이의 목소리가 얼마나 멋지고 우렁찬지, 제 목소리가 얼마나 빈약한지에도 영향받아서는 안 되고요. 여러분이 현명하다면, 217. 오늘 이 재판을 변론기법이나 말이 아니라, 치욕스럽고 끔찍하게 잃어버린 것들을 고려하여, 여러분 모두가 알고 있는 사실을 검토한 후 죄인에게 상응하는 치욕을 되돌려 갚도록 하십시오. 그러면, 여러분이 알고 있어 우리가 말할 필요가 없는 사실은 무엇이겠습니까?

218. 만일 평화를 통해 여러분에게 주어진 약속이 실현되었고, 또 여러분이 그렇게도 비겁하고 쓸모없는 존재여서, 적군이 이 땅에 들어오지도 않았고 바다로 여러분을 포위한 것도 아니고, 도시에 다른 불행이 닥친 것도 아니고, 곡물가격도 싸고 다른 사안에서도 지금보다 더 열악한 것이 아닌 상황에서,[145] 219. 우리 동맹국들이 파멸의 지경에 처해 있고, 테바이인이 더 강성해질 것이고, 필리포스가 트라케 지역을 점령할 것이고, 에우보이아에 여러분을 치기 위한 기지가 만들어질 것이고, 발생할 가능성이 있는 모든 것이 실제로 일어날 것이라는 사실을 여러분이 그전부터도 알았고 또 이들로부터 들어 알고 있으면서도 기꺼이 평화조약을 체결한 것이라면, 아이스키네스를 무죄석방하고, 그 같은 비루함에다 위증죄까지 더 보태는 일이 없도록 하십시오. 그런 경우, 그(아이스키네스)가 잘못한 것이 아니고, 그를 비난하는 제가 광인, 바보가 되는 것입니다. 220. 그러나, 만일 사실이 그와 같지 않고, 이들(아이스키네스 일당)이 필리포스를 미화하고 아테나이에 우호적이라고 하며, 필리포스가 포키스인을 해방시켜 줄 것이라고 하고, 그가 암피폴리스보다 더 큰 가치를 갖는 많은 혜택을 여러분에게 베풀 것이라고 하고, 또 평화조약만 성사되면 필리포스가 에우보이아와 오로포스를 여러분에게 돌려줄 것이라고 하면서, 그 같은 주장과 전망으로 그들이 여러분을 속이고 미망에 빠뜨렸다면, 그래서 여러분이 온 아티카를 거의 상실하게 된 것이라면, 그(아

---

[145] 이 같은 양호한 상황이 기원전 346년까지 지속되었고, 그런 바탕 위에 아제니아 출신 아리스토폰이 평화에 반대했다.

이스키네스) 에게 유죄를 선고하십시오. 그리고 또 다른 능욕 — 더 이상 적합한 단어를 찾아낼 수가 없어 이렇게 표현하는 것이니 양해 바라고 — 에 자신을 노출시키지 마시고, 그들이 뇌물을 챙긴 사실을 비호하기 위해 저주와 위증의 짐을 짊어지고 집으로 돌아가는 일이 없도록 하십시오.

221. 나아가 여러분이 달리 살펴보아야 할 것은, 재판관 여러분, 이들이 죄가 없다면, 무슨 이유로 제가 그들을 고소하기로 마음먹게 되었나 하는 것입니다. 여러분은 아무런 이유를 찾을 수 없을 거예요. 누구라도 적이 많은 것이 좋은 일인가요? 절대 그렇지 않지요. 제가 아이스키네스와 해묵은 앙금을 가지고 있는 것이겠습니까? 그런 것도 아닙니다. 그러면 이유가 뭘까요? "당신이 제 풀에 두려워하고, 당신의 소심함으로 인해 살길을 도모하느라 그런 생각을 한 거요?" 실로 그가 이런 말을 하곤 했고, 제가 듣기도 했어요. 아이스키네스 씨, 당신 주장에 따르면, 자신이 아무런 범죄도, 혐의도 없었다는 말이지요, 그가 이런 엉큼한 말을 다시 한다면, 재판관 여러분, 이런 점을 고려해 주십시오. 저는 어떤 잘못도 범하지 않았지만, 이들의 범죄행위에 연루되어 파멸되는 것은 아닐까 염려하는데, 정작 범죄를 저지른 이들은 어떤 벌을 받아야 하느냐는 겁니다. 그러나 저의 의도는 그런 것도 아니에요.

222. 그렇다면, 내가 당신을 고소한 이유가 무엇이겠습니까? 혹, 제우스의 이름을 빌려, 내가 당신을 험담하여 당신에게서 돈을 우려내려 한 걸까요? 어느 쪽이 내게 더 득이 될까요? 그에게 했듯이 내게도 거액을 제안한 필리포스에게서 돈을 받고, 그와 그들 무리와 한패

가 되는 것일까요? 실로 제가 그들과 공모를 했다면 한패거리가 되었을 것이고 그랬다면 지금 이런 분쟁도 일어나지 않았을 테지요. 아니면 그들이 받은 돈을 등쳐서 받아냄으로써 필리포스와 그들의 적의를 유발하는 것일까요? 한편으로, 제가 가진 돈을 포로들의 몸값으로 다 지불하면서, 다른 한편으로, 수치스럽게 소액을 얻어내려고 그들의 적의를 산단 말인데, 223. 그런 일은 있을 수 없습니다. 없지요. 저는 정직하게 보고했고, 진실과 정의 그리고 저의 미래 전망을 위해 부패에 손 담그지 않았습니다. 다른 이가 믿듯이, 저의 정직함이 여러분의 호의에 의해 보상받을 것이라고, 또 저의 공공정신이 어떤 이득과 교환될 수 있는 것이 아니라는 믿음을 가지고서 말입니다. 저는 이들 무리를 싫어합니다. 사신 임무를 수행하는 기간 내내 그들은 사악하고 신의 적이라는 사실을 깨달았고, 그들의 부패로 인해, 전체 임무 수행의 성과에 대해 여러분이 탐탁찮게 여기는 바람에. 저의 사적 명예를 훼손당했기 때문이에요. 지금 제가 그들을 비난하고, 회계보고에 응했던 것은 미래를 위해 포석을 깔고, 또 저의 행위가 그들과 정확하게 반대가 된다는 사실이 이 사건, 이 법정에서 여러분에 의해 기록되기를 원하기 때문입니다.

224. 그리고 제가 두려워하는 것은, 저의 생각을 죄다 까발려 여러분에게 말씀드리자면, 그것은 제가 결백하지만, 지금은 여러분이 가만히 있다 해도, 이후에 저를 그들과 함께 파멸시키지나 않을까 하는 것이에요. 실로, 아테나이인 여러분, 제가 보기에 여러분은 참으로 허술하고 불행이 닥치기를 기다리는 것 같아요. 다른 이들이 당하는 것을 구경만 할 뿐, 우리 도시를 지키려고도 보살피려고도 하지 않아

요. 이미 오래전부터 갖가지 섬뜩한 방식으로 파멸해 가고 있는데도 말이죠. 225. 이런 것이 섬뜩하고 이상한 일 아닌가요? 제가 말 안 하고 참으려고 했으나, 한 말씀 드리려 합니다. 이 자리에 있는 피토도로스의 아들 피토클레스146를 아시지요. 제가 그에게 큰 친절을 베풀어서, 이날까지 우리 사이에 얼굴 한 번 붉힌 적이 없었어요. 그런데 지금, 필리포스에게 다녀온 다음, 태도가 돌변하여, 저를 만나거나 부득이 저와 마주칠 때면, 바로 외면하고 가 버립니다. 혹 누구라도 저와 함께 있는 것을 볼까 해서 말이죠. 반대로 시장147에서 아이스키네스와 같이 돌아다니고 수작을 합니다. 226. 놀랍고도 기막힌 것은, 아테나이인 여러분, 필리포스가 자신을 위해 일하는 이들의 충성과 배반을 예리하게 간파하여, 이들은 아테나이에서 하는 행동도, 마치 필리포스가 바로 옆에 있는 것처럼 그의 눈을 피해갈 수 없으며, 또 사적인 친구와 적도 필리포스가 생각하는 친구와 적과 같아야 한다고 생각하는 거예요. 반면, 여러분을 위해 일하고, 여러분이 수여하는 명예를 추구하고 절대로 배반하지 않은 이들은 여러분의 무딘 귀와 어두운 안목에 부딪혀, 오늘 제가 이곳에서 이 사악한 이들과 동등한 운동장에서 싸우고 있어요. 그것도 모든 것을 다 아는 여러분 앞에서 말이죠.

---

146 피토클레스에 대한 언급은 참조, 이 변론 §314 18. 285. 그는 애초에 데모스테네스의 친구였으나, 기원전 343년 이후 친마케도니아파에 동조했다. 기원전 338년 카이로네이아 전투 전사자를 위한 장례 추도사의 연사를 선택할 때, 피토클레스는 아이스키네스 측에 가담했다. 318년 과두정체를 도모한 죄로 포키온과 함께 처형되었다. 참조, Ploutarchos, *Phokion*, 35.
147 *agora*.

252

227. 이 같은 상황의 원인이 무엇인지 여러분은 알고 싶습니까? 제가 말씀드릴 것이니, 저의 솔직한 말에 기분 상하는 이는 없었으면 합니다. 제가 보기에, 그(필리포스)는 한 개 몸과 한 개 정신을 가지고, 일단 정신으로 자기에게 호의를 베푸는 이를 좋아하고, 그렇지 않은 이를 미워합니다. 그러나 여러분은 제각기 무엇보다 도시를 위해 기여하는 이를 잘한다고 여기지 않고, 해를 끼치는 이를 잘못한다고 여기지도 않으며, 228. 여러분 각자에게 더 절실한 문제들이 다 달리 있어서, 그 때문에 연민, 질시, 분노, 궁한 이에 대한 시혜, 또 다른 천 가지 것들로 인해 번번이 영향을 받습니다. 행여 다른 모든 것들을 죄다 피하는 이가 있다 해도, 아예 그 같은 이가 존재하지 않기를 바라는 이들의 마수를 벗어날 수 없는 것이죠. 이 같은 점에서 오류가 조금씩 쌓여 가면, 도시에는 조만간에 거대한 재앙이 되어 닥치는 겁니다.

229. 아테나이인 여러분, 오늘 이 같은 잘못을 저지르지 마시고, 여러분에게 해 끼친 이를 무죄 방면하지 마십시오, 이들을 풀어 주면 실로 여러분을 두고 이들이 뭐라고 하겠습니까? 필로크라테스, 아이스키네스, 프리논, 데모스테네스 등 몇 명이 아테나이에서 필리포스에게 사신으로 파견되었지요. 그런데 어떻게 되었습니까? 한 사람은 사신 임무 수행에서 아무것도 득 본 것도 없이 사비를 들여 포로를 자유롭게 했고, 다른 이는 돈에 팔려 도시의 이익을 배반하고는, 창녀와 물고기를 사고 돌아다녔지요. 230. 또 다른 이, 저 부정한 프리논은 성년으로 채 등록도 되지 않은 아들을 필리포스에게 보냈어요. 그러나 다른 이는 나라와 그 자신에게 어울리지 않는 어떤 비열한 행위도 하지 않았습니다. 한 사람은 기부자, 삼단노전선 선주로서 기여하

기도 했지만, 동향인이 가난 때문에 곤경에 처해 있는 것을 못 본 체하지 않고, 자진하여 더 많은 돈을 들여 포로를 해방시키는 것이 오직 올바른 처사라고 믿었습니다. 그러나 다른 이는, 이미 포로로 속박된 아테나이인을 구해내는 것은 고사하고, 전체 지역과 동맹국의 1만 명 보병, 1천 명 기병을 포로로 삼아 필리포스에게 넘겼어요.[148] 그러고는 어떻게 한 줄 아십니까? 231. 그 후 아테나이인이 그 사실을 죄다 알고는 이 못된 이들을 잡아들였다가, 다시 풀어 준 거예요. 뇌물을 받고 그 자신은 물론 도시, 그 자신의 자식들까지 부끄럽게 만든 이들을 말입니다. 사람들이 보기에 이들이 지각이 있고, 이들 덕분에 우리 도시가 잘나간다고 본 것이지요. 그러면, 이들을 비난한 이는 어떤 지경에 처했겠습니까? 제정신이 아니고, 도시의 입장에 부응하지 못하며, 자기 돈을 적절하게 쓸 줄도 모르는 이로 매도되었습니다.

232. 아테나이인 여러분, 이런 예를 보면서, 누가 올곧은 일을 하려고 하겠으며, 누가 사리를 마다하고 사신의 임무를 수행하려고 하겠습니까? 돈이 생기는 것도 아니고, 또 돈을 챙긴 이들보다 여러분의 감사를 더 많이 받는 것도 아니라면 말이죠. 오늘 여러분은 이들에 대해서만 재판하는 것이 아니라, 이후 영원한 세월을 위한 법을 정초(定礎)하는 것으로, 사신으로 파견된 이가 돈에 팔려 비열하게 배임함으로써 적을 위해 봉사하게 할지, 아니면 매수되지 않고 여러분을 위해 최선을 다하게 할 것인지를 결정하는 것입니다. 233. 다른 사안

---

148 디오도로스 시켈리오테스(16. 59)에 따르면, 팔라이코스는 8천 명 용병을 거느리고 있었는데, 포로로 잡힌 것은 아니고, 그냥 그곳을 떠나도록 강요되었다.

과 관련하여 여러분은 다른 증인을 더 부를 필요가 없지만, 프리논149 이 자신의 아들을 (필리포스에게) 보냈던 사실에 대해서는, 이 자리에 증인들을 불러 주십시오.

현재 아이스키네스는 프리논이 비열한 의도로 아들을 필리포스에게 보낸 사실에 대해 비난하지 않아요. 그러나 어떤 이150가 사춘기에 다른 이보다 더 준수한 이가, 그 매력적 외관이 야기할 수 있는 의혹을 경계하지 않고, 그 후로 방탕한 삶을 살았다면, 아이스키네스는 그 매춘 행위자를 재판에 회부해야 했던 거예요.

234. 이제 연회 건과 법령에 대해 말씀을 드리겠습니다. 정작 여러분께 말씀드려야 하는 것을 하마터면 놓칠 뻔했군요. 제1차 사신 임무 수행과 관련하여 의회의 예비안건, 이어서 평화조약 논의를 위해 열리게 될 민중 앞에 제출할 보고서를 작성하면서, 저는 전통의 관습에 따라, 이들을 칭찬하고 또 행정부151로 초대도 했지요. 그때만 해도 이들의 험담이나 부정행위가 드러나지 않았거든요. 235. 또, 제우스의 이름으로, 제가 필리포스의 사신들도 영접하고, 그것도, 아테나이인 여러분, 성대하게 했습니다. 그들 나라에서는 그 같은 사안이 부와 번영의 상징인 것으로 으스댄다는 것을 알고는, 제가 그들을 능가

---

149 람누스 출신 프리논은 이아크로클레스와 함께 포로로 붙들렸으나, 필리포스가 풀어 주었다. 필로크라테스 평화협상이 아직 시작되기 전부터 필리포스는 자신의 우호적 입장을 아테나이인에게 전달하는 데 프리논을 이용했다. 이어서 그는 필리포스에게로 파견되는 아테나이 사신단 일행에 동참했다.

150 티마르코스의 경우가 이러하다. 여기서 데모스테네스는 티마르코스를 옹호한다.

151 *prytaneia*.

하여 더욱 통 크게 보여야겠다고 생각한 것이죠. 이런 상황을 두고, 언제 일인지는 밝히지 않고, 이 사람, 아이스키네스가 지금 와서 "데모스테네스가 우리(아이스키네스 일당)를 칭찬했고, (필리포스의) 사신들을 위해 연회를 베풀었다"고 합니다. 236. 그 연회는 도시가 곤경에 처하기 전이고, 이들이 뇌물에 팔린 것으로 드러나기 전으로, 1차 사신 임무를 마치고 막 돌아온 이들이 무슨 말을 하는지 민중이 들어보려 하던 즈음이었을 뿐, 이 사람(아이스키네스)이 필로크라테스를 지지하려 하는지, 또 필로크라테스가 어떤 내용을 제안하려 하는지 등이 아직 밝혀지기 전이었어요. 그러니까, 그때(연회가 벌어지던 때)는 이들의 부정행각이 드러나기 전이었다는 점을 여러분이 유념해 주십시오. 그 후로 저는 이들과 친하게 지낸 적이 없고, 한 번도 접촉을 한 적이 없습니다. 증언을 읽어 주십시오.

증언

237. 혹여 그 형제인 필로카레스와 아포베토스가 그를 변호할 수도 있고, 여러분은 그들을 향해 많은 것들을 당당하게 말할 수 있겠죠. 아테나이인 여러분, 여러분은 주저 없이 솔직하게 말할 필요가 있습니다. 우리들은, 아포베토스 씨, 그리고 당신 필로카레스 씨, 152 필

---

152 아이스키네스 형제들의 삶과 이력은 그 자신의 언급(2. 149)에 의해 알려져 있다. 맏형인 필로카레스는 애초에 화가였다(그들 모친의 직업은 비의 제식을 치르는 것이었고, 글라우코테아 혹은 팀파니스트리아로 불렸다). 이 재판이 열리던 무렵 필로카레스는 세 번째로 장군직을 맡았다. 기원전 345년에 처음 선출되어 그 후

로카레스 씨 당신은 설화석고(알라바스터) 상자와 북에다 그림을 그리는 화가였으며, 당신 형제는 하급서기같이 그렇고 그런 평범한 이들이었어요. 이런 것이 딱히 나쁘다고 할 것은 없지만, 지도자로서의 자질에 부합한 것은 아니죠. 그런데 우리가 당신에게 사신, 장군, 최고 직책을 맡겼어요. 238. 당신들 가운데 누가 우리에게 잘못을 범하지 않았다 해도, 우리가 당신네에게 감사할 것이 없고, 오히려 당신네가 당연히 우리에게 감사해야 하는 거요. 당신네 여러분 가운데서도 자격이 있는 다른 많은 이들을 대신하여 바로 당신들에게 명예를 부여했으니 말이오. 그러나 그 같은 명예의 직책을 맡고서 여러분 가운데 누가 잘못을, 그것도 이번 경우와 같은 잘못을 범한다면, 무죄로 풀려나는 것이 아니라 오히려 증오를 받아야 하는 것 아닌가요? 그것도, 제 생각에, 아주 많이 말이죠. 그런데도 이들은 목소리가 크고 또 뻔뻔해서 여러분에게 패악을 부리고, 또 "자신의 형제를 도우려 한 것이므로 용서받아야 합니다"라고 변명할 것 같아요.

239. 그러나 여러분은 그 말에 넘어가시면 안 됩니다. 이들은 그(아이스키네스)를 옹호하려 하지만, 여러분은 법, 전체 도시, 그리고 무엇보다 이 자리에 앉을 때 여러분이 스스로 한 맹세를 지켜야 한다는 점을 유념하셔야 하니까요. 만일 이들이 여러분 중 누구에게 그(아이스키네스)를 무죄로 풀어 달라고 부탁한다면, 그가 도시에 대해

두 번을 더 봉직했다. 아들 아포베토스는 처음에 서기보조직에 있었고, 그 후 낭독서기가 되었다. 그 일은 의회와 민회에서 문서의 내용을 읽어 주는 것이다. 기원전 351년에 아포베토스는 사신으로 페르시아로 파견되었고, 기원전 350~346년에는 관람수당을 관장하는 주무관으로 있었다.

잘못한 것이 없는지 있는지, 그 어느 쪽으로 드러난 경우에 그런 부탁을 하는지를 생각하십시오. 잘못이 없는 것으로 판명되었는데 풀어 달라고 부탁하는 것이라면, 저도 그렇게 하는 데 찬성합니다. 그러나 어떤 경우에나 무조건 풀어 달라고 하는 것이라면, 그들은 여러분이 맹세를 깨뜨리도록 사주하는 것이죠. 투표는 비밀로 진행되지만, 신들의 눈은 피해갈 수 없어요. 입법자는 비밀투표의 본질을 다른 이들보다 더 잘 간파하여, 탄원자는 자신의 기도를 여러분 가운데 누가 들어주었는지를 알지 못하지만, 신들과 정령153은 부당하게 투표한 이가 누군지를 아는 것이죠. 240. 그러니, 각자가 자식들과 자신을 위한 축복의 희망을 구현하기 위해서는, 이들에게 은밀하고 인정받지 못하는 호의를 베풀어서 스스로 죄를 자백한 이를 풀어 주기보다, 정당하고 마땅한 판결을 내리는 것이 마땅합니다. 아이스키네스 씨, 당신이 사신으로 파견되어 범한 많은 범죄행각에 대해, 당신 자신보다 더 강력한 증거를 내가 어떻게 댈 수 있겠소? 사신 임무를 수행하는 동안 당신이 저지른 짓거리 가운데 일부를 세상에 알리기를 원하는 이(데모스테네스)를 당신이 크나큰 불행의 나락으로 떨어뜨리려 했던 것은, 이들 재판관들이 당신의 행각을 알면, 자신이 무거운 벌을 받게 될 것을 알고 있었던 사실을 증명하는 것이오.

241. 여러분이 생각이 있다면, 바로 이런 사실이 그의 죄를 증명하는 것이 됩니다. 사신 임무를 어떻게 수행했는가에 대한 명백한 증거가 될 뿐만 아니라, 남을 비난하는 말 가운데서 자신의 죄를 드러내는

---

153 *daimonion.*

주장이 들어 있기 때문이지요. 당신(아이스키네스)이 티마르코스를 비난할 때 적용했던 바로 그 같은 정당성의 원칙이, 다른 이들이 당신을 비난할 때 그대로 적용되는 것이라오. 242. 그때 그(아이스키네스)가 재판관들 앞에서 이렇게 말했지요. "데모스테네스가 그(티마르코스)를 위해 변명할 것이고, 사신의 임무와 관련하여 나의 행동을 비난할 것이오. 이 현안과 관련하여 그가 말로 여러분 주의를 다른 데로 돌린다면, 용기백배하여 돌아다니면서 이렇게 말할 것이오. '어떻게, 무엇을 했겠소? 재판관들의 주의를 이 문제에서 떼어내어 핵심을 은폐함으로써 내가 무죄로 풀려났어요'라고요." 그러니 당신(아이스키네스)도 내가 구사한 그런 수법을 따라 하지 말고, 재판의 현안에 대해서만 변명하도록 하시오. 그때 그(티마르코스)를 재판에 회부한 원고로서 당신은 원하는 대로 비난하고 말할 수 있었소.

243. 더구나 당신은 그를 재판에 걸어 놓고도 증인을 대지 못하고, 재판관에게 시구(詩句)를 읊어 주었소.

소문이란 절대로 사라지는 것이 아니고,
많은 이들이 전하고 다닌다.
소문이 여신이기 때문이지. [154]

그러니, 아이스키네스 씨, 당신에 대해서도 사신 임무 수행 중에

---

[154] 참조. Hesiodos, *Erga kai Hemerai*, 763~764; Aischines, *Kata Timarchou*, 129.

돈을 챙겼다고 모든 이가 말을 하니, 당신의 경우에도 실로, "소문이란 절대로 사라지는 것이 아니고, 많은 사람이 전하고 다닌다는 것"이 적용되는 것이죠. 244. 또 그(티마르코스)의 경우보다 당신을 비난하는 이들이 얼마나 더 많은지를 알려면, 당신이 처한 입장을 생각해 보시오. 티마르코스의 경우 그 이웃들도 그를 잘 몰랐지만, 당신네 사신들은, 헬라스인이건 이방인이건 간에, 널리 알려져 있어 많은 사람들 입에 회자하기를, 당신네가 돈을 챙겼다고 말하지 않는 이가 없어요. 그러니, 소문이 진실이라면, 많은 이들이 전하는 소문이 당신네에게 불리한 것이지요. 당신 자신이 말하기를, 우리가 소문을 믿어야하는바, 그것은 "소문이 여신이기 때문"이고 또 이런 말을 한 시인이 현자라고 했지요.

245. 이런 호언 끝에 다음과 같이 끝나는 이암보스155 시구를 소개했어요.

사악한 이들과 무리 짓기를 좋아하는 이,

나는 절대로 그런 이와 교류한 적이 없다. 내가 알기로,

그는 그 같은 부류와 패거리 짓기를 좋아하기 때문이다. 156

그다음에는, "투계장을 들락거리고 피탈라코스157와 어울리는 이"

---

155 약강(弱强), 단장(短長) 격의 운율.

156 이 문장은 지금은 전하지 않는 에우리피데스의 〈포이닉스(*Phoinix*)〉에서 따온 것으로 추정된다. 아이스키네스(1. 152)는 이 중에서 9줄을 인용하고, 데모스테네스는 3줄을 인용한다.

운운하며, "그런 이가 어떤 사람인지 당신은 모릅니까?"라고 했지요. 그러니, 아이스키네스 씨, 이 이암보스 시구도 내가 당신에게 되돌려서 적용해야 할 것 같소. 그러니, 내가 이들(재판관)에게 발언할 때, 정당하고 주효하게, "필로크라테스와 무리 짓기를 좋아하는 이, 나는 절대로 그런 이와 교류한 적이 없다. 내가 알기로 그(아이스키네스)는", 필로크라테스도 자백하고 있듯이, "돈을 받아 챙겼기 때문이다"라고 말이오.

246. 실로 그가 다른 이들을 말재주꾼, 궤변론자들로 매도할 때, 자신도 그 같은 비난에 노출되는 것이죠. 위의 이암보스 시구는 에우리피데스의 〈포이닉스〉158에서 유래합니다. 이 연극159(비극)에는 테오도로스나 아리스토데모스가 출연한 적이 없는데, 이들 아래서 아이스키네스가 삼류 배우로 조연으로 출연하곤 했어요. 반면, 여기(〈포이닉스〉)에는 몰론과 함께 오랜 경력의 배우들 중 일부가 출연했어요.160 소포클레스의 〈안티고네〉는 번번이 테오도로스가 맡았고,

---

157 참조, Aischines, 1. 52~59. 피탈라코스는 티마르코스의 친구이며, 공공 예속인이었다.

158 Phoinix(Phoinikas · 페니키아인). 전편이 아니라 단편들로 전한다.

159 *drama*.

160 테오도로스와 아리스토데모스(마그나 그레키아 지역의 해변 도시 메타폰티온인)는 연극단의 수장으로 아이스키네스와 동업했다. 평화조약 체결 이전 필리포스가 아테나이인들에게 희망의 전망을 심어 넣으려 했을 때, 아리스토데모스를 이용했다(참조, Demosthenes, 18. 21). 아리스토데모스는, 필리포스가 올린토스를 함락한 후, 포로를 석방하기 위해 마케도니아로 갔다가, 돌아와서는 거짓말로 필리포스가 아테나이에 대해 우호적이라고 보고했다. 몰론은 아리스토파네스의 〈개구리(*Batrachoi*)〉에서 언급되는 배우로 추정되며, 에우리피데스의 만년 비극 작품에

아리스토데모스도 여러 번 맡았지요. 거기에 멋지고 여러분에게 유익한 시구가 있는데, 아이스키네스가 인용하지 않은 것이 있어요. 그가 자주 그 시구를 읊었고 익히 알고 있는 것인데도 말이죠. 247. 여러분이 주지하듯이, 모든 비극에서 참주와 권력자의 배역을 맡는 것은 배우 입장에서 보면 큰 명예이자 특권입니다. 이 연극에서 시인이 크레온-아이스키네스의 성격 관련하여 특별히 묘사한 시구의 묘미를 제가 여러분에게 소개합니다. 그 시구는 아이스키네스가 자신이 맡은 사신 임무와 관련하여 자신에 대해서도 언급하지 않았고 재판관들에게도 소개하지 않은 것입니다. 시구를 읽어 주십시오.

소포클레스의 《안티고네》에서 인용한 이암보스 시구[161]

원칙과 법의 시험대에 서서 검증받기 전에는,

한 사람의 마음, 가치관, 성격을

다 아는 것은 불가능하오.

전체 도시를 지휘하는 이가

최선과 가장 현명한 정책을 구사하지 않고,

두려움에 입을 닫고 있다면,

예나 지금이나 그는 최악의 인간이 되는 것이고,

누가 조국보다 친구를 더 중하게 여기는 이가

있다면, 내가 보기에, 그는 쓸데없소.

서 주인공으로 출연했다.

161 Sophocles, *Antigone*, 175~190.

언제나 모든 것을 통찰하는 제우스를 증인으로 삼아,

재앙을 보면 나는 침묵하지 않고,

안전을 구하는 대신 시민의 대열에 합류하리다.

네 나라를 적대하는 이를 내 친구로 삼지 않겠소.

나라는 우리를 보호하는 배이며,

배를 올바른 길로 나아가게 할 때 비로소,

우리는 친구를 둘 수 있다오.

248. 이 시구 관련하여 아이스키네스는 그 자신의 사신 임무와 관련하여 거론하지 않았고, 우리 도시 대신 필리포스의 환대, 그와의 우정의 유대를 훨씬 더 의미 있고 유익한 것으로 보았어요. 현명한 소포클레스와는 결별하고 말이지요. (필리포스에 의한) 포키스 원정의 재앙이 다가오는 것을 알고도, 미리 경고하거나 제때 보고하지 않았지요. 오히려 그런 계획을 숨기는 동시에 그 실행을 도왔고, 사람들이 진실을 알리지 못하도록 방해까지 했어요. 249. 그는 이 도시가 구명정(救命艇)이라는 사실을 망각했으며, 그 안에서 자신의 어머니가 비의(秘儀)를 치르고 자신의 후계자를 찾아다니고, 그녀에게 일감을 준 이들로부터 소액 생계비를 챙기면서, 그 자식들을 이렇듯 키워냈다는 사실을 잊어버렸어요. 또 이곳 도시에서 그의 아버지가, 제가 장로에게서 들은 말에 의하면, 의사였던 헤로스162 바로 옆집에서

---

162 고대 주석에 따르면, 'Heros Iatros'는 아리스토마코스를 지칭하며, 그는 다시 할콘(혹은 할론)과 동일한 인물이라고 한다. 그는 의술의 신 아스클레피오스와 같이

소학교를 운영하면서 최선을 다하여 살았지요. 이들 부부가 낳은 자식들은 공공기관에서 하급서기와 전령으로 일하면서 푼돈을 벌었고, 마침내 여러분의 호의로, 이들은 정식 서기가 되어, 행정부 톨로스163에서 2년을 보냈고, 지금 도시 당국에 의해 아이스키네스는 사신으로 임명되었던 것이죠. 164 250. 그러나 그는 꿈에도 도시라는 배를 올곧게 항해하도록 인도해 나아간다는 생각이나 의지는 없었고, 뒤집고 가라앉히고, 무엇이든 자신의 손아귀에 있는 것은 죄다 적에게 넘겨줄 작정을 했어요. 그러니 당신이 협잡꾼 아니오? 거기다 교활하기까지 하죠. 당신은 서기가 아니던가요? 거기다 신들에게는 적이었어요. 당신이 여러 번 무대에서 공연했고 익히 알고 있는 대사는 건너뛰면서, 당신 삶에서 전에 갖지 못했던 것들을 추구했고, 그것을 얻기 위해 동향 시민을 해쳤어요.

숭배되었으며, 소포클레스가 그 제사장으로 봉직한 적이 있다. Demosthenes, 18. 129에 나오는 영웅 칼라미테스와 동일 인물은 아니다.

163 원형 평면에 고깔 지붕을 가진 행정부 건물.

164 아이스키네스 형제들의 삶과 이력은 아이스키네스 자신이 말한다(Demosthenes, 19. 149). 그 형인 필로카레스는 화가였고, 아마도 무녀였던 어머니(Glaukothea 혹은 북치는 여자)의 사업과 관련하여 북에 그림을 그렸다. 이 재판이 일어나던 당시 그는 세 번 장군직(처음이 345 B. C. 이고 그 후로 두 번)에 있었다. 아포베토스는 그의 막냇동생이었는데, 그는 아이스키네스의 형제 같이 처음에 하급서기였다가, 나중에 민회에서 선출되어 의회와 민회에서 서류를 읽어 주는 낭독서시가 되었다. 이 직책으로 그는 행정부(*prytaneia*) 건물인 톨로스[*tholos*: 원통형 평면에다 뾰족 지붕의 건물(바로 앞에 각주 참조, Demosthenes, 19. 249)]에 상주하게 되었다. 그 후 기원전 351년 아포베토스는 사신으로 파견되었고, 기원전 350~346년에는 관극기금 금고의 책임자로 있었다.

251. 이제 여러분은 그가 솔론에 대해 한 말을 생각해 보십시오. 그 말에 따르면, 망토를 걸치고 손을 안에 넣은 솔론상(像)이 당시 대중 연사들의 절제의 상징이었다고 하는데, 그 뜻은 티마르코스의 무모함을 매도하고 비난하려는 것이었습니다. 그러나 살라미스인은 이 조각상이 세워진 것이 지금부터 50년이 채 안 되었다고 합니다. 솔론 이후 지금까지 240년 정도 흘렀으므로, 그 같은 모양새로 조각한 이는 물론 그 할아버지도 솔론 당시에는 생존하지 않았지요. 지금 그가 재판관들에게 조각상에 대해 언급하고 그 모습을 소개했어요. 252. 그런데 도시에 훨씬 더 유익한 것은 그 겉모양새보다 솔론의 정신과 생각인데도, 그는 그런 것은 본받지 않고 오히려 반대로 했지요. 살라미스가 아테나이로부터 이탈하고, 그것을 다시 취하자고 제안한 이는 사형으로 벌하는 법령이 통과되었을 때, 솔론은 적어도, 개인의 위험을 불사하고, 엘레게이아(悲歌)[165] 시구를 적어 널리 알림으로써, 살라미스를 다시 도시로 편입하고, 도시를 당면한 질곡에서 해방시켰어요.

253. 그러나 이 사람(아이스키네스)은 오히려 페르시아 왕과 온 헬라스인이 여러분의 것이라고 인정한 암피폴리스를 배반해 넘겨 버렸고, 그런 제안을 한 필로크라테스를 지지했지요. 그런 그가 솔론을 거론하는 것이 가당한 일입니까, 아닙니까? 여기서 이런 짓거리만 한 게 아니었어요. 임무를 받고 사신으로 파견된 그곳 지역 이름조차 그는 언급하지 않았지요. 그가 직접 여러분에게 보고한 말이니, 물론 여러

---

[165] *elegeia*. 6각운과 5각운을 섞어 만든 형식의 시. 비가(悲歌) 혹은 만가(輓歌)로 번역하며, 우리에게 흔히 알려진 영어식 표현은 '엘레지(*elegy*)'이다.

분은 그가 한 말을 기억하겠지요. "저도 암피폴리스에 대해서 할 말이 있었지만, 그곳에 관한 이야기는 데모스테네스가 언급하도록 맡겼습니다"라고 했어요. 254. 그때 제가 일어나서 여러분에게 말했지요. 그가 필리포스에게 말하고 싶었던 어떤 것이 있으면, 제가 말하도록 한 번도 양보한 적이 없다고요. 발언의 기회를 넘기기보다 차라리 생명을 넘기는 쪽을 택할 사람이니까요. 사실은 말이지요, 돈을 받아 챙긴 그가 필리포스에게 대들 수가 없었던 것이었어요. 필리포스는 그가 도로 갚을 수 없을 만큼 거액을 주었던 것이죠. 이제 솔론의 엘레게이아 시구를 들고 읽어 주십시오. 솔론이 이 사람(아이스키네스)과 같은 유의 사람을 싫어했던 사실을 여러분이 이해하시도록 말입니다.

255. 아이스키네스씨, 당신은 손을 안에 넣은 채 말하지 말고, 사신으로 갔을 때 그렇게 해야 하는 거요. 그런데 당신은 그곳(필리포스가 있는 마케도니아)에서는 손을 꺼내어 손바닥을 위로 쳐들고 동향인을 수치스럽게 만들더니, 이곳에서는 진지하게 말하는구려. 구차한 말을 미리 준비하고 목소리를 가다듬고, 그렇게도 심각하고 많은 부정행위에 대해 벌받지 않을 것이라 당신은 생각하는 것이지요. 작은 두건166

---

166 이 '작은 두건(pilidion)'은 흔히 노인이나 병자들이 쓰는 것이다. 여기서 아이스키네스가 두건을 썼다는 것은 솔론을 흉내 내기 위한 것이거나 병자임을 연출하기 위한 것이라는 해석이 있다. 전자는 플루타르코스(Solon, 8)가 전하는 것으로, "솔론이 엘레지 시구를 적어서 외운 다음, 한 날 작은 두건(pilidion)을 머리에 쓰고 갑자기 시장에 나가서 … 이 시는 〈살라미스〉라는 제목을 가진 것이며, 100행으로 구성되었는데, 아주 유려하다"라고 내용에서 유추한 것이다. 당시 살라미스의 소유권을 둘러싸고 메가라와 진창의 갈등이 벌어지고 있었을 때, 아테나이에서는 살라미스를 다시 취하자고 제안하는 이를 사형에 처하기로 법령을 통과시켰

을 머리에 쓰고 다니며 나를 비웃는 거요? (솔론의 시를) 읽어 주시죠.

(솔론의) 비가(엘레게이아)

우리 도시는 멸하지 않는다. 모든 것을 관장하는 제우스,

신성한 불사의 신들의 뜻에도 구애받지 않는다오.

담대하고, 강한 아버지를 둔 딸,

팔라스 아테나 여신이 도시를 지키고 보살피기 때문이지.

어쩌나, 생각 없는 시민들이 돈 욕심에

위대한 도시를 파멸시키려 하고,

민중 지도자들의 부정한 생각은 큰 오만을 야기하여,

많은 고통을 당하게 만드나니.

욕심을 제어할 줄도 모르고,

향연의 식탐을 자제할 줄도 모른다.

…

부당한 행위를 일삼아 부를 증식하고,

…

신전의 재물이나 공공 재물이나

가리지 않고 모든 이가 어디서나

약탈하여 훔쳐가네.

신성의 근본, 디케167 여신조차 받들지 않고서.

다. 그러나 솔론이 목숨을 걸고 살라미스를 다시 찾기 위해 궐기하자고 엘레지 시
구를 적어 외워서 시장에서 선동한 일화와 관련된 내용이다.

디케는 오늘 일과 과거 일을 알면서도 침묵하고,

세월이 흐르는 가운데 징벌을 실천한다.

이미 불가피한 질곡이 온 도시를 잠식하여,

부당한 예속으로 급속하게 전락하니,

시민들의 불화가 잠자던 내란을 깨워 일으키고.

수많은 꽃다운 젊은이가 죽음에 이를 것이라.

적의로 인해 아름다운 도시는 바로

파당으로 갈라져 서로 해를 끼침으로 피폐해진다.

이 같은 재앙이 민중을 덮쳐서,

많은 가난한 이가 예속노동자로 팔려

당치않은 사슬에 묶여 이방 땅으로 가게 되고.

…

이렇듯 전체의 불행이 각각의 집에 닿아서,

대문도 더는 그것을 막을 수 없고,

높은 울타리도 뛰어넘어 들어오고,

방안 깊은 곳으로 숨은 이라도 찾아낼 것이라.

기백(氣魄)이 명하여 이런 것들을 내가 아테나이인에게 가르치라 하니,

무질서168는 많은 질곡을 도시에 초래하고,

질서169는 모든 것을 정연하고 적절하게 자리 잡게 하며,

---

167 '디케'는 각자의 몫으로서의 정의를 뜻한다.

168 *dysnimie*.

169 *eunomie*.

흔히 불의한 이를 족쇄로 묶고,

거친 것을 반듯하게 하고, 욕심은 재우고, 오만을 누르며,

타락이 피어올린 꽃을 시들게 하는 것이오.

굽어진 디케(몫)을 바로잡고, 오만의 소행을

잠재우고, 불화를 그치게 하고,

해악의 파쟁으로 인한 혐오를 제거하며,

질서가 있는 곳에 인간 만사는 적절하고 투명해지리.

256. 아테나이인 여러분, 솔론이 이 같은 이들과 도시를 보호하는 신들에게 하는 말을 여러분이 들으셨습니다. 신들이 우리 도시를 보호하는 사실은, 저의 희망인 동시에 굳게 믿는 바, 영원한 진실입니다. 그리고 제 소견에, 수행감사를 받고 있는 이번 현안들도 정령170들이 우리 도시를 보호하는 한 예가 되는 것 같습니다. 257. 생각해 보십시오. 사신 임무에서 많은 잘못을 범한 이, 여러분과 여러분 동맹국에 의해 신들이 숭배받는 지역들을 다른 데로 넘겨줘 버린 이가 자신을 비난하는 이171를 자격박탈172에 처했어요. 왜 그랬을까요? 자신이 저지른 잘못에 대해 연민이나 용서를 구하지 않으려 했던 것이죠. 더구나, 그이(아이스키네스를 비난한 이)를 비난하면서, 그(아이스

---

170 *daimoniai*.
171 티마르코스를 가리킨다. 티마르코스가 아이스키네스를 고소한 이유에 대해서는 헬라스인 가운데 여러 가지로 해석이 있으나, 데모스테네스는 그 동기가 순수하게 애국지심이었다고 주장한다.
172 *atimia* (*etimosen*).

키네스)는 저까지 싸잡아 비난하고, 또 불법[173] 혐의, 그 같은 것 등으로 저를 민중(민회) 앞에 고발할 것이라고 협박했어요. 왜 그랬을까요? 그의 부정행위에 대해 가장 정확하게 알고 있고, 시종 밀착하여 그를 보아 왔던 제가 그를 고소하게 되었을 때, 제가 여러분으로부터 최대의 공감을 얻게 될 것이기 때문이죠.

258. 그러던 그가 지금까지 면피하다가 마침내 재판에 회부되었어요. 다른 이유가 있었던 게 아니라면, 앞날의 일을 경계하여, 뇌물을 받아먹은 이를 벌하지 않고 두는 것이 여러분에게 용납되지 않고 위험하기도 한 그런 상황에서 말이죠. 언제나 그랬습니다. 아테나이인 여러분, 배반자와 뇌물 받은 이는 미워하고 벌해야 하는 것이지만, 특히 지금은 그렇게 하는 것이 적절하고 모든 이에게 다 같이 득이 되는 겁니다. 259. 그것은, 아테나이인 여러분, 헬라스에 무섭고 막중한 병이 발생하여 큰 행운과 함께 여러분의 지대한 배려가 필요하기 때문이죠. 도시들 내에서 가장 고명하고 공직에 임한 이들이 불행하게도 자신들의 자유를 팔아넘기고, 자진하여 예속의 멍에를 지면서, 그것을 필리포스의 환대, 동료애, 우정, 그 같은 유의 수식어로 미화하고 있습니다. 나머지 사람들, 그리고 여러 도시의 갖가지 권력기관은 이들을 벌하고 당장에 처형해야 할 것인데도, 아무 조처도 취하지 않고 오히려 감탄하고 선망하고, 각기 자신도 그렇게 할 수 있었으면 (필리포스의 친구가 되었으면) 하고 있어요.

260. 이 같은 상황, 이 같은 선망이, 아테나이인 여러분, 엊그제

---

173 *grapsai*.

테살리아인으로 하여금 패권174과 공동체의 위상을 상실하게 하고, 지금 그들은 자유마저 빼앗겼어요. 그 지역 아크로폴리스 중 일부에 마케도니아인이 주둔하게 되었거든요. 그(필리포스)는 펠로폰네소스 반도로 진출하여 엘리스175에서 학살을 감행했지요. 이런 사태가 그곳 불행한 사람들을 극도의 착란과 광기로 오염시켜, 서로 다투어서 필리포스의 호의를 사려고 친지와 동향시민들을 사악하게 살해했습니다. 261. 그런데 거기서도 멈추지 않고, 그는 아르카디아로 침입하여 아수라장을 연출했어요. 그래서 지금은 아르카디아인 가운데 다수가, 여러분같이 자유를 누리는 것을 자랑스럽게 여겨야 마땅함에도, 오히려 필리포스를 우러러보고, 청동상을 세워 주고 화관을 수여했으며, 급기야, 필리포스가 펠로폰네소스로 오면 그를 영접하기로 결정했습니다. 아르고스인도 이와 같아요. 262. 데메테르 여신의 이름을 걸고, 제가 쓸데없는 말을 하지 않기 위해서는, 여러분이 적지 않은 경각심을 가져야 하겠습니다. 이런 사태가 돌고 돌아서, 아

---

174 기원전 352년 필리포스는 제 2차 테살리아 원정 후, 그곳 지배권을 확보하기 위한 조처를 취하려 했다. 〈테살리아 공동체〉의 동맹이 필리포스로부터 페라이비아(Perraibia)와 마그네시아(Magnesia)를 빼앗아, 파가사이 요새와 마그네시아 요새에 마케도니아 수비대를 설치하는 한편, 마케도니아인 식민단을 곰포이(그리스 중부)로 보냈다. 제 3차 포키스(신성) 전쟁(356~346 B. C.) 이후 필리포스는 테살리아인에게 우호적이었으나, 테살리아 각 지역 수장들이 반목하게 되면서, 필리포스는 바로 자신이 임명한 10인장 정부를 세웠다.

175 기원전 353/2년부터 이미 아테나이는 반스파르타 세력의 보호자로서 역할을 해왔으나, 더 많은 도시들이 필리포스 측에 편승했다. 아르고스인은 금화관을 수여하고, 아르카디아인은 메갈로폴리스에 그의 조각상을 세웠으며, 기원전 343년에 엘리스에서는 과두파가 다시 집권했다.

테나이인 여러분, 이곳으로 번질 테니까요. 아직 여러분이 안전할 때, 경계하시고, 처음으로 이런 사태를 도입한 이들을 자격박탈에 처하십시오. 그렇지 않으면, 지금 언급되는 것들이 옳다는 것을 너무 늦게 깨달아서 그때 여러분이 해야만 하는 것을 할 수 없는 지경에 처할 것인바, 그렇게 되지 않도록 주의하십시오.

263. 아테나이인 여러분, 질곡에 처한 올린토스인이 보여 준 명백한 사례에서 보시지 않습니까? 이 대책 없는 이들은 다른 잘못을 한 것이 아니라 바로 이런 식으로 안이하게 대처했을 뿐이었어요. 여러분은 그들의 경험을 거울삼아 쉽게 진실을 간파할 수 있는 것이죠. 전체 칼키디케인 연맹이 결성되기 전, 올린토스 기병이 400기였고 전체 병력이 5천 명을 채 넘지 않았을 당시, 264. 라케다이몬인이 수륙 양면으로 거대 병력을 동원하여 그들에게 쳐들어갔지요. 여러분도 기억하시겠습니다만, 당시 라케다이몬인은 수륙 양면 통제권을 가지고 있었던 것으로 회자되었어요. 그런 상황에서 올린토스인은 공격을 받으면서도 도시 하나도, 요새 하나도 빼앗기지 않았고, 많은 전투에서 승리했고 세 명의 적장을 죽였으며, 마침내 자신이 원하는 조건으로 종전을 하게 되었던 거예요. 176 265. 그런데 그들 중 일부가 돈에 팔리게 되었어요. 당시 대중177이 어리석었거나, 아니면, 재수가 없

---

176 칼키디케의 몇 개 도시는 자꾸만 증가하는 올린토스의 세력을 증가를 견제하기 위해 스파르타에 도움을 청했다. 도시 포위는 기원전 382년부터 379년까지 계속되었다. 올린토스인은 마침내 강화를 청하고, 스파르타의 패권을 수용했으며, 스파르타 공동체의 일원이 됨으로써 전쟁이 일단락되었다.

177 *polloi.*

었다고나 할까요. 나라를 위해 발언하는 이보다 그렇지 않은 이를 더 신뢰했으니까요. 그래서 라스테네스는 마케도니아에서 나무를 선물로 받아서 지붕을 이었고, 에우티크라테스는 누구에게 돈을 주고 산 것이 아닌 많은 가축을 보유했고, 어떤 이는 양떼, 다른 이는 말떼를 거느리고 돌아왔지요. 그때 대중은, 그런 상황에서, 화를 내고 그들을 벌하기는커녕, 그들을 방관하고 선망의 눈길로 바라보았고 그들에게 명예를 수여하고 친구인 것으로 생각했어요. 266. 그래서 이 같은 상황이 지속되어 부패가 창궐하게 되자, 병력 1만 명에 기병 1천 명이 넘고, 주변 이웃 나라들이 온통 그들과 동맹하고, 여러분도 1만 명의 용병, 50척 삼단노전선, 4천 명 시민병을 동원하여 그들을 도왔으나, 그들을 구할 수 없었지요. 전쟁이 난 지 1년이 채 못가서, 내부 배반으로 그들은 칼키디케의 모든 도시를 잃었어요. 그제야 필리포스는 더는 배반자들에게 연연하지 않았고, 어느 것을 먼저 손에 넣어야 할지 모를 지경이었지요. 267. 그곳 장교들이 기병 500기와 부속 장비를 그에게 넘겨주었는데, **178** 아무도 그만한 수를 넘겨받은 전례가 없었어요. 이 같은 짓거리를 행한 이들은 태양을 보고도, 자신이 서 있는 땅을 보고도, 신전은 물론 선조의 무덤 앞에서도, 그리고 그런 짓거리로 인해 그들에게 응보로 돌아올 수치에 대해서도 창피한 줄을 몰랐지요. 뇌물이란 이렇게, 아테나이인 여러분, 사람의 혼을

---

178 올린토스를 배반하여 적에게 넘겨준 이들은 라스테네스와 에우티크라테스였다 (참조, 이 변론 §265). 이들은 기원전 341년 이후 질곡에 처하게 된다. 카이로네이아 전투 이후, 데마데스는 에우티크라테스에게 특별대우영사 직함을 내리자고 제안했으나 뜻을 이루지 못 했다.

빼고 이상하게 변질시킵니다. 그러니, 여러분 다수가 올곧은 생각을 가지고, 그들을 내버려두지 말고 공적으로 처벌하십시오. 그런데 믿기 어려운 사실은, 올린토스인을 배반한 이들에 대해서는 여러분이 많은 무거운 벌을 내리기로 결정했으나, 이곳 여러분에게 부당행위하는 이들에 대해서는 벌할 생각이 없는 것 같아요. 올린토스인에 대한 결정을 읽어 주십시오.

결정

268. 재판관 여러분, 여러분은 배반자이며 신의 적인 이들에게 이같은 결정을 내렸습니다. 이것은 헬라스인, 이민족[179]을 가리지 않고 모두에게 올바르고 적절한 것으로 평가받습니다. 뇌물 받는 것은 이 모든 사태의 근원이고, 그 뇌물 때문에 누구라도 그 같은 수작을 하는 것이므로, 아테나이인 여러분, 누가 뇌물 받는 것을 보면, 그이를 배반자로 간주하십시오. 어떤 이는 기회를 놓치고, 다른 이는 협상을 그르치며, 또 다른 이는 군대를 배반한다면, 각각이 관장하고 있는 것들을 훼손한 것이니, 그런 이들은 모두 똑같이 혐오해야 합니다. 269. 이들과 관련한 송사에서, 여러분, 세상 사람들 가운데서 여러분만이, 자신의 과거에서 모범을 발견하고, 여러분이 마땅하게 기리는 선조의 행위를 추종할 수 있습니다. 현재 여러분은 평화를 누리고 있어, 선조가 명성을 얻은 전투, 원정, 위기에 따르는 그들의 공적을 실

---

179 *barbaroi*.

천하지는 못하더라도, 적어도 그들의 현명한 판단을 본받으십시오. 270. 이런 것은 언제나 필요하고, 누구든 실수하는 것보다 바르게 판단하면 수고와 번거로움을 더 많이 덜게 됩니다. 여러분이 각기 같은 기간 동안 여기 앉아서 상황에 맞게 판단하고 결정한다면, 도시의 공동 현안을 개선하고 선조의 명성에도 어울리는 것이지만, 부당한 결정은 상황을 악화시키고 선조의 명예에도 먹칠하게 됩니다. 이런 경우 선조들은 어떻게 대처했을까요? 자, 서기관님, 이 기록물을 들고 읽어 주십시오. 여러분이 무심하게 놓치는 행위에 대해 여러분 선조는 사형으로 처형했다는 사실을 깨달으셨으면 합니다.

금석문

271. 들으셨지요, 아테나이인 여러분, 기록에 따르면, 젤레이아 출신 피토낙스의 아들 아르트미오스는 그 자신은 물론 전 가문이 아테나이 민중과 동맹국의 적이었고 교전 관계에 있는 것으로 간주되었습니다. 180 왜냐고요? 이민족의 금을 헬라스로 들여왔기 때문이지

---

180 아르트미오스에 대한 유죄 선고는 기원전 457~455년경, 테미스토클레스가 제안한 결정이 있은 다음에 있었던 것으로 추정된다. 플루타르코스(Themistocles, 6. 3)에 따르면, 테미스토클레스의 제안으로 페르시아의 금을 헬라스로 들여온 젤레이아 출신 아르트미오스가 그 아들을 포함한 가족들과 함께 자격박탈자(atimos) 명단에 올랐다고 한다. 젤레이아는 소아시아의 지역이다. 데모스테네스의 이전 연설(9. 42~45)에 페르시아의 금을 헬라스로 들여온 젤레이아 출신 아르트미오스는 페르시아 왕의 하수꾼(doulos)으로, 그 아들을 포함한 가족들과 함께 자격박탈자 명단에 올랐다는 언급이 나온다. 그에 따르면, 아르트미오스는 아테나이가 아니라

요. 그러니, 이런 사실로 볼 때, 여러분 선조는 다른 곳 출신이라도 돈 때문에 헬라스에 조금이라도 해를 끼치는 일은 절대로 못하도록 조치한 데 반해, 여러분은 같은 동향 시민이 바로 여러분의 도시에 해를 끼치는 것도 막으려 하지 않는 것 같습니다. 272. 제우스의 이름으로, 누구라도 이 금석문이 어쩌다 보니 지금 있는 그곳에 세워지게 된 것이라고 말하는 이가 있답니까? 그런 것이 아닙니다. 이곳 아크로폴리스는 전체가 신성한 곳이고 또 넓은 공간이지만, 그 금석문은 거대한 아테나 여신 청동상의 오른편에 자리하는데,181 그곳은 헬라스인이 제공한 돈으로 우리 도시가 이민족에 대항하여 싸운 전쟁의 기념공간으로 설정한 곳입니다. 당시에 그렇게도 공정함이 중시되어, 그 같은 부정행위를 한 이를 처벌하는 것을 명예롭게 여겼고, 그래서 그 같은 죄를 지은 이에게 내린 벌도 여신을 기리는 그 장소에서 기념비로 남아 있는 것이죠. 그런데 지금 여러분이 이들 무리의 극도의 세력을 제어하지 않는다면, 조롱, 방치, 수모가 여러분 몫이 될 것입니다.

273. 제가 보기에, 아테나이인 여러분, 한 가지만 아니라 선조들이

펠로폰네소스로 금을 들여갔다고 한다. 데모스테네스의 해석에 따르면, 아시아 출신 사람이 아테나이인 공동체(*Athenaion koinon*)에서 자격 박탈당한다는 것은 별로 큰 의미가 없는 것인데, 다만 이런 경우 누가 그를 죽여도 살인죄에 걸리지 않는다고 한다. 또 펠로폰네소스로 금을 들여간 아르트미오스에 대해 아테나이에서 이같은 조치를 취한 것은 전체 헬라스의 안전을 위한 것이라고 한다.

181 기원전 449년에 페이디아스가 조각한 '무장(*enoplos*)' 혹은 '방어(*promachos*)' 아테나 여신의 조각상을 뜻하는 것으로 볼 수 있겠다.

행한 모든 사안에서 하나하나 그들을 추종함으로써, 여러분은 올바른 길로 들어서게 될 것입니다. 여러분이 히포니코스의 아들 칼리아스에 관한 이야기를 들어 알고 있으리라는 사실을 저는 잘 알고 있습니다. 칼리아스는 사신으로 세상에 회자되는 저 고명한 평화조약을 성사시켰는데, 조약에 따라 페르시아 왕은 말이 하루를 달리는 거리 안으로 해변에 접근하지 못하며, 전선을 대동하고는 켈리도니아이 섬과 키아네아이 사이의 바다를 항해하지 못하게 되었습니다.[182] 그런데 칼리아스는 사신 임무를 수행하면서 뇌물을 받은 혐의를 지고, 수행감사에서 자칫 처형될 뻔하다가, 50탈란톤 벌금형을 받았지요. 274. 그럼에도 그 조약은 도시가 맺는 다른 어떤 조약보다 좋은 것으로서, 전무후무하다는 평가를 받습니다. 그러나 선조들이 중히 여긴 것은 그런 것이 아니었어요. 그들은 그 고명한 평화조약은 그들 자신의 용기와 도시의 높은 위상에 의한 것이고, 뇌물을 받고 안 받는 것은 사신 개인의 자질에 달린 것으로 보았던 것이죠. 그리고 누구라도 공직을 맡은 이는 정직하고 매수되지 않는 성품을 가져야 한다고 생각했어요. 275. 매수되는 것은 도시에 너무나 유해하고 손해를 끼치는 것이라

---

182 기원전 449년의 칼리아스 평화를 뜻하는 것으로 볼 수 있다. 칼리아스는 전권을 가지고 페르시아 수도 수사로 파견되어 페르시아와 헬라스 간 평화조약 체결을 이끌어 냈다. 조약의 내용에 따르면, 아시아 지역 헬라스인 도시들은 독립하여 자유를 누린다는 것, 페르시아 총독은 말로 달릴 수 있는 3일 여정의 거리 내의 바다에 연한 지역으로 들어서지 못한다는 것, 페르시아 함대는 팜필리아의 파셸리, 헬리도니아이에서 흑해를 향한 보스포로스의 입구 키아네아이에 이르는 지역의 바다를 항해하지 못한다는 것 등이다. 헬리도니아이는 다섯 개 섬, 키아네아이는 두 개 섬이다.

어떤 경우에도 어떤 이에게도 용납될 수 없는 것으로 간주했던 것이지요. 그러나, 아테나이인 여러분, 여러분은 말이죠, 평화조약을 맺음으로써 여러분 동맹국 성벽을 허물어 내리는 반면, 사신들은 도시의 재물을 훔쳐서 꿈도 꾸지 못했던 재산을 손에 넣고는 집을 지어 올리는 것을 보고도, 사신들을 처형하지 않고 고발자가 나타날 때까지 기다리고 있어요. 또 모든 이가 눈으로 목격하고 있는 부당행위를 두고, 여러분은 말을 듣고 판결을 내리려 하는 거예요.

276. 그렇다고 해서 지나간 것에만 집착하거나 처벌의 전례에만 천착할 필요는 없겠습니다. 현재 살고 있는 여러분 당대 사람들 가운데 많은 이가, 다른 분야는 제가 생략하고, 사신의 임무를 맡은 이들로서, 재판을 받았죠. 도시에 미친 해가 이들보다 훨씬 더 적었는데도, 사형된 한두 사람의 예를 소개하겠습니다. 이 결정문을 들고 읽어 주십시오.

결정문

277. 이 결정에 의해, 아테나이인 여러분, 여러분이 유죄 선고 내린 사신들 가운데, 에피크라테스라는 이가 있었는데, 저보다 연로한 이들의 말에 따르면, 유능하고 인기도 있는 정치가였으며, 페이라이에우스에서 (아테나이 도심으로) 진격하여 민주정체를 복구한[183] 이들 가운데 한 사람이었다고 합니다.[184] 그러나 이런 이력들이 그에게 도

---

183 펠로폰네소스 전쟁 종식 후 아테나이의 30인 참주정(404 B. C.)은 트라시불로스 등에 의해 민주정체가 회복되었다.

184 기원전 403년. 펠로폰네소스 전쟁이 기원전 404년 스파르타의 승리로 끝났을 때,

움이 되지 못했어요. 당연하지요. 그렇게 중요한 〈사신의〉 임무를 맡을 자격을 갖춘 이라면 반쪽 덕성만 가져서는 안 되고, 또 그전부터 여러분으로부터 받은 신임을 악용하여 더 큰 해악을 끼칠 수 없도록 하고, 절대로 자의로 여러분에게 부당행위를 하지 못하도록 해야 합니다. 278. 이들이 처형된 범죄행각 중 단 하나라도 이들 무리가 짓지 않은 것이 있다면, 당장에 저를 처형하도록 하십시오. 보십시오. 결정문에는 "그들〈사신〉이 적혀진 지시 내용과 다르게 사신 임무를 수행했다"라고 하고, 이것이 첫 번째 범죄입니다. 여기 있는 이들은 적혀진 지시와 반대로 행하지 않았던가요? 또 결정문에는 "아테나이인과 그 동맹국들에 대해서"라고 하는데, 이들은 포키스인을 동맹국에서 배제시키지 않았나요? 결정문에는 "〈헬라스〉 도시들의 장관185들이 맹세를 하도록 한다"고 되어 있는데, 이들은 필리포스가 파견한 이들로부터 맹세를 받지 않았나요? 279. 결정문에는 "어디서든 이들〈사신단〉 단독으로 필리포스를 만나서는 안 된다"라고 하지 않았던가요? 그런데도, 이들은 계속 사적으로 필리포스와 접촉하지 않았나요? 결정문에는 "이들 중 일부가 의회 앞에서 거짓 보고를 한 것으로 드러났다"고 하는데, 이들은 민회에서도 거짓말했습니다. 증거가 있냐고요? 분명한 증거가 있지요. 바로 그들이 한 말 자체가 증거입니다. 이들이 한 말과는 정반대가 되었으니까요. 결정문에는 "서신에도 진

아테나이 도심에서 30인 참주정부가 수립되었다. 이 참주정부는 이듬해 페이라이에우스 항구에 집결하여 아테나이 도심으로 진격한 이들에 의해 무너지고 아테나이에 다시 민주정부가 복구되었다.

185 *archontes*.

실을 적지 않았다"고 하는데, 여기 이들도 마찬가지였죠. 또 결정문에 "동맹국에 대해 터무니없이 거짓말을 하고 뇌물을 받았다"고 했어요. 그런데 이들은 터무니없이 거짓말을 한 게 아니라, 동맹국들을 완전히 파멸시켰지요. 실로 터무니없이 거짓말한 것보다 훨씬 더 열악한 것이죠. 뇌물을 받은 것 관련해서도, 그들이 부인한다 해도 조사해야 할 테지만, 실토한다면, 바로 체포해야 합니다.

280. 그러니 어떻게 합니까? 아테나이인 여러분, 사리가 이러하므로, 지금도 생존한 분도 있는 이들 선조의 후손인 여러분은, 민중을 위해 기여했고 페이라이에우스파186였던 에피크라테스가 명예를 잃고 처벌받는 것에 수긍하십니까? 더 최근에는 필레187에서 민주파들을 규합한 민주파 트라시불로스188의 아들 트라시불로스가 10탈란톤의 벌금으로 처벌받았어요. 또 하르모디오스189와 여러분에게 최대의 은덕으로 기여한 또 다른 이들의 후손들에게는, 여러분을 위해 기

---

186 기원전 403년 아테나이에서 단명했던 30인 참주정체가 무너질 때 페이라이에우스에서 아테나이 도심을 향해 진군했던 민주파 무장세력을 뜻한다.

187 *Phyle*. 아테나이 서북쪽 데모스. 기원전 403년 30인 과두정체를 무너뜨릴 때, 필레에 민주파들이 모였고, 이들이 페이라이에우스로 가서 그곳 민주파들과 합세하여 아테나이로 들어갔다.

188 트라시불로스는 스테이리아 데모스 출신이다(이 글 §290에 다시 언급된다). 같은 이름의 그 아버지 트라시불로스는 기원전 403년 아테나이 민주정체 회복에 기여했다(Demosthenes, 19. 290 참조).

189 하르모디오스는 아리스토게이톤과 함께 기원전 6세기 후반 페이스트라토스 가문의 참주정기에 궐기했다가 죽어서 민주정치의 상징이 되었다. 전하는 주석에 따르면, 이 글에 언급되는 장군 프록세노스(Demosthenes, 19. 50; 52; 73; 154)가 하르모디오스의 후손이라도 하고, 그 아들 가운데 한 명의 이름도 하르모디오스다.

여한 데 대한 보답으로, 법으로 정하여 모든 신전의 희생제에서 제식과 헌주에 동참하도록 하고, 영웅과 신들같이 찬송하고 존경하지만, 281. 이들도 모두 법에 따라 처벌받아야 하는 것이고, 거기에 용서나 연민, 울고 있는 아이들이 시혜자와 같은 이름을 이어받았다는 사실, 그 밖의 다른 어떤 것도 그들에게 도움이 되지 못 합니다. 또 교사인 아트로메토스와 신도의 무리를 거느린 글라우코테아 때문에 한 다른 무녀가 살해되었는데도, 그들 사이에서 난 아들(아이스키네스)을 여러분이 무죄 방면하시겠습니까? 이들을 부모로 둔 그 아들 자신은 물론 그 아버지나 그 친척 가운데 또 다른 이도 도시에 아무런 도움이 되지 않는 마당에 말입니다. 282. 생애를 통틀어 다소간의 말, 삼단노전선, 군사원정, 무창단(舞唱團), 공적 부담, 특별세, 자선, 위험부담, 이런 것 중 어느 것 하나라도 이들이 도시를 위해 기여한 것이 있습니까? 또 이 모든 것을 다 부담했다 치더라도, 거기에 더하여 사신의 임무를 매수되지 않고 올바르게 수행했다는 사실을 고하지 못한다면, 실로 그는 사형선고를 받아야 마땅합니다. 그런데 이런 것도 한 적 없고 저런 것도 아닌데도, 여러분이 그를 벌하지 않으렵니까?

283. 그(아이스키네스)가 티마르코스를 비난하면서 한 말을 여러분은 기억 못 합니까? 범죄자를 처벌하지 못한다면, 도시가 무슨 소용이 있으며, 법보다 양해와 부탁이 더 강하다면, 정부190가 무슨 소용입니까? 노파가 된 티마르코스의 모친도, 그 자식들도, 다른 그 누구도 연민해서는 안 되고, 만일 그들을 연민하느라 법과 정부의 지시를 무

---

190 *politeia*.

시한다면, 여러분을 위해 연민해 줄 이들을 찾을 수 없을 거라는 사실을 여러분은 유념하십시오. 284. 이 사람(아이스키네스)의 부당행위를 알고 있는 이는 질곡에 처하여 자격 박탈당하는 판에, 이 사람(아이스키네스)은 무죄로 여러분이 풀어 주는 겁니까? 왜 그렇죠? 아이스키네스가 그 자신과 그들 무리에게 잘못을 범했다는 이유로 이들을 아주 엄하게 처벌할 것을 요구했다면, 맹세하고 재판에 임한 여러분이 도시에 대해 그렇게도 큰 범죄를 저지른 이들, 그 가운데 아이스키네스도 속해 있는 이들 무리에 대해서는 얼마나 큰 벌을 내려야 하겠습니까? 285. 제우스의 이름으로, 그는 티마르코스를 단죄함으로써 젊은이들의 기풍을 진작[191]할 수 있다고 하겠지요. 그렇다면, 당면한 이번 재판을 통해서는 도시에 중대한 성패가 달린 위정자들의 기풍을 진작하게 될 것 같습니다. 이들을 위해서도 우리가 배려해야 하는 것이니까요. 그러나 여러분이 아셔야 하는 것은, 그(아이스키네스)가 티마르코스를 파멸시킨 것은, 제우스의 이름을 걸고, 여러분의 자식들을 위해 배려한 것이 아니었습니다. 여러분 자식들은, 아테나이인 여러분, 이미 현명하지요. 젊은이들이 아포베토스와 아이스키네스 등 현인을 필요로 할 정도로 우리 도시가 열악한 지경에 처하지는 않습니다. 실제 이유는 티마르코스가 의원으로서 있으면서, 286. 필리포스에게 무기와 삼단노전선을 넘기다가 발각되는 이는 처형된다는 법안을 제안했기 때문이었습니다. 그런 사실에 대한 증거가 있죠. 티마르코스가 대중연사로 활동한 지가 얼마나 되었습니까? 오래전입니다.

---

191 참조, Aischines, 1. 187, 2. 180.

그러니 그 오랫동안 아이스키네스는 도시에 있으면서 한 번도 불평한 적이 없으며, 그 같은 이가 대중연사라는 사실에 언짢아한 적이 없었습니다. 적어도 그가 마케도니아로 가서 매수당하기 전까지는 그랬어요. 자, 나를 위해 이 티마르코스 법령을 들고 읽어 주십시오.

법령

287. 여러분을 위해 전쟁 중 필리포스에게 무기 제공을 금하고, 위반할 경우 사형에 처하도록 제안한 티마르코스는 비난받고 모욕당했습니다. 그런데 동맹국의 무기를 저이(필리포스)에게 넘겨준 이 사람(아이스키네스)이 티마르코스를 고소했지요. 그러고는 매춘에 대해 말했는데요, 천지신명님 맙소사, 그 옆에는 그의 근친 두 사람이 있었어요. 여러분이 그들을 보았다면 고함을 질렀을 것인데요, 저 추잡한 니키아스는 카브리아스에게 고용되어 아이깁토스로 갔고, 저주받을 키레비온192은 축제 때 가면도 쓰지 않은 채 어릿광대를 연출했지요. 그렇지만 이런 것은 아무것도 아니었어요. 그의 턱밑에 그 형제

---

192 아이스키네스의 두 번째 변론, 〈사신의 배임에 대하여〉(150~152)에 그 누이의 남편 두 명, 필론과 에피크라테스가 언급된다. 여기서 후자는 키레비온, 즉 용렬하고 천박한 사람[케리비아(kerybia)는 곡식의 겨를 뜻한다]이라는 가명으로 불린다. 아이스키네스는 디오니소스 축제에서 말썽이 된 그를 변호하지만, 자유로운 행위영역에 속한다고 변명한다. 아이스키네스는 니키아스는 언급하지 않고 필론을 언급한다. 여기서는 아이스키네스 자신이 니키아스를 언급하지 않았거나, 아니면 데모스테네스가 필론이라는 이름을 니키아스로 바꾸었을 가능성이 있다.

아포베토스가 있었거든요. 실로 강물이 거꾸로 올라가듯이,[193] 그날 그의 발언은 시종 매춘에 관한 것이었습니다.

288. 이 사람의 사기행각과 거짓말이 우리 도시를 얼마나 큰 질곡으로 빠져들게 했는지를 설명하기 위해, 다른 것은 그만두고, 여러분이 다 아는 것들만 말씀드리겠습니다. 예전에는, 아테나이인 여러분, 헬라스의 모든 사람이 조바심을 내며 여러분의 결정을 주시했죠. 그런데 지금은 오히려 우리가 남이 무슨 결정을 내렸나 하고 기웃거리고 다녀요. 아르카디아에서는 어떤 일이 있고, 신성동맹[194]에서는 무슨 소식이 있으며, 필리포스가 어디로 향하는지, 죽었는지 살았는지 등 동정을 캐면서 말이죠. 그렇지 않습니까? 289. 제가 염려하는 것은 필리포스가 살아 있는가 여부가 아니고, 오히려 범죄자를 미워하고 벌하려는 도시의 의지가 죽어 버린 것이 아닌가 하는 겁니다. 이곳 여러분의 자세가 옹골차기만 하다면야 제가 필리포스를 두려워할 리가 없죠. 그러나 여러분이 필리포스에게서 돈을 받고 싶어 하는 이들을 풀어 주고, 또 여러분이 믿는 이들이, 이전에는 필리포스를 위해 수작하는 것이 아니라고 손사래를 치더니, 지금은 그들을 옹호하려고 연단으로 올라가는 것, 그런 것이 저를 두렵게 합니다.

290. 어쩌하든지, 에우불로스 씨, 당신 조카인 헤게실라오스의 재판에서, 그리고 최근 니케라토스의 숙부 트라시불로스의 재판에서,

---

193 에우리피데스가 쓴 〈메데이아〉(410)에 있는 표현이다. "성스런 강물이 거꾸로 흐르고, 올바름과 모든 것이 다시 역행한다."

194 Amphictyones.

1차 투표가 있기 전에, 왜 당신은 호명받고도 발언하지 않으려고 했소? 또 처벌에 관하여 연단에 올라가서는, 그들을 위한 말은 손톱만큼도 하지 않았고, 당신만 용서해 달라고 재판관들에게 부탁했지요. 그러니 당신은 친척이나 당신의 도움을 필요로 하는 이가 아니라 아이스키네스를 위해서 연단에 올라가는 거요? 291. 아리스토폰195이 필로니코스를 고소하고 비난하면서 당신이 한 일에 대해서도 같이 비난했을 때, 자신도 그 공격에 동참하여 당신의 적들 가운데 한 사람으로 드러난 아이스키네스를 말이요. 당신이 사람들을 겁주고, 당장에 페이라이에우스로 내려가서 기부금을 거두고, 관극기금196을 군자금으로 돌리거나, 아니면 이 사람(아이스키네스)이 지지한 가운데 저 가증스런 필로크라테스가 제안한 제안을 통과시켜서, 동등하지 않은 수치스런 평화조약을 맺게 되고, 292. 이 같은 비열한 행위를 통해 모든 것을 망쳐 버렸는데도, 지금 당신이 그들과 친해진 거요? 민회에서 당신의 아이들을 걸고 저주하고 맹세함으로써 실로 필리포스가 망해 없어지기를 원했던 당신이 지금 그(아이스키네스)를 돕는 거요? 293. 도대체 당신은 광산을 차지 경영하는 이들로부터 각각 20드라크메씩 갈취했다고 하여 모이로클레스를 고발하고, 7므나를 사흘 늦게 금고에 지불했다고 해서 신전기금 불법 도용 혐의로 케피소폰을 고발

---

195 아리스토폰은 아티카의 아제니아구(區·demos) 출신으로 기원전 400년경부터 정치에 입문했다. 불법제안 혐의(graphe paranomon)으로 75번 기소되었으나 한 번도 유죄 선고를 받지 않았던 것을 자랑으로 삼았다. 그는 필로크라테스 평화조약에 반대한 것 같다. 필로니코스 고소 관련 재판은 잘 알려져 있지 않다.

196 theorica.

했으면서도, 지금은 우리 동맹국을 파멸시키려고 뇌물을 받았다고 자백하고 현장범으로 발각된 이를 왜 추단하지 않고 오히려 무죄방면 하자고 하는 거요?

294. 이 같은 범죄는 악랄한 것이라 많은 주의와 경계를 요하는 것이며, 당신이 다른 이들을 단죄한 것들은 다음과 같은 사례와 비교해 보면 자못 사소한 것에 불과하죠. 엘리스에 공금 횡령한 이들이 있었나요? 십중팔구 있었겠지요. 그런데 그들 가운데 지금 그곳에 민주정체를 전복하려는 데 동참한 이가 있나요? 한 사람도 없었어요. 올린토스가 도시로 건재했을 때, 거기 도둑놈들이 있었나요? 저는 있었다고 봅니다. 올린토스인이 그들 때문에 망했을까요? 아닙니다. 메가라에는 도둑놈과 공금 횡령자가 없다고 보십니까? 분명히 있었지요. 그런데 그중 누가 현재 그들이 당면한 사태를 야기한 사람이 있을까요? 한 사람도 없어요. 295. 그렇다면, 이 같은 악랄한 범죄를 저지른 이들은 어떤 이들입니까? 스스로 필리포스의 손님이자 친구로 보이는 것이 대단한 것처럼 행세하면서, 군사 지휘권을 장악하고 정치적 지도자로 나서려 하며, 대중보다 더 우월해야 한다고 생각하는 이들입니다. 최근 메가라에서는 페릴로스가 필리포스를 방문한 혐의로 300인 앞에서 재판받지 않았습니까? 그때 메가라인 가운데 부, 집안, 명예에서 제일가는 프토이오도로스가 그를 옹호하고 나섰고, 그래서 다시 그를 필리포스에게 파견했지요. 그런 다음 하나는 이방인을 대동하여 돌아왔고, 다른 이는 안에서 수작을 꾸몄지요. 이런 일이 있었죠.

296. 누가 다수 민중보다 더 큰 힘을 갖도록 방치하는 것보다 더 경계해야 하는 것은 없습니다. 아무것도 없죠. 이러저러한 사람이 무엇

을 원한다고 해서 무죄 석방되거나 파멸되어서는 안 되겠지요. 누구라도 그 행한 바에 따라 무죄가 되거나 아니거나 하는 것으로서, 여러분이 이 자리에서 행하는 판결에 따르도록 하십시오. 이것이 민주적 원칙이니까요. 297. 더구나 아테나이에서 많은 이들이 시운(時運)에 따라 권좌에 올랐습니다. 고명한 칼리스트라토스, 그다음 아리스토폰, 디오판토스,197 또 그전에 다른 사람들이 그랬죠. 그런데 이들이 각각 세력을 행사했던 곳이 어디였던가요? 민회에서죠. 그러나 지금까지 아무도 재판소에서는 여러분, 법, 맹세보다 더 강한 이가 없었습니다. 그러니 지금 이 사람도 여기서 세력을 행사하도록 하지 마십시오. 신뢰가 아니라 경계하는 것이 더 마땅하다는 사실을 진언하기 위해, 여러분에게 신들에 의한 신탁을 읽어드리겠습니다. 이것은 잘난 시민들보다 훨씬 더 도시를 구하는 데 언제나 주효했던 것입니다.

예언들

298. 들으셨지요, 아테나이인 여러분, 신들이 여러분에게 어떤 말을 전하는지 말이죠. 이 신탁을 전쟁기에 적용하면, 여러분의 장군들을 경계하라는 뜻입니다. 장군들이 전쟁을 지휘하니까요. 평화조약이 체결된 후라면, 위정자들을 경계해야 하는 것이죠. 그들이 여러분

---

197 아퍼드나 출신 칼리스트라토스는 기원전 391~362년 사이 영향력 있는 정치가였는데 추방당했고 기원전 360년에 사형되었다. 아제니아 출신 아리스토폰은 이 글 §291에, 스페토스 출신 디오판토스는 이 글 §84~86, §198에 언급된다.

의 지도자가 되고 여러분의 복종을 거두고, 그들에 의해 여러분이 속을 수도 있으니까요. 또 신탁은 여러분이 모두 도시를 한마음으로 간수하여, 적이 기뻐하는 일을 하면 안 된다고 합니다. 299. 아테나이인 여러분, 여러분 생각은 어떻습니까? 이 모든 짓거리를 도모한 이를 풀어 주는 것, 아니면 벌하는 것 중에서 어느 쪽을 필리포스가 원할 것 같은가요? 물론 그를 풀어 주는 것이죠. 그러나 신탁에 따르면, 적이 기뻐하는 일을 하면 안 된다고 합니다. 그러니, 제우스, 디오네 (여신), 198 모든 신들은 여러분이 모두 한마음으로 스스로 적의 하수인이 된 이들을 벌하라고 합니다. 바깥에는 적이 있으나, 안에는 내통하는 이가 있지요. 적이 하는 일은 뇌물을 주는 것이고, 내통자는 뇌물을 받고 또 뇌물에 포섭된 이를 돕는 것이에요.

300. 더구나 사람의 상식으로만 판단해도 알 수 있는 것이, 뛰어난 위정자가 자국민과 이해관계를 달리하는 이들과 친교를 맺는 것을 방관하는 것은 극도로 유해하고 위험하다는 사실입니다. 필리포스가 어떤 방법으로 모든 상황에서 주도권을 장악하고 최대의 성공을 거두었는지를 생각하십시오. 그러면, 팔리고 싶어 하는 이들을 매수하여 배반하게 하고 또 도시 지도자들을 타락시키고 그 야망을 부추긴다는 사실을 깨닫게 될 거예요. 301. 여러분이 마음만 먹는다면, 오늘 여러분 손에서 이 두 가지를 다 근절할 수 있습니다. 한편으로, 배반을 종용하는 자들에게 편승한 이들의 말에 귀 기울이지 마시고, 여러분

---

198 Dione. '디오네'는 여신이라는 뜻으로 흔히 제우스를 가리키는 '디오스(남신 · Dios)'와 같은 뿌리에서 나왔다.

에게 그런 재량권이 없다는 사실을 밝히십시오. 왜냐하면 그런 이들이 여러분에게 그런 권한이 있다고 말하고 있거든요. 다른 한편으로는, 만인이 보는 앞에서 매수된 그(아이스키네스)를 처벌하십시오. 302. 아테나이인 여러분, 누구나 그런 수작을 하고, 동맹국, 친구들은 물론 각 도시의 상황이 잘되고 못되는 것이 달린 호기를 배반한 이에게 분노하는 것은 참으로 당연지사라 하겠으나, 아이스키네스에 대해서보다 더 격하게, 더 당연하게 분노해야 하는 사람도 없을 겁니다. 이 사람은 필리포스를 불신하는 이들 부류에 속해 있었고, 필리포스가 온 헬라스인의 공동의 적이라는 사실을 혼자서 처음으로 간파한 사람이었어요. 그런데 스스로 오염되어 배반하고 갑자기 필리포스를 옹호하게 되었으니, 백번 죽어 마땅하지 않겠습니까?

303. 이런 사실을 그이 자신도 부인할 수 없습니다. 아르카디아 도시에 있는 친구들의 대표로 이곳으로 오게 되었다고 하면서 제일 먼저 이스칸드로스를 소개한 것이 여러분 중 누구입니까? 필리포스가 헬라스와 펠로폰네소스에서 연맹을 형성하고 있는데도 여러분은 잠만 자고 있다고 고함친 것이 누구였습니까? 저 길고도 유창한 연설을 하고, 밀티아데스와 테미스토클레스의 조령과 성년이 된 젊은이들이 아글라우로스 신전에서 하는 맹세를 읽어 준 이가 누구였습니까? 304. 아이스키네스 아니었습니까? 필리포스가 헬라스를 노리고 있다고 하며 저 홍해까지 사신을 보내자고 여러분을 설득하고, 또 위험을 예기하고 헬라스의 대의를 저버리지 않는 것이 여러분의 의무라고 여러분을 설득한 것이 누굽니까? 조령을 제안한 이가 에우불로스, 펠로폰네소스로 사신이 되어 간 이가 아이스키네스 아니었습니까? 그곳에

당도한 후, 사적 대화나 공적 담화에서 그가 발언한 것은 그 자신이 잘 알고 있을 것이고, 이곳에 돌아와서 한 말은 여러분이 다 기억하고 있다고 저는 압니다. 305. 그는 발언에서 반복하여 필리포스를 이방인이고 싸움닭이라고 했어요. 또 아테나이인 도시가 이미 사태를 주시하고 행동에 들어갔다는 소식에 아르카디아인이 기뻐한다고 여러분에게 보고했지요. 그가 다음과 같은 한 일화를 소개했는데, 그로 인해 크게 분노했다고도 했어요. 돌아오는 길에 그는 아트레스티다스를 만났는데, 그이는 여인네와 아이들 등 약 30명 일행과 함께 필리포스 궁정에서 돌아오는 길이었지요. 그(아이스키네스)가 놀라서 그 일행 가운데 한 사람에게 물었어요. 저이가 누구이며 동행하는 일행이 누구냐는 것이었지요. 306. 그랬더니, 일행은 올린토스인 포로들인데, 아트레스티다스가 필리포스로부터 그들을 선물로 받아서 데려가는 중이라고 하더랍니다. 그 말에 아이스키네스는 참혹한 상황이라 생각하고 눈물을 쏟았으며, 헬라스가 이런 상황을 방관할 만큼 열악한 지경에 처하게 된 것을 한탄했다고 합니다. 또 그는 필리포스를 옹호하는 이들을 비난하기 위해 몇 명을 아르카디아로 보내자고 제안했어요. 그에 따르면, 그 친구들 말이 만일 우리 도시가 이 문제에 관심을 가지고 사신을 파견하면 그들이 벌을 받을 것이라고 했답니다.

307. 이렇게 하는 것이 최상의 방법이며, 아테나이인 여러분, 우리 도시의 위상에도 어울리는 것이라고 그가 민중에 앞에서 말했지요. 그런데 그가 마케도니아에 가서 그의 적이자 온 헬라스인의 적(필리포스)을 보자, 그 같은 말, 아니면 그에 버금가는 말을 한 줄 아십니까? 전혀 아닙니다. 그는 여러분에게 선조도 기리지 말고, 승전

비도 기억하지 말며, 누구를 돕지도 말라고 했습니다. 필리포스와의 평화조약 체결을 위해 헬라스인과 같이 결정해야 한다고 사람들이 제안하자, 여러분 자신의 일을 다른 이와 상의하는 것에 대해 부정적이었지요. 308. 그런데 필리포스에 대해서는, 헤라클레스 님 맙소사, 가장 참다운 헬라적 기풍의 사람이며, 가장 유능하며, 아테나이인에게 최적의 친구라고 하는 겁니다. 그러나 우리 도시에는 막무가내로 거친 이들이 있어서, 필리포스를 욕하고 이방인이라 부릅니다. 그전에는 다르게 말하더니, 같은 사람이 부패한 것이 아니라면 감히 이따위 말을 입 밖에 내겠습니까? 309. 아트레스티다스가 올린토스 부녀자들을 끌고 가는 것을 보고 분노한 그 같은 이가 필로크라테스와 동업하는 것이 가당한 일입니까? 올린토스의 자유인 여인을 우리 도시로 데려와서 능욕한 이와 말입니다. 필로크라테스는 그 파렴치한 생활로 소문이 나서 구태여 제가 그 비열하고 저속한 행태를 입에 올릴 필요가 없겠습니다. 제가 만일 필로크라테스가 이곳으로 여인들을 데려왔다고만 말해도 여러분은 모두, 그리고 주변에 서 있는 모든 이가 그 뒷이야기를 알고 있으므로 필히 여인들의 불행과 고통에 대해 연민할 것이 분명합니다. 그러나 아이스키네스는 그들을 연민하지 않았고, 그들의 질곡을 보고도 헬라스를 걱정하는 비탄의 눈물을 흘리지 않았어요. 여인들이 동맹국에서 사신들에 의해 수모를 당하는데도 말이죠.

310. 오히려, 사신 임무는 뒤로하고는, 자신을 위해 울고, 자신의 아들을 이곳으로 데리고 와서 연단 위에 세우려 하겠죠. 그러나 여러분은, 재판관 여러분, 그의 자식을 보면서 많은 동맹국과 친구의 자

식들이 방황하고 가난에 허덕이면서, 그이 때문에 고통받고 있다는 사실을 생각하십시오. 범죄자이며 배반자를 아비로 둔 아들보다 이런 아이들을 위해 연민하는 것이 훨씬 더 연민할 가치가 있습니다. 또 이들은 평화조약에가 "후손들도"라는 표현을 추가함으로써, 여러분의 아이들로부터 숫제 희망조차 제거해 버렸다는 점도 유념하십시오. 그가 흘리는 눈물을 보면서, 필리포스의 하수인을 처단하기 위해 아르카디아로 사신을 파견하자고 여러분을 지금 앞에 두고 있다는 사실을 기억하십시오. 311. 그런데 지금은 펠로폰네소스로 사신을 파견하거나 먼 길을 떠나거나 여비를 축낼 필요가 없어요. 여러분 각자가 연단까지만 올라와서, 진실하고 정당하게, 나라를 위하고 그이에게 반대하는 투표만 하시면 되는 거예요. 천지신명의 이름으로, 그가 처음에는 민중 앞에서, 제가 세세히 말씀드린 것처럼, 마라톤, 살라미스, 전투, 승전비 운운하다가, 마케도니아에 닿자 갑자기 말이 완전히 바뀌어서, 선조도 무시하고 승전비도 거론 말고, 아무도 돕지 말며, 다른 헬라스인과 함께 결정하지도 말라고 한 거예요. 자칫하면, 여러분에게 성벽을 허물라고 할 뻔도 했어요.

312. 이보다 더 방자한 말은 이 자리에 있는 여러분이 전 생애에 걸쳐 들어 본 적이 없습니다. 헬라스인이든 이민족이든 간에, 그렇게 무례하고 근본이 없고, 우리 도시에 그렇게도 적대적인 이가 누가 있어서, "만일 마라톤과 살라미스 전사, 우리 선조들이 헬라스인을 위해 저 용감한 공적을 세우지 않았더라면, 헬라스가 그 이름으로, 지금 헬라스인이 살고 있는 모습으로 존재할 수 있었을까?"라고 누가 묻는다면, 제가 보기에 확실하게, 모든 땅이 이민족에게 넘어갔을 것이

라고 대답하지 않을 사람이 있습니까? 313. 또 아무도, 비록 적이라 해도, 그들에 대한 칭송과 찬양을 제거하지 못할 판인데, 어째서 아이스키네스가 돈 욕심에 그 후손인 여러분이 그들을 추모하는 것도 막고 있나요? 죽은 이는 다른 혜택은 누리지 못해도, 빛나는 공적에 대한 칭송은 장렬하게 전사한 이들에게 귀속되는 고유의 자산입니다. 더는 그들을 질시하는 이가 없기 때문입니다. 그런데 죽은 자에게서 그들이 누리는 명예를 박탈하려는 이는 스스로 가진 자격[199]을 박탈당해야 합니다. 그러니 여러분은, 선조들을 위해 그를 단죄하십시오. 선조의 위업을 폄하하고 조롱함으로써, 사악한 사람아, 당신은 그 같은 말로 모든 것을 파멸시켰소, 314. 그 같은 짓거리를 통해 당신은 땅을 얻고[200] 지위를 얻었소. 또 말이오, 도시에 이 모든 해악을 끼치기 전에 그는 서기로 일했다고 말하고, 여러분이 그를 선택해 준 데 대해 감사하고, 행동이 아주 정중했어요. 그런데 수도 없이 악행을 일삼게 되면서, 그는 눈썹을 거만하게 치켜뜨고는, 누가 "아이스키네스는 서기 일을 맡아 보았다네"라고 말하면, 당장에 그를 적으로 간주하고 자신을 모독하는 것이라 여겼어요. 시장에서는 발목까지 닿는 긴 겉옷을 걸치고는 피토클레스같이 보란 듯이 걸으며, 볼때기에 불룩하게 힘을 주고는, 이제는 필리포스의 가장 친한 친구이며 손님의 자격으로 여러분에게 봉사하는 것 같습니다. 민주정체를 성

---

199 *epitimia*.
200 아이스키네스는 마케도니아에 땅을 소유하고 있었는데, 데모스테네스(19. 145)에 따르면 올린토스 부근이고, 다른 주석자에 따르면 피드나 근처이다.

난 파도와 미치광이로 치부하고, 현 체제를 타도하려 하는 이들 중 하나로서 말이죠. 그러나 지난날 그는 톨로스[201]를 경외했습니다.

315. 이제 제가 했던 이야기를 다시 요약함으로써, 어떤 방식으로 필리포스가 신들의 적인 이들을 심복으로 부려서 여러분을 낭패하게 하는지 말씀드리겠습니다. 그 온갖 속임수를 살펴서 간파할 필요가 있겠습니다. 처음에는 그는 진심으로 평화를 원했습니다. 그곳이 도적 떼로 가득하고 무역이 봉쇄되어, 어떤 편리도 도모할 수가 없었던 것이죠. 그래서 그는 자신의 대리자로서 평화를 협상하도록, 네옵톨레모스, 아리스토데모스, 크테시폰을 파견했어요. 316. 그러나 우리가 사신으로 그이에게 갔을 때, 그는 당장에 이 사람(아이스키네스)을 매수하여, 저 추접한 필로크라테스를 지지하고 그와 협조하도록 하고, 정직하게 임무를 수행하려는 이들을 눌러 버렸어요. 또 그(필리포스)가 원하는 대로 평화조약을 맺을 수 있도록 하는 내용으로 여러분에게 서신을 보냈지요. 317. 그렇지만 그때만 해도, 만일 그가 포키스인을 파멸시키지만 않았더라면, 여러분에게 치명적 불이익을 초래할 수 있는 입장이 아니었어요. 그러나 그런 일(포키스의 파멸)은 쉬운 것이 아니었지요. 운에 따라서는 위험부담이 있는 것이었거든요. 계획이 아무런 소득 없이 끝날 수도 있고, 아니면 부득이 거짓말하고 맹세를 저버리게 되어 헬라스인이나 이민족을 가리지 않고 세상 사람들이 다 그의 비열함을 목도하게 될 판이었으니까요. 318. 만일 그(필리포스)가 포키스인을 동맹국으로 받아들이고 또 여러분과 함께

---

201 원형 평면에 고깔 지붕을 가진 행정부 건물.

그들에게 맹세를 하게 된다면, 바로 자신이 그전에 테살리아인과 테바이인에게 했던 맹세를 위반하게 되는 것이었어요. 테바이인과는 보이오티아를 승복시키는 데 돕기로 했고, 테살리아인과는 신성동맹에서 발언권을 회복하는 데 협조하기로 약조했거든요. 그렇지 않고, 만일 그가 포키스인을 배척한다면, 딱히 전망도 바람직하지 않을 상황에서, 그 진격을 막기 위해서 여러분이 테르모필라이로 파병하게 될 것이니까요. 사실 여러분이 속지만 않았더라도 그렇게 했을 것이거든요. 그렇게 되면, 그는 테르모필라이를 통과할 수가 없다는 것을 깨달았어요. 319. 그런 것은 다른 어떤 이가 말해 주지 않아도 알 수 있는 것이었고, 스스로 경험을 통해 터득했던 것이니까요. 그가 처음 포키스인에게 승리를 거두고 그들 지도자이자 사령관이었던 오노마르코스를 격파한 다음, 헬라스인과 이민족을 통틀어, 여러분을 빼놓고는 아무도 그들을 도와주러 간 이가 없었어요. 그래서 테르모필라이 통과는 물론 그곳을 통과하여 얻으려던 목적을 이루지 못하고, 그 근처에도 다가서지 못했던 것이죠.

320. 그(필리포스)는, 제가 보기에, 그로부터 분명하게 터득한 바가 있어서, 지금, 테살리아인이 그에게 적대적이고, 무엇보다 그들 중 페라이인이 그의 원정에 동참하기를 거부하고, 또 테바이인과는 최악의 교착상태에서 한 번의 교전에서 승리하여 승전비를 세웠을 뿐인데, 만일 여러분이 테르모필라이로 파병하면, 그는 그곳을 통과할 수가 없게 되죠. 어떤 꼼수를 구사하지 않고는 심각한 손실 없이 무엇을 시도한다는 것조차 불가능한 상황이었어요. 그래서 생각했겠죠. "어떻게 겉으로 거짓말이 드러나지도 않고, 또 거짓 맹세를 했다는 비

난을 받지 않고 목적을 달성할 수 있을까? 아테나이인으로서 아테나이인을 속일 수 있는 이만 구할 수 있다면총대를 매다, 내가 자칫 짊어지게 될 불명예를 피해갈 수 있겠는데"라고. 321. 그래서 그(필리포스)가 보낸 사신들이 요구하기를, 그(필리포스)는 포키스 동맹을 받아들이고 싶지 않지만, 아이스키네스와 그 친구들이 총대를 메고, 테바이인과 테살리아인을 위하여 필리포스는 마땅히 (포키스인과의) 동맹을 받아들일 수 없지만, 그래도 그가 상황을 주재하고 평화조약을 성사시키면, 그 후로 우리가 그에게 요구하는 사안에 동의할 것이라는 사실을 아테나이인에게 말하도록 했습니다.

322. 이런 전망에다 뇌물이 작용하여, 포키스인이 배제된 채 평화조약에 대한 여러분의 동의를 받아 내게 된 것이죠. 다른 한편, 테르모필라이로 원군이 파견되는 것을 막아야 하는 문제가 있었어요. 당시 여러분은, 필리포스가 움직이기만 하면, 50척 삼단노전선을 보내어 저지하려고 벼르고 있었거든요. 323. 그래서 어떻게 되었을까요? 이런 상황에서 다시 어떤 꼼수가 동원되었을까요? 누군가가 수작을 부려서 여러분이 적기(適期)를 놓치고, 갑작스레 상황을 인지하도록 함으로써, 하고 싶어도 출병하지 못하도록 해야 했던 것이죠. 이 같은 작업을 이들이 주선했던 것입니다. 이미 여러분이 여러 번 들어서 알고 있듯이, 저는 이들보다 먼저 이곳에 올 수 없었고, 마침내 배를 빌렸을 때도 방해를 받아 출발하지 못했습니다. 324. 그런데 포키스인도 필리포스를 신뢰해야 할 필요가 있었던 겁니다. 자진하여 복속하고 시간이 허비되지 않으며 또 여러분에 의해 불리한 결정이 개재될 수가 없도록 말이죠. 필리포스가 궁리를 짜냈지요. '그렇다면, 아

테나이 사신들에 의해 포키스가 안전을 보장받을 것이라는 보고서가 작성되도록 하는 거야. 그러면 포키스인 중에 나를 믿지 못한다 해도, 아테나이인을 신뢰하므로, 물러서겠지. 아테나이인에 대해서는 미끼를 던져서, 뭐든 원하는 것을 갖게 될 것이라고 믿게 만들면, 방해가 되는 결정을 하지 않고 가만히 있겠지. 이들(필리포스를 위해 보고서를 작성하는 아테나이인들)이 우리 측으로부터의 그 같은 약속을 전달하고 다짐한다면, 아테나이인이 움직이지 않겠지'라고 말이죠.

325. 이 같은 방식, 그리고 이 같은 흉계를 통해, 가장 처참하게 파멸해야 마땅할 이들에 의해 모든 것이 파멸되었어요. 실로 당장에, 테스피아이와 플라타이아가 재건되는 것을 보는 대신, 오르코메노스와 코로네이아가 예속되었다는 소식을 여러분은 들었지요. 테바이의 세력, 그 긍지와 오만이 약화하는 대신, 우리 동맹국들의 성벽이 허물어졌습니다. 그것을 허문 것이 바로 테바이인이고, 언질을 주어 그들을 사주한 것이 아이스키네스입니다. 326. 여러분이 암피폴리스를 넘겨준 대가로 에우보이아를 얻는 것이 아니라, 필리포스는 그곳에 여러분을 공격할 기지를 건설했고, 지속적으로 게라이스토스와 메가라에까지 눈독을 들이고 있습니다. 오로포스를 돌려받는 대신, 드리모스와 파낙토스 인접 지역을 구하기 위해 무장하여 출동해야 했는데, 포키스가 건재할 때만 해도 우리가 그런 수고를 하지 않아도 되었죠. 327. (아폴론) 신전에서 전통 의식을 확립하고 신을 위한 보물을 복구하는 대신, 원래 신성동맹을 구성했던 이들은 망명하고 추방된 가운데, 전통의 구성원이 아닌 이들, 마케도니아인과 이민족이 신성동맹 의회를 채우고 있습니다. 누구라도 신성기금에 대해 한마디라도 꺼내

면, 낭떠러지로 처박힐 것이에요. 아테나이는 신탁을 우선적으로 구하는 특권202을 박탈당했어요.

328. 이 모든 상황이 우리 도시에는 곤혹스러운 것이죠. 그이(필리포스)는 거짓말 한마디 하지 않고 계획한 것을 다 손에 넣었어요. 그러나 여러분은 얻으려 한 것이 있었으나, 완전히 반대가 되어 버린 것을 목도하게 되었지요. 평화가 온 것 같은데, 전쟁을 치른 것보다 더 열악한 상황에 처하게 되었습니다. 그러나 이들(아이스키네스 일당)은 급기야 그로 인해 재물을 취하고, 지금까지 처벌받지 않고 있습니다. 329. 이들이 돈을 바라고 이런 수작했고, 또 그 대가를 챙겼다는 사실을, 제 소견으로는, 오래전부터 여러 가지 계기로 여러분은 분명히 이해했을 것으로 보이고, 저의 의도와는 반대로, 여러분이 전부터 익히 알고 있는 사실들을 자질구레하게 열거함으로써 여러분을 피곤하게 하지나 않았는지 걱정됩니다. 다만, 한 가지 사안에 대해서만 더 여러분의 주의를 구하겠습니다. 330. 재판관 여러분, 여러분이 필리포스가 파견한 사신들 가운데 어떤 이의 동상을 광장에 세우려 하십니까? 행정부 관청203에서 무료식사 특권, 혹은 시혜자에게 부여되는 다른 어떤 특권을 그에게 하사하려 합니까? 저는 그럴 리가 없다고 봅니다. 왜냐고요? 여러분은 배은망덕하거나, 부당하거나, 악한 이들이 아니기 때문이지요. "그들은 오직 필리포스를 위해서 온갖 수작을 부리면서, 우리를 위해서는 아무것도 하지 않았으니까", 그게 공정하

---

202 Herodotos, 1. 54 참조.
203 *prytaneion*.

고 정직한 대답이라고 여러분은 말하겠지요.

331. 여러분의 생각은 이러하지만, 필리포스는 그렇지 않죠. 그가 온갖 근사한 선물들을 아이스키네스와 그 친구들에게 준 이유가 이들이 여러분을 위해 성실하고 정당하게 사신의 임무를 수행했기 때문이겠습니까? 그렇지 않습니다. 헤게시포스204와 함께 그를 수행한 이들에게 그가 어떻게 환대를 베풀었는지를 여러분은 아시지요. 그런데, 다른 이야기는 생략하고, 그가 아테나이 시인 크세노클레스를 추방한 사실만 말씀드리겠습니다. 그가 동료 시민이라고 이들을 환대했기 때문에 말이죠. 여러분을 위해서 생각하는 바를 경우 바르게 하는 사신들을 그는 이렇게 대우했지요. 반면, 매수에 걸려드는 이는 아이스키네스와 친구들을 대하듯이 했어요. 이런 사실에 대해 다른 증인이나 더 분명한 증거가 필요합니까? 여러분 자신의 머릿속에 들어 있는 증거를 어느 누가 없애겠습니까?

332. 이 재판이 시작되기 전에 어떤 이가 제게 와서 이상한 정보를 흘렸어요. 그(아이스키네스)가 카레스205를 비난할 것이라고 하고, 또 이 같은 방식과 발언으로 여러분을 기만하려 한다는 겁니다. 물론

---

204 헤게시포스에 관한 것은 이 글 §72에 나온다. 기원전 344년 말 필리포스가 비잔티온 출신 변론가 피톤을 포함한 사신단을 아테나이로 파견했을 때, 아테나이에서는 수니온 출신 헤게시포스를 내세워 평화조약상의 불투명한 몇 가지 사안 및 필리포스가 여전히 할론네소스를 점령하고 있는 사실과 관련하여 의논하도록 했다.

205 카레스는 수륙 양면으로 군 사령관이었는데, 30년 동안 운이 없거나 무능했다. 정치적으로 데모스테네스의 동지였으며, 실패한 원병 파견대 장군으로서 올린토스가 함락될 때 적시에 원조를 하지 못했다. 아이스키네스(2.71 이하)는 이 사실을 두고 그를 비난한다는 뜻이다.

저로서는 다음과 같은 점만 가볍게 언급하는 것으로 지나가도록 하겠습니다. 카레스가 재판받을 때, 주어진 상황에서 최대한, 여러분을 위해 성실과 선의를 가지고 직무에 임했던 것으로 드러났고, 또 돈을 노리고 상황을 파멸로 몰아간 이들 때문에, 번번이 시기를 놓치고 늦게 도착했던 것뿐이었다는 점에 대해서 말이죠. 그뿐 아닙니다. 여기서 이 사람(아이스키네스)이 그(카레스)에 대해 진실만 말할 것이라고 칩시다. 그렇다 해도, 이 자리를 빌려 그를 비난한다는 것이 웃기는 것이죠. 333. 저로서는, 전투에서 일어난 상황과 관련하여 아이스키네스를 비난하지 않습니다. 전투는 장군들이 하는 것이니까요. 또 우리 도시가 평화조약을 맺은 것과 관련해서도 마찬가지로 그를 비난할 마음이 없습니다. 여기까지는 완전히 그에 대해 저는 양해합니다. 그러면 그에 대한 저의 비난은 어디서 시작되는 걸까요? 도시가 평화조약을 체결할 때, 그가 더 유리한 안을 제안한 이들이 아니라 필로크라테스를 지지했던 때부터입니다. 매수되었기 때문이지요. 그 후 계속하여, 제 2차 사신으로 봉직하면서, 그는 적기를 놓치게 했으며, 여러분의 명을 아무것도 받들지 않았습니다. 도시를 기만하고, 또 우리가 원하는 대로 필리포스가 따라 줄 것이라는 환상을 불러일으켜 모든 일을 망쳐 버렸어요. 그 후에도, 그렇게 못된 일을 많이 한 이(필리포스)를 경계해야 한다고 경고한 이들이 있었지만, 이 사람(아이스키네스)이 그(필리포스)를 두둔했어요. 334. 저의 비난은 바로 이런 점에 있습니다. 여러분은 이런 사실에 유념하십시오. 평화조약이 적정하고 평등하며 이루어지고, 사람들이 매수되지 않고, 거짓말로 여러분을 속이지 않았다면, 저는 그들에게 감사하고 화관을 수여하자고 했을 겁니다. 어느 장군이 여러분에게 피해를 주었다 해도, 지금 이루어지는 심리(審理)와는 무관하죠. 어느 장군이 할로스를, 포키스인을 파멸시켰습니까? 어느 누가 도리스코스, 206 케르소블렙테스, 성산(히에론 오로스), 207 테르모필라이를 잃게 했냐 말입니다. 우방국과 동맹국의 땅을 지나 아티카로 들어오는 길을 필리포스에게 터준 것이 누구입니까? 코로네이아, 오르코메노스, 에우보이아를, 그리고 불과 며칠 전에 메가라까지 우리로부터 따돌린 것이 누구란 말입니까? 누가 테바이인의 세력을 강화시켰습니까?

335. 이렇듯 많고 엄청난 손실에 대해 비난받아야 하는 것은 어느 장군이 아닙니다. 또 필리포스가 거머쥔 이 같은 이득은 평화조약에서 여러분이 양해하여 넘겨준 것이 아니었죠. 이 모든 것이 이들(아이스키네스 일당)과 그 수뢰행위 때문이었죠. 만일 아이스키네스가 그 책임에서 벗어나려 한다면, 만일 제가 제기한 혐의가 아닌 다른 사안을 온통 끌어내어 여러분을 교란하려 한다면, 여러분이 이렇게 그에게 타일러 주십시오. "우리는 장군을 재판하는 것이 아니고, 또 당신은 당신이 부인하는 혐의에 대해 재판받고 있는 거요. 포키스인이 파멸에 이른 데 대해 이 사람 저 사람을 끌어내어 탓하지 말고, 당신 스스로 비난받을 것이 없다는 사실만 말하도록 하시구려. 데모스테네

---

206 에게해 북쪽, 트라케 지역. 오늘날 그리스와 터키 사이의 국경을 이루는 헤브로스가 서쪽 평야이다.

207 테살로니키에 인접한 할키디키반도의 맨 오른쪽 자락으로, 아기온 오로스 혹은 아토스로 불리는 곳이다. 중세 이후 이곳에 다수 수도원이 세워졌고, 지금은 수도승의 특별 자치구역으로 되어 있다.

스가 잘못한 것이 있다면, 왜 지금에 와서 말하는 것이며, 왜 수행감사를 통해 그 혐의가 밝혀지도록 추궁하지 않는 거요? 바로 그 침묵으로 인해 당신은 스스로를 자가당착으로 몰아가고 있소. 336. 당신은 평화조약이 멋지고 유리한 것이라는 말을 할 필요가 없소. 도시가 평화조약 맺은 사실을 두고 당신을 비난하는 이는 아무도 없기 때문이오. 오히려 우리가 맺은 평화조약이 수치스럽고 굴욕적인 것이 아니라는 점, 그 뒤로 우리가 많은 사안에서 속은 사실, 그 기만에 의해 많은 것을 잃은 사실이 없다는 점 등을 밝히도록 하시오. 우리 눈에는 이 모든 재앙에 당신이 책임이 있는 것으로 보이니 말이요. 왜 당신은 사태를 이런 지경에 몰아넣은 그(필리포스)를 아직도 두둔하는 것이오?"라고 말이죠. 여러분이 그 속임수에 넘어가지만 않는다면, 그는 할 말이 없어, 그저 목소리만 더욱 높여 떠들고 발성 연습하는 꼴을 연출할 것입니다.

337. 덧붙여 그(아이스키네스)의 고명한 목소리에 대해 한 말씀 드릴 필요가 있겠습니다. 제가 알기로, 그는 자기 목소리를 아주 자랑스레 여기고, 그 배우 같은 가식으로 여러분을 압도하려 합니다. 그가 티에스테스 가문이나 트로이아에서 싸웠던 이들을 조잡하게 재현할 때, 여러분은 야유와 휘파람으로 그를 무대에서 쫓아내고, 하마터면 돌을 던질 지경에 이르렀고, 그는 마침내 삼류 배우직을 그만두게 되었어요. 그런데 지금은 만 가지 악행을, 그것도 그냥 무대가 아니라 공적으로 도시의 가장 중대한 현안에서 행한 마당에도, 여러분이 그가 얼마나 멋지게 말하는지에 정신이 팔린다면, 제가 보기에, 전적으로 우스꽝스런 짓거리이죠. 338. 절대로 그러면 안 됩니다.

선정적인 짓거리에 속지 마시고, 전령을 뽑기 위해 자격심사를 할 때는 멋진 목소리를 가졌는지를 고려해야 하겠지만, 사신이나 공직에 임하려는 이들에 대해서는 경우가 바른지, 또 여러분의 대리자로서 긍지를 가졌는지, 여러분의 동료 시민으로서 평등의 가치관을 가졌는지를 살피셔야 합니다. 예를 들면, 저는 포로를 돌보고 구하는 데 노력을 아끼지 않았던 것입니다. 그러나 아이스키네스는 필리포스의 발치에 넙죽 엎드리고 승리의 찬가를 부르면서, 여러분을 깡그리 무시했습니다. 339. 또 여러분이 유능하고 성실한 이에게서 달변이나 멋진 목소리, 혹은 그 같은 재능을 보게 된다면, 온 마음으로 축하하고 그 재능을 발휘할 수 있도록 도와주어야 하겠습니다. 그로 인한 득이 여러분 모두에게 돌아올 것이니까요. 그러나 그 같은 재능이 타락하고 사악한 이, 추잡한 탐심을 가진 이에게 있는 것이라면, 그의 말에 귀를 닫고 혐오와 적의를 가지고 들어야 할 것입니다. 파렴치가 유능한 것으로 여러분에게 비치면, 도시가 위험해집니다. 340. 그(아이스키네스)가 명성을 얻을수록 도시는 질곡에 빠지게 된다는 사실을 아십시오. 다른 능력들은 거의 전적으로 자립적이지만, 변론은 듣는 여러분이 저항하면 소침(消沈)해집니다. 그러니, 파렴치한, 매수된 이라는 점을 염두에 두시고, 진실이라고는 아무것도 담지 않은 그의 말을 듣도록 하십시오.

341. 다른 점에서도 그렇지만, 필리포스와의 관계라는 측면에서도 이 사람을 유죄 선고하는 것이 유리하다는 점도 인지하십시오. 필리포스가 우리 도시에 대해 뭔가를 경우 바르게 하지 않으면 안 될 때, 그 행동이 바뀔 것이니까요. 지금으로서는 다수를 속이고 소수의 이

(利)를 도모하는 쪽으로 갑니다. 그런데 그 추종자들이 파멸한 줄을 알게 되면, 앞으로는 다수로서 모든 것을 주관하는 여러분을 조심하게 되겠지요. 342. 그렇지 않으면, 지금 자행하고 있듯이, 무법천지의 방자한 행위를 계속하는 마당에, 여러분이 이들을 제거하게 되면, 좌우간에 그를 위해 봉사할 사람들을 아테나이에서 제거하는 것이 됩니다. 이런 짓을 하면서 처벌받을 것이라 생각하던 이들을, 여러분이 그냥 놓아준다면, 어떤 짓거리를 더 할 것이라고 보십니까? 내로라하는 에우티크라테스, 라스테네스, 어떤 배반자도 다 능가하지 않겠습니까? 343. 더구나 다른 이들도 모두 따라서 가장 배은망덕한 이로 거듭나겠지요. 모든 것을 팔아넘긴 이에게 재물과 영광, 그리고 필리포스의 환대를 받지만, 정직하게 임무를 수행하고 가진 재물까지 쓴 이는 곤경에 봉착하게 되는 것을 본다면 말입니다. 그러면 안 되겠지요. 여러분의 영광, 경외심, 안전, 그 외 어떤 측면에서도 그이를 방면하는 것은 득이 되지 않습니다. 그러니 그를 처벌하여 우리 도시민뿐만 아니라 헬라스의 모든 이에게 본보기가 되도록 하십시오.

지은이 · 옮긴이 소개

지은이_ 데모스테네스 (Demosthenes, BC 384?~BC 322)

데모스테네스는 파이아니아 데모스(아테나이 동쪽 히메토스 산기슭)에서 태어났다. 그의 부친은 그와 같은 이름으로 부유한 자산가였고, 모친 클레오불레는 스키티아 계통이었다. 7살 무렵 부친이 타계하며 거액의 유산을 남겼으나, 성인이 되어 후견인들로부터 되돌려 받은 것은 그 10분의 1에 불과했다. 그는 부친의 재산을 되찾기 위해 변론인이 되기로 결심한 후, 유산상속 사건의 변론으로 유명한 이사이오스를 가정교사로 들이고 유산으로 받은 돈을 투자하여 법률과 변론술을 익혔다. 데모스테네스는 변론가이자 기원전 4세기 중후반 아테나이에서 영향력이 큰 정치가로 성장했다. 그는 마케도니아에 대항해 페르시아와 제휴한 반면, 그의 경쟁자 이소크라테스는 마케도니아와 손잡고 페르시아에 저항했다. 기원전 388년 카이로네이아 전투에 패배한 아테나이는 마케도니아에 종속되었다. 알렉산드로스가 바빌로니아에서 사망한 직후인 기원전 322년, 그는 마케도니아에 맞서는 아테나이의 반란에 앞장섰고, 아테나이 서북쪽 라미아에서 벌어진 마지막 전투에서 패배한 후 자살했다. 최고의 법정 변론인이자 명성 있는 정치가로서 이력을 가진 그의 변론문은 정치, 사회, 경제, 법률 등 기원전 4세기 아테나이 사회를 거울같이 조명하는 데 손색이 없는 귀중한 고전이다. 데모스테네스의 변론문집은 변론문 총 61개, 서설 56개, 서신 5개, 그 외 산발적으로 전해 내려오는 단편, 주석 등이 있다.

옮긴이_ 최자영 (崔滋英)

경북대 문리대 사학과를 졸업(1976)하고, 동 대학교에서 석사학위(1979)를 취득했으며 박사과정을 수료(1986)하였다. 그리스 국가장학생(1987~1991)으로 이와니나대 인문대학 역사고고학과에서 "고대 아테네 아레오파고스 의회"로 역사고고학 박사학위(1991), 이와니나대 의학대학에서 의학 박사학위(2016)를 취득했다. 그리스 오나시스 재단 방문학자(2002~2003), 부산외국어대 교수(2010~2017), 한국서양고대역사문화학회 학회장(2016~2017)을 역임했다. 현재 한국외국어대 겸임교수이자 ATINER (Athenian Institute for Education and Research)의 유럽 지중해학부 부장으로 재임하고 있다. 저서로 《고대 아테네 정치제도사》(1995), 《고대 그리스 법제사》(2007), 《시민과 정부 간 무기의 평등》(개정판, 2019) 등이 있다. 역서로는 아리스토텔레스의 〈아테네 정치제도〉 등을 번역한 《고대 그리스 정치사 사료》(공역, 2003), 기원전 4세기 아테나이 변론가 이사이오스의 《변론》(2011), 크세노폰의 《헬레니카》(2012), 기원전 5~4세기 아테나이 변론가 리시아스의 《리시아스 변론집》 1, 2권(2021) 등이 있다.